금호
아시아나

직무적성검사 및 한자시험

PREFACE

우리나라 기업들은 1960년대 이후 현재까지 비약적인 발전을 이루었다. 이렇게 급속한 성장을 이룰 수 있었던 배경에는 우리나라 국민들의 근면성 및 도전정신이 있었다. 그러나 빠르게 변화하는 세계 경제의 환경에 적응하기 위해서는 근면성과 도전정신 이외에 또 다른 성장 요인이 필요하다.

한국기업들이 지속가능한 성장을 하기 위해서는 혁신적인 제품 및 서비스 개발, 선도기술을 위한 R&D, 새로운 비즈니스 모델 개발, 효율적인 기업의 합병·인수, 신사업 진출 및 새로운 시장 개발 등 다양한 대안을 구축해 볼 수 있다. 하지만, 이러한 대안들 역시 훌륭한 인적자원을 바탕으로 할 때에 가능하다. 최근으로 올수록 기업체들은 자신의 기업에 적합한 인재를 선발하기 위해 기존의 학벌 위주의 채용을 탈피하고 기업 고유의 인·적성검사 제도를 도입하고 있는 추세이다.

금호아시아나에서도 업무에 필요한 역량 및 책임감과 적응력 등을 구비한 인재를 선발하기 위하여 고유의 직무적성검사 및 한자시험을 치르고 있다. 본서는 금호아시아나 채용대비를 위한 필독서로 금호아시아나 직무적성검사 및 한자시험의 출제경향을 철저히 분석하여 응시자들이 보다 쉽게 시험유형을 파악하고 효율적으로 대비할 수 있도록 구성하였다.

신념을 가지고 도전하는 사람은 반드시 그 꿈을 이룰 수 있습니다. 처음에 품은 신념과 열정이 취업 성공의 그 날까지 빛바래지 않도록 서원각이 수험생 여러분을 응원합니다.

STRUCTURE

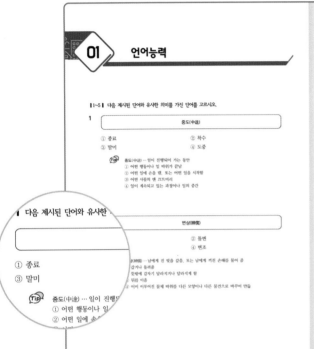

CONTENTS

PART

I

금호아시아나 소개

Company Introduction
• 금호아시아나 소개

(1) 개요

① 금호아시아나는 이해관계자들의 삶을 향상시키고 업계 최고 1등의 기업가치를 창출하는 아름다운 기업을 지향한다.

② 금호아시아나그룹은 故 박인천 창업회장에 의해 1946년 광주택시를 설립, 운송업에 뛰어들면서 시작되었으며, 현재 건설, 타이어, 항공, 육상운송, 레저, IT사업부문 등 다양한 사업군을 거느린 굴지의 대기업으로 성장했다. 금호고속은 국내 고속버스시장 점유율 1위, 아시아나항공은 '올해의 항공사' 상을 연이어 수상하며 글로벌 항공업계에서 명성을 높이고 있다. 또한, 금호타이어는 국내는 물론 중국, 베트남, 미국에 생산기지를 건설하는 등 글로벌 경영의 선두에 섰다.

③ 1946년 창업이래 시련과 고비가 있었으나 금호시아나는 집념과 불굴의 도전정신으로 이를 이겨냈으며, 고용을 확대하고 교육 및 문화사업에 대한 투자를 게을리하지 않는 등 사회환원에 앞장 서 왔다. 특히 금호아시아나는 1977년 금호아시아나문화재단 설립 이후 40여 년 동안 "영재는 기르고, 문화는 가꾸고"라는 설립 취지에 맞게 학술 연구와 교육사업 진흥에 관심을 두었고, 명품 고악기 무료대여, 항공기 프리티켓 지원, 음악영재 연주기회 확대 및 후원, 금호미술관을 통한 다양한 기획전시 및 신진유망작가 발굴 등 한국 문화예술 전반에 걸쳐 폭넓은 지원활동을 펼쳐, 국내 메세나 활동의 대명사로 자리매김했다.

④ 앞으로도 해외시장 진출 강화와 그룹이 강점을 가지고 있는 타이어, 항공, 건설, 레저 등 시너지 효과 극대화에 부합하는 사업군에 대한 신규성장동력을 확보, 지속적으로 업계 최고 1등 기업가치를 창출하는 아름다운 기업으로 성장해 나갈 것이다.

(2) 가치체계

① **목적(Mission)** … 금호아시아나그룹 이해관계자들(직원, 고객, 주주, 협력사, 사회)의 삶의 질 향상

② **목표(Vision)** … 업계 최고 1등의 기업가치를 창출하는 아름다운 기업

ㄱ **아름다운 기업** : 지탄을 받지 않고 약속한 바를 꼭 지키며 건실하고 신뢰받는 기업, 사회적 책임과 기업으로서의 역할을 다하고 사회에 공헌하는 기업

ㄴ **아름다운 사람** : 열정과 집념을 가지고 각자 자기분야에서 자기역할을 다하는 사람들이다. 아름다운 사람이 모여서 만드는 기업이 아름다운 기업이며 새로운 금호아시아나이다.

③ **전략(Strategy)** … 4대 핵심 경영방침

ㄱ **전략경영**(목적지향, 목표지향, 전략적·전술적 경영) : 업무 경중의 구분 없이 모든 경영 활동이 이 순서에 입각하여 순차적으로 이루어져야함을 의미한다. 특히 목적과 목표는 분명하게 구분되어야 하며 새로운 가치체계에서도 목적과 목표를 분명하게 구분하여 관리하고 있다.

ㄴ **인재경영**(인간중심, 인재양성, 적재적소 경영) : 기업의 중심은 바로 사람이라는 인본주의의 바탕을 둔 경영으로 직원에 대한 사랑을 의미한다. 그룹의 가치에 부합되는 인재선발과 경력개발을 통한 육성 및 개인의 능력에 맞는 역할 부여를 통해 개인의 능력이 제대로 발휘될 수 있도록 한다.

ㄷ **윤리경영**(기본과 원칙, 합리, 지탄받지 않는 경영) : 이치에 맞지 않는 것은 결코 하지 않는 경영을 의미한다. 사회와 주위로부터 지탄을 받지 않고, 자신이 하지 못하는 것을 남에게 요구하지 않으며 눈앞의 작은 이익과 타협하지 않고 기본과 원칙에 따라 합리적으로 일을 추진하는 것이다.

ㄹ **품질경영**(신뢰, 고객우선, 앞서가는 기술 경영) : 항상 새롭고 앞선 기술을 바탕으로 고객의 만족을 최우선으로 생각하며, 우리의 서비스와 품질에 대한 고객의 평가를 겸허히 받아들이고, 끝까지 책임을 지는 경영을 말한다.

④ **금호아시아나 정신(Spirit)** … 금호아시아나 정신은 우리의 역사 속에 면면히 내려오는 창업정신인 집념에 새로운 금호아시아나의 기본 정신인 열정이 더하여져 "열정(熱情)과 집념(執念)"으로 새롭게 정의되었다. 열정은 우리가 매사에 반드시 가져야 할 기본자세로서 어떠한 일을 추진함에 있어 하겠다는 의지, 하고 싶어 하는 열정, 할 수 있다는 확신을 가져야 함을 의미하며, 집념은 여러 개의 대안 중 최적의 방안을 찾아내어 어려운 난관과 역경에도 굴하지 않고 목표를 달성해 내는 것을 말한다. 우리는 모든 일에 적극성과 끈기를 가지고 목적한 바를 끝까지 달성해내는 "열정과 집념"의 정신을 가져야 한다.

⑤ 관리자 덕목(Leadership)

   ㉠ 솔선수범
- 평소 말과 행동이 일치하며 성실하고 진지한 태도로 솔선수범한다.
- 선택과 결정에 합리적인 기준이 있으며 자기 잘못을 합리화시키려 하지 않는다.
- 조직의 발전을 위해 공과 사를 구별할 줄 알고 주어진 업무에 대한 책임감이 투철하다.

   ㉡ 판단력
- 목적과 목표를 정확하게 설정하고 전략적인 사고와 장기적인 안목을 가지고 일관성 있게 계획하고 판단할 줄 안다.
- 상황의 핵심을 정확하게 판단하여 복잡한 사안을 간결하게 정리할 줄 안다.
- 전문지식과 정보를 상황에 맞게 활용하여 균형감각을 가지고 적정한 선택방안을 찾을 줄 안다.

   ㉢ 결단력
- 여러 가지 상황을 종합적으로 판단하여 우유부단하지 않고 선택의 결단을 한다.
- 문제해결을 위한 선택의 결단을 시기를 놓치지 않고 적기에 한다.

   ㉣ 추진력
- 일에 대한 열정과 적극적인 자세로 조직을 이끌 줄 안다.
- 목표달성을 위해 집념을 가지고 주어진 업무에 몰입할 줄 안다.
- 어려운 목표를 포기하지 않고 기필코 달성하려고 한다.

⑥ 인재상(Right People)

   ㉠ 성실하고 부지런한 사람 : 정직하고 근면하며, 조직과 자신의 발전을 위해 매사에 꾸준히 노력하고, 행동이 빠른 사람

   ㉡ 연구하고 공부하는 사람 : 조직과 자신의 발전을 위해 매사 깊이 생각하고 연구하며 공부함으로써 개선과 변화를 추진하는 사람

   ㉢ 진지하고 적극적인 사람 : 책임감과 진지한 자세로 조직과 자신의 발전을 위해 매사에 솔선수범하며 열정적으로 목적한 바를 끝까지 추진하는 사람

⑦ 조직문화(Culture) … 금호아시아나그룹이 추구하는 조직문화는 질서와 자유가 조화된 열린 공동체 문화이다. 교향곡의 멜로디처럼 질서와 자유가 서로 교차되어 아름다운 선율이 되는 것과 같으며, 과거의 관례와 새로운 기준, 선배와 후배, 보수와 진보, 경쟁과 협력이 공존하고 조화를 이루는 문화를 의미한다.

(3) 사업분야

① **금호고속** … 1,200여대의 버스를 보유하고, 국내 190여개 노선을 운행하고 있는 국내 최대 버스운송기업이다. 국내뿐만 아니라 중국과 베트남, 캄보디아에 잇달아 진출하는 등 글로벌 기업으로서의 입지를 다지고 있다.

② **금호터미널** … 유스퀘어 등 7개 직영터미널과 공주터미널 등 9개 위탁터미널 및 임차터미널 등을 포함한 총 16개의 터미널을 운영하고 있는 터미널 운영 전문회사이다.

③ **금호건설** … 1967년 창사이래 40여년이 넘는 기간 동안 주택사업은 물론 토목, 건축, 국가 기간 시설 시공 등 전 분야에서 최고의 전문성과 기술력을 발휘하고 있다. 금호건설은 베트남을 거점으로 동남아와 중동으로 영역을 넓혀가며 도시 개발사업과 공항사업 등 각종 인프라 사업을 추진하고 있으며, 앞으로도 신흥시장 진입을 통해 해외진출을 가속화하여 글로벌 건설리더로 도약할 것이다.

④ **아시아나항공** … 아시아나항공은 세계 최대항공 동맹체 스타얼라이언스 멤버로서 고객들에게 다양한 혜택과 편리한 스케줄을 제공하고 있다. 2009년 '에어 트랜스포트 월드(Air Transport World)'를 시작으로 2010년 '스카이트랙스(Skytrax)', 2011년 '글로벌 트래블러(Global Traveler)', 2012년 '비즈니스 트래블러(Business Traveler)'로부터 5년 연속 '올해의 항공사'상을 수상하면서 대한민국을 대표하는 글로벌 항공사로 성장하였다.

⑤ **아시아나 IDT** … 항공, 육상운송, 건설, 제조 분야 컴퓨터 시스템과 소프트웨어 등 솔루션 개발을 수행하는 IT서비스 전문기업으로, 다양한 산업분야의 IT 전문인력과 글로벌 네트워크, 차별화된 기술력을 바탕으로 고객 요구에 부응하는 고부가가치 서비스를 제공하기 위하여 노력하고 있다.

⑥ **금호리조트** … 충무, 화순, 설악, 제주 등 국내 4개의 리조트와 워터파크 아산스파비스를 운영하고 있다. 또한 한국에 아시아나컨트리 클럽, 중국에 웨이하이포인트 호텔&골프리조트 등 2개의 골프장을 운영하고 있다.

⑦ **에어부산** … 2008년 첫 취항 이후 3년 만에 국내선에 이어 일본·대만·홍콩·필리핀 등 중단거리 국제노선에 이르기까지 성공적인 연착륙을 이루어냈다. 이제 김해공항을 이용해 국내외를 여행하는 승객 중 30%에 이르는 승객들이 에어부산을 이용할 만큼 명실상부한 지역항공사로 자리매김했다.

⑧ **아시아나에어포트** … 아시아나항공을 비롯하여 싱가폴항공, 에어캐나다 등 20여개 외국항공사 지상 조업과 화물 조업, 급유 조업 등 항공기가 지상에 머무는 동안 필요한 프로세스를 지원하는 공항 서비스 회사이다.

⑨ **아시아나세이버** … 항공예약, 발권 시스템을 구축, 국내최초로 인터넷 실시간 항공 예약시스템을 오픈하여 세계최초, 최대지역 최고의 전문성의 항공 예약 시스템을 제공하고 있다.

⑩ **아시아나개발** … 인천국제공항 화물터미널을 효율적으로 운영하여 항공화물사업의 국제 경쟁력을 높이고 있다. 영종도 인천국제공항 내에 화물터미널을 건립하고 시설의 유지, 보수, 관리, 임대 업무를 수행한다.

⑪ **에어서울** … 2016년 10월, 국제선에 첫 취항한 새로운 항공사이다. 올해 일본 7개 노선과 동남아 3개 노선을 취항하고, 내년에는 중국 등으로 노선을 더욱 확대할 계획이다. 세계적으로 안전이 검증된 젊은 항공기, 타 LCC 대비 넓은 앞뒤 좌석 간격, 그리고 영상물 상영을 즐길 수 있는 개인 모니터의 장착 등 에어서울만의 장점을 살려 누구나 쾌적하고 즐겁게 에어서울을 이용할 수 있다.

⑫ **금호아시아나문화재단** … 금호아시아나그룹의 창업주인 故 박인천 회장이 1977년에 설립한 재단법인으로 음악, 미술, 공연, 교육, 장학사업 등 다양한 활동으로 문화발전에 기여해 왔다. '영재는 기르고 문화도 가꾸고'라는 설립 취지에 재단의 목표뿐 아니라, 재단이 운영하고 있는 클래식 음악 전용 홀인 금호아트홀과 한국의 젊은 음악도들을 위한 교육의 공간 문호아트홀, 국내 사립미술관의 대표주자인 금호미술관의 운영 목표 역시 여기에 맞춰져 있다.

⑬ **금호아시아나인재개발원** … 그룹 50주년을 기념하고 그룹의 비전 달성을 위해 1996년 12월 경기도 용인에 개원하였다. 개원 후 그룹 경영이념과 전략에 대한 심도 있는 연구를 통해 그룹 내 임직원이 급변하는 경영환경에 대응할 수 있는 능력을 배양할 수 있는 교육과정 개발에 주력하였다. 스페셜리스트 양성을 위해 금호아시아나만의 교육프로그램을 개발하고, 계열사의 교육팀과 시너지 효과를 추구하는 등 그룹의 경영목표 달성을 위한 전략적 파트너로서의 역할을 충실히 수행하고 있다.

⑭ **죽호학원** … "우리의 가장 소중한 임무는 사회에 공헌할 수 있는 미래의 주역이 될 재능 있는 인재를 양성하는 것이다."라는 이념 아래 금호아시아나 창업주인 故 박인천 회장에 의해 1959년 설립되었으며, 현재 금호고등학교, 중앙중학교, 중앙여자고등학교와 금파공업고등학교의 4개교를 중심으로 교육사업과 육영사업을 하고 있다. '기업활동을 통한 수익의 사회환원'이라는 금호아시아나의 경영이념에서도 알 수 있듯이, 금호아시아나는 금호문화재단과 죽호학원을 통하여 수익을 사회로 환원시키는 기업의 사회적 역할을 성실히 수행해 왔으며, 사회에 공헌할 수 있는 유능한 인재를 양성하기 위하여 열과 성을 다해 노력하고 있다.

(1) 신입(인턴)사원 채용

① 매년 상반기 3~4월, 하반기 9~10월에 그룹공채로 실시하고 각각 7월 1일과 1월 1일에 입사한다. 인턴사원의 경우 상반기에 선발 후 6주간의 하계 인턴 실습과정을 거쳐 최종 합격자를 선발한다.

② 채용절차

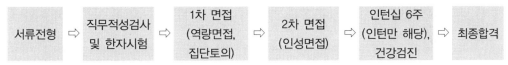

(2) 경력사원 채용

① 매년 상·하반기 두 차례 그룹공채로 실시하고 있으며, 해당 직무 경력자 위주로 채용을 하고 있다.

② 채용절차

아시아나, 차세대 여객기 국내 첫 도입

차세대 첨단 여객기 A321NEO 도입, 연료 효율성 15% 향상되고 소음은 낮춰
최신형 항공기로 기단 세대교체를 통해 노선 경쟁력 지속 향상

아시아나항공(사장 한창수)이 차세대 고효율 여객기로 평가받는 에어버스 A321NEO(New Engine Option)를 국내 항공사로는 처음으로 도입했다.

아시아나항공은 현지시간으로 7월 31일(수) 독일 함부르크에서 출발한 A321NEO가 8월 1일(목) 인천공항에 도착한 후 도입식을 가졌다. 행사에는 아시아나항공 한창수 사장을 비롯한 임직원이 참석해 차세대 주력 기종인 A321NEO의 국내 첫 인도를 기념했다.

신규 도입한 A321NEO는 8월 9일(금)부터 타이베이, 클라크필드, 나고야 등 중단거리 노선에 투입될 예정이다.

신형 A321NEO는 동급 항공기보다 연료 효율성이 15% 향상되고 소음은 약 7데시벨 줄어든 최첨단 기술 집합체 항공기이다. 세계 1위 항공기 엔진 제조사 CFM 인터내셔널사가 제작한 CFM Leap-1A 엔진을 장착해 연료 효율은 높이고 소음은 낮출 수 있었다.

A321NEO는 내부 공간도 고객 친화적으로 구성되었다. 아시아나항공이 도입하는 A321NEO는 188석(비즈니스 8석, 이코노미 180석)으로 이루어져 있으며, 특히 이코노미클래스의 좌석간 거리는 31인치, 좌석 너비는 18.3인치로 넓은 공간을 제공한다. 또한, HEPA 필터 공기정화 시스템을 장착해 비행 중 항상 쾌적한 실내 환경을 선사한다.

더불어 '기내 무선 엔터테인먼트 시스템'을 도입해 개인 모바일 디바이스 활용을 극대화하는 등 최신 트렌드를 반영했다. '기내 무선 엔터테인먼트 시스템'은 에어캐나다, ANA, 하와이안항공, 에티하드항공 등 글로벌 항공사들이 앞서 선보인 시스템으로, 탑승객은 스마트폰 및 태블릿 PC 등을 통해 시스템에 접속한 후 아시아나항공이 제공하는 각종 최신 영상물을 감상할 수 있다.

또한 기내 전 좌석에 USB 충전 포트와 AC 충전 포트가 장착되어 있어 디바이스 충전이 가능하며, 기기 거치대가 설치되어 있어 사용에 편리함을 더한다.

한편, 아시아나항공은 A321NEO 외에도 2017년 이래 A350-900을 도입해 기재 경쟁력을 지속적으로 향상시켰다. 특히, 중단거리 노선은 A321NEO를, 장거리 노선은 A350을 중심으로 순차적인 기단 세대교체를 진행해 연료는 절감하고 수익성은 극대화한다는 계획이다.

- 2019. 8. 2

면접질문　• 아시아나 항공의 노선 경쟁력 강화방안에 대해 말해보시오.

아시아나IDT, 중국 심천 IoT 박람회에서 RFID 기술 전시

아시아나IDT가 중국 심천 IoT 박람회에서 타이어 RFID 기술을 선보였다.

아시아나IDT(사장 한창수)는 '제10회 심천 국제 사물인터넷(IoT) 박람회'에서 타이어 RFID 기술을 선보인다고 1일 밝혔다.

심천 국제 IoT 박람회는 매년 500여개 글로벌 전문 기업들이 전시하고, 10만여 명의 참관객이 방문하는 중국 최대 규모의 IoT 박람회다. 올해는 7월 31일부터 8월 2일까지 3일 간 중국 심천 컨벤션센터에서 개최된다.

아시아나IDT가 이번 박람회에서 선보이는 타이어 RFID 기술은, 타이어 제조 분야에서 개별 제품에 RFID 태그를 부착해 발생하는 데이터를 생산관리시스템(MES)에 실시간 연계, 생산 공정부터 유통, 판매 단계까지 개별 제품에 대한 이력 정보를 제공하는 기술이다.

이 기술은 2012년 국내 최초로 타이어 제품에 적용했고, IoT 기반 공장 자동화 기술 등 관련 기술 고도화를 위해 노력해 왔다.

아시아나IDT는 RFID 기반 생산이력관리, 공장에너지관리, 반제품선입선출관리, 자동창고관리 등 스마트팩토리 분야의 전문 솔루션을 보유하고 있다.

한편 아시아나IDT는 지난 6월말 SK(주) C&C와 스마트팩토리 분야 MOU를 체결하는 등 중국 시장 내 스마트팩토리 사업 진출을 위해 준비하고 있다.

- 2019. 7. 31

면접질문	• 아시아나IDT에서 제공하는 제조 솔루션에 대해 말해보시오. • RFID 기술을 접목시킬 수 있는 사업에 대해 말해보시오.

금호아시아나
NEWSROOM

에어부산–중소기업중앙회, 민생경제 활성화 MOU

25일 여의도 중소기업 중앙회 본사에서 MOU 체결
회원사 임직원 대상 부산–김포, 울산–김포, 노선 운임 상시 할인 혜택 제공

에어부산은 중소기업중앙회와 민생경제 활성화 및 소상공인 상생을 위한 양해각서(MOU)를 체결했다고 25일 밝혔다.

이날 서울 여의도 중소기업중앙회 본사에서 실시된 업무 협약 체결식에는 한태근 에어부산 사장과 서승원 중소기업중앙회 상근 부회장이 참석했다.

이번 업무 협약에 따라 에어부산은 기업 우대 프로그램을 통해 전국 중소기업 협동조합 산하 회원들에게 상시적으로 국내선 내륙노선 항공권 할인을 제공한다. 약 35만 명의 중소기업 협동조합 임직원은 에어부산의 김포–부산, 김포–울산 노선을 이용할 경우 정가 운임보다 주중에는 20%, 주말에는 10% 할인된 운임으로 이용할 수 있다.

이와 더불어 비즈니스 목적으로 출장이 잦은 중소기업중앙회 임원 및 사전에 협의된 회원을 대상으로 항공기 앞좌석 배정, 무료수하물 허용량 확대 혜택 등 별도의 추가 서비스 제공은 물론, 향후 국제선에 대해서도 확대 적용을 검토할 계획이다.

한 사장은 "중소기업중앙회와의 이번 업무 협약을 통해 중소기업과 소상공인들에게 도움이 될 수 있을 것으로 기대한다"며 "에어부산은 국내 항공사 중 가장 편리한 내륙 노선 스케줄을 가지고 있어 기업인들의 업무이동이 더욱 편리해질 것"이라고 말했다.

– 2019. 7. 25

면접질문　• 중소기업중앙회와 MOU를 통해 기업이 추구하는 목표에 대해 말하시오.

아시아나IDT, 건물에너지관리시스템 고도화 개발

자체 개발한 건물에너지관리시스템(BEMSm)의 고도화 버전 개발 완료
빅데이터 분석 기술 접목…에너지 사용량 감시·제어 기능 추가 등 확장성 고려

아시아나IDT(사장 박세창)는 자체 개발한 건물에너지관리시스템(BEMS : Building Energy Management System)의 고도화 버전인 'AEMS(Asiana IDT-BEMS) 2.0'을 개발 완료했다고 25일 밝혔다.

건물에너지관리시스템은 조명설비, 냉난방설비, 환기설비 등에 센서를 통해 에너지 사용량을 실시간으로 모니터링하고, 수집된 정보 분석을 통해 운영을 최적화하고 에너지를 절감하는 통합관리 시스템이다.

제로에너지 빌딩 구축을 위한 핵심 시스템인 건물에너지관리시스템은 2017년부터 일정 면적 이상의 신축 공공기관 건물에 설치가 의무화됐고, 민간 건물로도 확대될 예정이다. 실제로 한국에너지공단은 '건물에너지관리시스템 설치확인업무 운영규정'에서 에너지 생산량 조회, 에너지 소비 분석, 에너지 비용 조회, 에너지 사용량 예측 등 기능을 한층 강화했다.

아시아나IDT의 'AEMS 2.0'은 한국에너지공단의 건물에너지관리시스템 설치 가이드라인의 요건을 모두 충족하도록 한 기존 솔루션을 고도화한 것으로, 빅데이터 기반의 에너지 사용량 분석 기술을 접목한 것이 특징이다.

또한 건물에 에너지저장시스템(ESS : Energy Storage System) 설치 시 이를 모니터링 할 수 있는 기능과 지난해 파트너십을 체결한 글로벌 자동제어시스템 업체인 스웨덴 레긴(REGIN)사의 제품을 적용한 에너지 사용량 감시·제어 기능을 추가하는 등 확장성도 고려했다.

전해돈 아시아나IDT 건설/운송부문 상무는 "BEMS 관련 시장은 지속적인 성장세다. 수요처 및 건설사 대상으로 관련 사업을 추진하고, ESS, 자동제어시스템 등과 함께 토털 그린에너지 솔루션으로 확대해 나갈 계획"이라고 말했다.

한편 아시아나IDT는 해당 시스템을 기반으로 아파트의 기계/전력/조명 자동제어, 원격검침, 엘리베이터, CCTV, 주차관제, 출입통제 등을 통합관제 할 수 있는 공동주택용 에너지 관리형 통합관제 시스템 적용을 준비 중이다.

-2019. 7. 25

면접질문	● 자사에서 자체 개발한 BEMS 솔루션에 대해 말하시오.

PART

II

출제예상문제

언어능력

|1~5| 다음 제시된 단어와 유사한 의미를 가진 단어를 고르시오.

1

> 중도(中途)

① 종료   ② 착수

③ 말미   ④ 도중

 중도(中途) … 일이 진행되어 가는 동안
① 어떤 행동이나 일 따위가 끝남
② 어떤 일에 손을 댐. 또는 어떤 일을 시작함
③ 어떤 사물의 맨 끄트머리
④ 일이 계속되고 있는 과정이나 일의 중간

2

> 변상(辨償)

① 상환   ② 돌변

③ 상속   ④ 변조

 변상(辨償) … 남에게 진 빚을 갚음. 또는 남에게 끼친 손해를 물어 줌
① 갚거나 돌려줌
② 뜻밖에 갑자기 달라지거나 달라지게 함
③ 뒤를 이음
④ 이미 이루어진 물체 따위를 다른 모양이나 다른 물건으로 바꾸어 만듦

3

은둔(隱遁)
---

① 은혜   ② 은밀

③ 친밀   ④ 칩거

 은둔(隱遁) … 세상일을 피하여 숨음
① 고맙게 베풀어 주는 신세나 혜택
② 숨어 있어서 겉으로 드러나지 않음
③ 지내는 사이가 매우 친하고 가까움
④ 나가서 활동하지 아니하고 집 안에만 틀어박혀 있음

4

광활(廣闊)
---

① 도려내다   ② 후리다

③ 너르다   ④ 자르다

 광활(廣闊) … 막힌 데가 없이 트이고 넓음
① 빙 돌려서 베거나 파내다.
② 휘몰아 채거나 쫓다. 또는 휘둘러 때리거나 치다.
③ 공간이 두루 다 넓다.
④ 동강을 내거나 끊어 내다. 또는 남의 요구를 야무지게 거절하다.

5

어언간(於焉間)
---

① 어차피   ② 미증유

③ 어느덧   ④ 가령

 어언간(於焉間) … 알지 못하는 동안에 어느덧
① 이렇게 하든지 저렇게 하든지. 또는 이렇게 되든지 저렇게 되든지
② 지금까지 한 번도 있어 본 적이 없음
④ 가정하여 말하여

Answer ┌→ 1.④ 2.① 3.④ 4.③ 5.③

┃6~10┃ 다음 주어진 단어와 반대 또는 상대되는 단어를 고르시오.

6

속행(速行)

① 엄격히　　　　　② 찬찬히
③ 낱낱이　　　　　④ 꼼꼼히

 속행(速行) … 빨리 행함
① 말, 태도, 규칙 따위가 매우 엄하고 철저하게
② 동작이나 태도가 급하지 않고 느릿하게
③ 하나하나 빠짐없이 모두
④ 빈틈이 없이 차분하고 조심스럽게

7

격감(激減)

① 감격　　　　　　② 급증
③ 감소　　　　　　④ 격간

 격감(激減) … 수량이 갑자기 줆

8

곧추다

① 돋우다　　　　　② 추리다
③ 굽히다　　　　　④ 곧차다

 곧추다 … 굽은 것을 곧게 바로잡다.
① 위로 끌어 올려 도드라지거나 높아지게 하다.
② 섞여 있는 것에서 여럿을 뽑아내거나 골라내다.
④ 발길로 곧게 내어 지르다.

9

꺼림하다

① 개운하다   ② 떠름하다

③ 칼칼하다   ④ 거치적거리다

 꺼림하다 … 마음에 걸려 언짢은 느낌이 있다.
　① 기분이나 몸이 상쾌하고 가뜬하다.
　② 마음이 썩 내키지 아니하다.
　③ 목이 말라서 물 따위를 마시고 싶은 느낌이다. 또는 맵거나 텁텁하여 목을 자극하는 맛이
　　있다.
　④ 거추장스럽게 자꾸 여기저기 거치거나 닿다.

10

농익다

① 무르익다   ② 원숙하다

③ 설익다   ④ 흐무러지다.

 농익다 … 과실 따위가 흐무러지도록 푹 익다. 또는 (비유적으로) 일이나 분위기 따위가 성숙
하다.

‖11~20‖ 다음 제시된 두 단어의 관계를 고르시오.

11

박정 : 냉담

① 비슷한 의미이다.

② 상반된 의미이다.

③ 비슷하지도 상반되지도 않다.

 박정(薄情) … 인정이 박함
냉담(冷淡) … 태도나 마음씨가 동정심 없이 차가움

Answer ⤵ 6.② 7.② 8.③ 9.① 10.③ 11.①

12

> 열중 : 몰두

① 비슷한 의미이다.
② 상반된 의미이다.
③ 비슷하지도 상반되지도 않다.

 열중(熱中) … 한 가지 일에 정신을 쏟음
몰두(沒頭) … 어떤 일에 온 정신을 다 기울여 열중함

13

> 백중(伯仲) : 호각(互角)

① 비슷한 의미이다.
② 상반되는 의미이다.
③ 비슷하지도 상반되지도 않다.

 백중과 호각은 유의어 관계이다.
백중(伯仲) … 재주나 실력, 기술 따위가 서로 비슷하여 낫고 못함이 없음(= 호각)

14

> 알심 : 배알

① 비슷한 의미이다.
② 상반된 의미이다.
③ 비슷하지도 상반되지도 않다.

 알심 … 은근히 동정하는 마음 또는 보기보다 야무진 힘
배알 … 속마음(겉으로 드러나지 아니한 실제의 마음)을 낮잡아 이르는 말 또는 배짱을 낮잡아 이르는 말

15

옹졸하다 : 척박하다

① 비슷한 의미이다.

② 상반되는 의미이다.

③ 비슷하지도 상반되지도 않다.

 옹졸하다 … 성품이 너그럽지 못하고 생각이 좁음을 뜻한다.
척박하다 … 땅이 몹시 메마르고 기름지지 못함을 이르는 말이다.

16

손방 : 문외한(門外漢)

① 비슷한 의미이다.

② 상반되는 의미이다.

③ 비슷하지도 상반되지도 않다.

 손방과 문외한은 유의어 관계이다.
손방 … 아주 할 줄 모르는 솜씨(어떤 일에 전문적인 지식이 없음)

17

통설 : 이설

① 비슷한 의미이다.

② 상반되는 의미이다.

③ 비슷하지도 상반되지도 않다.

 통설 … 세상에 널리 알려지거나 일반적으로 인정되고 있는 설
이설 … 통용되는 것과는 다른 주장이나 의견

Answer ➟ 12.① 13.① 14.③ 15.③ 16.① 17.②

18

> 정수(精髓) : 진수(眞髓)

① 비슷한 의미이다.
② 상반되는 의미이다.
③ 비슷하지도 상반되지도 않다.

 정수와 진수는 유의어 관계이다.
정수 … 사물의 중심이 되는 골자 또는 요점(= 진수)

19

> 오달지다 : 냉정하다

① 비슷한 의미이다.
② 상반되는 의미이다.
③ 비슷하지도 상반되지도 않다.

 오달지다 … 사람의 성질이나 행동, 생김새 따위가 빈틈없이 꽤 단단하고 굳세다.
냉정하다 … 남의 사정은 돌보지 않고 자기 생각만 하다.

20

> 감궂다 : 험상궂다

① 비슷한 의미이다.
② 상반된 의미이다.
③ 비슷하지도 상반되지도 않다.

 감궂다와 험상궂다는 유의어 관계이다.
감궂다 … 태도나 외모 따위가 불량스럽고 험상궂다.

21

> 구곡간장(九曲肝腸) : 구우일모(九牛一毛)

① 비슷한 의미이다.

② 상반된 의미이다.

③ 비슷하지도 상반되지도 않다.

 구곡간장(九曲肝腸) … 굽이굽이 서린 창자라는 뜻으로, 깊은 마음속 또는 시름이 쌓인 마음
속을 비유적으로 이르는 말
구우일모(九牛一毛) … 아홉 마리의 소 가운데 박힌 하나의 털이란 뜻으로, 매우 많은 것 가
운데 극히 적은 수를 이르는 말

22

> 동족방뇨(凍足放尿) : 임시방편(臨時方便)

① 비슷한 의미이다.

② 상반되는 의미이다.

③ 비슷하지도 상반되지도 않다.

 동족방뇨(凍足放尿) … 근본적인 해결책이 아닌 임시변통으로 나쁜 결과를 가져옴을 비유하
는 말
임시방편(臨時方便) … 갑자기 생긴 일을 우선 그때의 사정에 따라 둘러맞춰서 처리함을 이르
는 말

23

> 금상첨화(錦上添花) : 설상가상(雪上加霜)

① 비슷한 의미이다.

② 상반되는 의미이다.

③ 비슷하지도 상반되지도 않다.

 금상첨화(錦上添花) … 비단 위에 꽃을 더한다는 뜻으로 좋은 일에 또 좋은 일이 더하여짐
설상가상(雪上加霜) … 눈 위에 또 서리가 내린다는 뜻으로 어려운 일이 겹침

Answer ┌▸ 18.① 19.③ 20.① 21.③ 22.① 23.②

24

> 요순지절(堯舜之節) : 절개(節槪)

① 비슷한 의미이다.
② 상반된 의미이다.
③ 비슷하지도 상반되지도 않다.

 요순지절(堯舜之節) … 요임금과 순임금이 덕으로 천하를 다스리던 태평한 시대
절개(節槪) … 신념이나 신의 따위를 굽히지 아니하고 굳게 지키는 꿋꿋한 태도

25

> 백계무책(百計無策) : 계무소출(計無所出)

① 비슷한 의미이다.
② 상반된 의미이다.
③ 비슷하지도 상반되지도 않다.

 백계무책(百計無策) … 어려운 일을 당하여 온갖 계교를 다 써도 해결할 방도를 찾지 못함
[= 계무소출(計無所出)]

26

> 득의만면(得意滿面) : 탁연(卓然)

① 비슷한 의미이다.
② 상반되는 의미이다.
③ 비슷하지도 상반되지도 않다.

 득의만면(得意滿面) … 뜻한 바를 이루어서 얼굴에 기쁜 표정이 가득하다.
탁연(卓然) … 여럿 중에서 높이 뛰어나 의젓하다.

27

> • 꿀 먹은 벙어리
> • 침 먹은 지네

① 비슷한 의미이다.

② 상반되는 의미이다.

③ 비슷하지도 상반되지도 않다.

 ① 할 말이 있어도 못하고 있거나 겁이 나서 기를 펴지 못하고 꼼짝 못하는 사람을 비유적으로 이르는 속담이다.

28

> • 서리 맞은 구렁이
> • 삼밭에 쑥대

① 비슷한 의미이다.

② 상반되는 의미이다.

③ 비슷하지도 상반되지도 않다.

 서리 맞은 구렁이 … 행동이 굼뜨고 힘이 없는 사람을 비유적으로 이르는 속담이다.
삼밭에 쑥대 … 좋은 환경에서 자라면 좋은 영향을 받게 됨을 비유적으로 이르는 속담이다.

29

> • 계란에도 뼈가 있다.
> • 말 속에 뜻이 있고 뼈가 있다.

① 비슷한 의미이다.

② 상반된 의미이다.

③ 비슷하지도 상반되지도 않다.

 계란에도 뼈가 있다 … 늘 일이 잘 안 되던 사람이 모처럼 좋은 기회를 만났건만 그 일마저 역시 잘 안됨을 이르는 말
말 속에 뜻이 있고 뼈가 있다 … 말 뒤에 겉에 드러나지 아니한 숨은 뜻이 있다는 말

Answer ↱→ 24.③ 25.① 26.③ 27.① 28.③ 29.③

30

> • 개 발에 주석 편자
> • 고양이 목에 방울 달기

① 비슷한 의미이다.
② 상반된 의미이다.
③ 비슷하지도 상반되지도 않다.

 개 발에 주석 편자…옷차림이나 지닌 물건 따위가 제격에 맞지 아니하여 어울리지 않음을
비유적으로 이르는 말
고양이 목에 방울 달기…실행하기 어려운 것을 공연히 의논함을 이르는 말

❚31~35❚ 다음 제시된 어구풀이에 해당하는 단어 또는 관용구를 고르시오.

31

> 남의 사정을 돌보지 않고 제 일만 생각하는 태도가 있다.

① 야멸치다　　　　　　　② 야속하다
③ 야무지다　　　　　　　④ 야물다

 ② 박정하고 쌀쌀함을 이르는 말이다.
③ 사람됨이나 행동이 빈틈이 없이 굳세고 단단함을 이르는 말이다.
④ 과일이나 곡식 따위가 알이 들어 단단하게 익음을 이르는 말이다.

32

> 마음이 구슬퍼질 정도로 외롭거나 쓸쓸하다.

① 헌칠하다　　　　　　　② 옹색하다
③ 처량하다　　　　　　　④ 부실하다

 ① 키와 몸집이 크고 늘씬함을 이르는 말이다.
② 생활이 어려움 또는 활달하지 못하여 옹졸하고 답답함을 이르는 말이다.
④ 몸이 튼튼하지 못함 또는 내용이 실속이 없거나 충실하지 못함을 이르는 말이다.

33

겉으로는 드러나지 아니하고 깊은 곳에서 일고 있는 움직임

① 저류(底流)　　　　　　　　② 강용(强遆)

③ 이연(怡然)　　　　　　　　④ 경미(輕微)

 ① 강이나 바다의 바닥을 흐르는 물결, 겉으로는 드러나지 아니하고 깊은 곳에서 일고 있는 움직임을 비유적으로 이르는 말

② 억지로 권함

③ 기쁘고 좋음

④ 가볍고 아주 적어서 대수롭지 아니함

34

움직이지 아니하고 가만히 있는 상태

① 소담(小膽)　　　　　　　　② 정태(靜態)

③ 태연(泰然)　　　　　　　　④ 이탈(離脫)

 ① 겁이 많고 배짱이 없음

③ 마땅히 머뭇거리거나 두려워할 상황에서 태도나 기색이 아무렇지도 않은 듯이 예사로움

④ 어떤 범위나 대열 따위에서 떨어져 나오거나 떨어져 나감

35

보통사람들보다 뛰어난 인물

① 인재　　　　　　　　　　　② 자제

③ 도인　　　　　　　　　　　④ 우인

 ② 남의 집안의 젊은이를 뜻한다.

③ 도를 닦는 사람을 뜻한다.

④ 어리석은 사람을 뜻한다.

Answer ➔ 30.③　31.①　32.③　33.①　34.②　35.①

▌36~40▐ 다음 제시된 단어에 해당하는 뜻을 고르시오.

36

귀결

① 상대방의 의견을 높이는 말　　　② 끝을 맺음

③ 본보기가 될 만한 것　　　④ 세상에 보기 드문 솜씨

 귀결 … 끝을 맺음을 이르는 말로 결과, 종결, 결론이라고도 한다.
① 고지(高志)　③ 귀감(龜鑑)　④ 귀공(鬼工)

37

늘품

① 겉으로 드러나 보이는 모양새

② 앞으로 좋게 발전할 품질이나 품성

③ 질이 좋은 물품

④ 인격이나 작품 따위에 드러나는 고상한 품격

　① 볼품　③ 가품　④ 기품

38

틀거지

① 듬직하고 위엄이 있는 겉모양

② 사실은 가난하면서도 겉으로는 부자처럼 보이는 사람

③ 겉보기에는 거지꼴로 가난하여 보이나 실상은 집안 살림이 넉넉하여 부자인 사람

④ 아무것도 가진 것이 없는 거지

　② 든거지　③ 난거지　④ 땅거지

39

┌───┐
│   역성   │
└───┘

① 무조건 한쪽 편만 들어 줌

② 역습하여 나아가 싸움

③ 분개하여 성을 냄

④ 적대하는 마음

 ② 역전 ③ 분노 ④ 적대심

40

┌───┐
│   곰살궂다   │
└───┘

① 동작이 날쌔고 눈치가 빠르다

② 믿음성이 있다

③ 보기에 어리석고 둔한 데가 있다

④ 성질이 부드럽고 다정하다

 곰살궂다 … 성질이 부드럽고 다정함 또는 꼼꼼하고 자세함을 이르는 말이다.
① 기민하다 ② 미쁘다 ③ 미련스럽다

▍41~45 ▍ 다음 중 ( ) 안에 들어갈 단어로 바른 것을 고르시오.

41

> 인삼은 한국 고유의 약용 특산물이었으며, 약재로서의 효능과 가치가 매우 높은 물건이었다. 중국과 일본에서는 조선 인삼에 대한 ( )이/가 폭발적으로 증가하였다. 이에 따라 인삼을 상품화하여 상업적 이익을 도모하는 상인들이 등장하였다. 특히 개인 자본을 이용하여 상업 활동을 하던 사상들이 평안도 지방과 송도를 근거지로 하여 인삼거래에 적극적으로 뛰어들었는데, 이들을 삼상이라고 하였다.

① 수요   ② 공급
③ 수출   ④ 제공

 ① 어떤 재화나 용역을 일정한 가격으로 사려고 하는 욕구

42

> 컴맹이던 고모는 이제 ( )한 작업은 컴퓨터로 할 수 있게 되었다.

① 웬만   ② 왠만
③ 웬간   ④ 앵간

 웬만하다
㉠ 정도나 형편이 표준에 가깝거나 그보다 약간 낫다.
㉡ 허용되는 범위에서 크게 벗어나지 아니한 상태에 있다.

43

> 죽음의 ( )(이)란, 우리가 언제 어디서든 죽을 수 있다는 것을 뜻한다. 이것은 부인할 수 없는 사실이고, 그 사실은 우리에게 죽음의 공포를 불러일으킨다.

① 특수성(特殊性)   ② 편재성(遍在性)
③ 사회성(社會性)   ④ 특이성(特異性)

 편재(遍在) … 널리 퍼져 있음

44

우리의 조상들은 심성이 달의 속성과 일치한다고 믿었기 때문에 달을 풍년을 주재하는 신으로 숭배하였다. 그리고 천체의 운행 시간과 변화에 매우 지혜로웠다. 천체 가운데에서도 가장 잘 (　　)할 수 있는 달의 모양이 뚜렷했기 때문에 음력 역법을 쓰는 문화권에서는 달이 이지러져서 완전히 차오르는 상태가 시간을 측정하는 기준이 된다는 중요한 의미를 알게 되었다.

① 성찰(省察)　　　　　　　　② 고찰(考察)

③ 간과(看過)　　　　　　　　④ 첨삭(添削)

 ② 어떤 것을 깊이 생각하고 연구함을 이르는 말이다.
　　　① 자기 마음을 반성하여 살핀다는 뜻이다.
　　　③ 큰 관심 없이 대강 보아 넘기는 것을 뜻한다.
　　　④ 내용 일부를 보태거나 삭제하여 고치는 것을 이르는 말이다.

45

조선조의 금속활자 인쇄는 속도가 빠르지 않았다. 세종 때 한 번 개량되었다고는 하지만, 조판 인쇄는 여전히 수작업에 의지하였다. 활자판에 먹을 칠하고 그 위에 종이를 얹어 솜망치로 두드린 뒤 한 장씩 떼어내는 방식은 조선조가 종언을 고할 때까지 변함이 없었다. 어느 쪽이 인쇄 속도가 빠르며, 대량인쇄에 유리한가는 (　　)을(를) 요하지 않는다.

① 췌언　　　　　　　　　　　② 전언

③ 부언　　　　　　　　　　　④ 첨언

 ① 쓸데없는 군더더기 말을 뜻한다.
　　　② 이전에 한 말을 뜻한다.
　　　③ 근거 없이 떠돌아다니는 말을 뜻한다.
　　　④ 덧붙이는 말을 뜻한다.

Answer ↲ 41.①　42.①　43.②　44.②　45.①

❙46~50❙ 다음 중 빈칸에 들어갈 단어들을 바르게 나열한 것을 고르시오.

46

> • 전기세 고지서가 (   ) 되었다.
> • 한국은행에서는 화폐를 (   )한다.
> • 이 소포는 해외에서 (   )된 것이다.

① 발부 – 발행 – 발신   ② 발행 – 발간 – 발부
③ 발간 – 발행 – 발신   ④ 발부 – 발행 – 발간

　㉠ 발간 : 책, 신문, 잡지 따위를 만들어 내는 것을 뜻한다.
　㉡ 발부 : 증서, 영장 등을 발행함을 이르는 말이다.
　㉢ 발신 : 소식이나 우편 또는 전신을 보내는 것을 의미한다.
　㉣ 발행 : 화폐, 증권, 증명서 따위를 만들어 널리 쓰이도록 함을 이르는 말이다.

47

> • 회화는 소재에 따라 정물화, 인물화, 풍경화로 (   ) 할 수 있다.
> • 공업용 폐수의 성분을 (   )했다.
> • 그 말이 무슨 의미인지 잘 (   )되지 않았다.

① 분리 – 분류 – 분석   ② 분석 – 분류 – 분간
③ 분류 – 분석 – 분간   ④ 분간 – 분리 – 분석

　㉠ 분간 : 사물이나 사람의 옳고 그름이나 그 정체를 구별하는 것을 뜻한다.
　㉡ 분류 : 종류에 따라 나눔을 이르는 말이다.
　㉢ 분리 : 서로 나뉘어 떨어짐을 뜻한다.
　㉣ 분석 : 구성 요소들로 자세히 나누어 살펴보는 것을 이르는 말이다.

48

> • 그 아이에게 그 일을 맡긴 것은 (   ) 처사이다.
> • (   ) 어른 앞에서는 말과 행동을 삼가야 한다.
> • (   ) 그렇다고 해도 나는 그를 믿는다.

① 모름지기 – 설령 – 다만   ② 지당한 – 모름지기 – 설령
③ 지당한 – 설령 – 다만   ④ 설령 – 다만 – 모름지기

㉠ **지당한** : 이치에 맞고 지극히 당연함을 이르는 말이다.
㉡ **모름지기** : 사리를 따져 보건데 마땅히, 반드시를 이르는 말이다.
㉢ **설령** : '∼하더라도' 따위와 함께 쓰이는 부사이다.
㉣ **다만** : 다른 것이 아니라 오로지라는 의미의 부사이다.

49

> • 잡지 (   ) 당시에 비해 발행 부수가 열 배나 증가했다.
> • 학회는 (   ) 첫 사업으로 고전 국역을 추진하기로 했다.
> • 진화론의 (   )는 전통적 인간관에 큰 충격과 영향을 주었다.

① 창간 – 창시 – 창립   ② 창간 – 창립 – 창시
③ 창립 – 창간 – 창시   ④ 창립 – 창시 – 창간

 ㉠ **창간** : 신문, 잡지 따위의 정기 간행물의 첫 번째 호를 펴내다.
㉡ **창립** : 기관이나 단체 따위를 새로 만들어 세우다.
㉢ **창시** : 어떤 사상이나 학설 따위를 처음으로 시작하거나 내세우다.

50

> • 낚시꾼은 미끼로 물고기를 (   )해 잡는다.
> • 행사를 공개적으로 하여 일반인의 참여를 (   )하였다.
> • 유흥업소들은 화려한 네온사인으로 취객들을 (   )한다.

① 유혹 – 유인 – 유도   ② 유도 – 유혹 – 유인
③ 유인 – 유혹 – 유도   ④ 유인 – 유도 – 유혹

 ㉠ **유인** : 주의나 흥미를 일으켜 꾀어내다.
㉡ **유도** : 사람이나 물건을 목적한 장소나 방향으로 이끌다.
㉢ **유혹** : 꾀어서 정신을 혼미하게 하거나 좋지 아니한 길로 이끌다.

Answer 46.① 47.③ 48.② 49.② 50.④

51 어문 규정에 모두 맞게 표기된 문장은?

① 휴계실 안이 너무 시끄러웠다.

② 오늘은 웬지 기분이 좋습니다.

③ 밤을 세워 시험공부를 했습니다.

④ 아까는 어찌나 배가 고프던지 아무 생각도 안 나더라.

 ① 휴계실 → 휴게실
② 웬지 → 왠지
③ 세워 → 새워

52 어문 규정에 어긋난 것으로만 묶인 것은?

① 기여하고저, 뻐드렁니, 돌('첫 생일'), Nakdonggang('낙동강')

② 퍼붇다, 쳐부수다, 수퇘지, Daegwallyeong('대관령')

③ 안성마춤, 삵괭이, 더우기, 지그잭('zigzag')

④ 고샅, 일찍이, 굶주리다, 빠리('Paris')

 ① 기여하고저 → 기여하고자
② 퍼붇다 → 퍼붓다
③ 안성마춤 → 안성맞춤, 삵괭이 → 살쾡이, 더우기 → 더욱이, 지그잭(zigzag) → 지그재그
④ 굶주리다 → 굶주리다, 빠리(Paris) → 파리

53 다음 밑줄 친 부분의 띄어쓰기가 바른 문장은?

① 마을 사람들은 어느 말을 정말로 믿어야 <u>옳은 지</u> 몰라서 멀거니 두 사람의 입을 쳐다보고만 있었다.

② 강아지가 집을 나간 지 <u>사흘만에</u> 돌아왔다.

③ 그냥 모르는 척 <u>살만도 한데</u> 말이야.

④ 자네, 도대체 이게 <u>얼마 만인가</u>.

 ① 옳은 지 → 옳은지, 막연한 추측이나 짐작을 나타내는 어미이므로 붙여서 쓴다.
② 사흘만에 → 사흘 만에, '시간의 경과'를 의미하는 의존명사이므로 띄어서 사용한다.
③ 살만도 → 살 만도, 붙여 쓰는 것을 허용하기도 하나(살 만하다) 중간에 조사가 사용된 경우 반드시 띄어 써야 한다(살 만도 하다).

54 다음 중 발음이 옳은 것은?

① 아이를 안고[앙꼬] 힘겹게 계단을 올라갔다.

② 그는 이웃을 웃기기도[우: 끼기도]하고 울리기도 했다.

③ 무엇에 홀렸는지 넋이[넉씨] 다 나간 모습이었지.

④ 무릎과[무릅과] 무릎을 맞대고 협상을 계속한다.

 (Tip)
① 안고[안: 꼬]
② 웃기기도[욷끼기도]
④ 무릎과[무릅꽈]

55 다음 중 밑줄 친 부분의 맞춤법 표기가 바른 것은?

① 벌레 한 마리 때문에 학생들이 <u>법썩</u>을 떨었다.

② <u>실낱같은</u> 희망을 버리지 않고 있다.

③ <u>오뚜기</u> 정신으로 위기를 헤쳐 나가야지.

④ <u>더우기</u> 몹시 무더운 초여름 날씨를 예상한다.

 (Tip)
① 법썩 → 법석
③ 오뚜기 → 오뚝이
④ 더우기 → 더욱이

56 띄어쓰기를 포함하여 맞춤법이 모두 옳은 것은?

① 그는∨가만히∨있다가∨모임에∨온∨지∨두∨시간∨만에∨돌아가∨버렸다.

② 옆집∨김씨∨말로는∨개펄이∨좋다는데∨우리도∨언제∨한∨번∨같이∨갑시다.

③ 그가∨이렇게∨늦어지는∨걸∨보니∨무슨∨큰∨일이∨난∨게∨틀림∨없다.

④ 하늘이∨뚫린∨것인지∨몇∨날∨몇∨일을∨기다려도∨비는∨그치지∨않았다.

 (Tip)
② 김씨 → 김 씨, 호칭어인 '씨'는 띄어 써야 옳다.
③ 큰 일 → 큰일, 틀림 없다 → 틀림없다, '큰일'은 '중대한 일'을 나타내는 합성어이므로 붙여 써야 하며 '틀림없다'는 형용사이므로 붙여 써야 한다.
④ 몇 일 → 며칠, '몇 일'은 없는 표현이다. 따라서 '며칠'로 적어야 옳다.

Answer ☞ 51.④ 52.③ 53.④ 54.③ 55.② 56.①

57 밑줄 친 단어 중 우리말의 어문 규정에 따라 맞게 쓴 것은?

① <u>윗층</u>에 가 보니 전망이 정말 좋다.

② <u>뒷편</u>에 정말 오래된 감나무가 서 있다.

③ 그 일에 <u>익숙지</u> 못하면 그만 두자.

④ <u>생각컨대</u>, 그 대답은 옳지 않을 듯하다.

 어간의 끝음절 '하'가 아주 줄 적에는 준 대로 적는다〈한글맞춤법 제40항 붙임2〉.
　① 윗층 → 위층
　② 뒷편 → 뒤편
　④ 생각컨대 → 생각건대

58 밑줄 친 부분이 어법에 맞게 표기된 것은?

① 박 사장은 자기 돈이 어떻게 <u>쓰여지는 지</u>도 몰랐다.

② 그녀는 조금만 <u>추어올리면</u> 기고만장해진다.

③ <u>나룻터</u>는 이미 사람들로 가득 차 있었다.

④ 우리들은 <u>서슴치</u> 않고 차에 올랐다.

 '위로 끌어 올리다'의 뜻으로 사용될 때는 '추켜올리다'와 '추어올리다'를 함께 사용할 수 있지만 '실제보다 높여 칭찬하다'의 뜻으로 사용될 때는 '추어올리다'만 사용해야 한다.
　① 쓰여지는 지 → 쓰이는지
　③ 나룻터 → 나루터
　④ 서슴치 → 서슴지

59 외래어 표기가 옳은 것은?

① 뷔페 - 초콜렛 - 컬러
② 컨셉 - 서비스 - 윈도
③ 파이팅 - 악세사리 - 리더십
④ 플래카드 - 로봇 - 캐럴

 ① 초콜렛 → 초콜릿
② 컨셉 → 콘셉트
③ 악세사리 → 액세서리

60 다음 중 띄어쓰기가 옳은 문장은?

① 같은 값이면 좀더 큰것을 달라고 해라.
② 나는 친구가 많기는 하지만 우리 집이 큰지 작은지를 아는 사람은 철수 뿐이다.
③ 진수는 마음 가는 대로 길을 떠났지만 집을 떠난지 열흘이 지나서는 갈 곳마저 없었다.
④ 경진은 애 쓴만큼 돈을 받고 싶었지만 주위에서는 그의 노력을 인정해 주지 않았다.

 ② 철수 뿐이다 → 철수뿐이다
③ 떠난지 → 떠난 지
④ 애 쓴만큼 → 애쓴 만큼

Answer ↪ 57.③ 58.② 59.④ 60.①

61 이 글에서 밑줄 친 부분의 의미를 나타낼 때 적절한 속담은?

> 아무리 고사(故事) 취미적이고 고증주의적인 역사가라 하더라도, 단순한 사실적 지식으로 만족하지 않고 조금은 사실 관련을 추구한다고 생각할 때, 사실적 지식만을 추구하는 연구와 관련적 지식을 추구하는 연구로 구분하는 것은 <u>무의미한 현학(衒學)</u>이 될지도 모른다. 결국 역사란 여러 가지 사실들이 복잡하게 얽혀 하나의 상황을 이루는 것이기 때문이다.

① 빈 수레가 더 요란하다.　　　　② 낫 놓고 기역자도 모른다.

③ 가랑잎으로 눈 가리고 아옹한다.　④ 먹지도 못할 제사에 절만 죽도록 한다.

 ① 실속 없는 사람이 겉으로 더 떠들어 댐을 비유적으로 이르는 말
② 아주 무식함을 비유적으로 이르는 말
③ 얕은 꾀로 남을 속이려 함을 이르는 말

62 다음 글의 내용 전개 방식에 대한 설명으로 옳은 것은?

> 혈액은 고형 성분인 혈구와 액체 성분인 혈장으로 구성되어 있다. 혈구에는 적혈구, 백혈구, 혈소판 등이 있다. 적혈구는 둥근 원반 모양이며, 핵이 없고 가운데가 움푹 들어가 있다. 적혈구에는 산소를 운반하는 역할을 하는 붉은 색의 헤모글로빈이 있는데, 혈액의 색이 붉은 것이 바로 이 헤모글로빈 때문이다. … 중략 … 백혈구는 일반적으로 적혈구보다 크며, 핵을 가지고 있고 모양이 불규칙하다. 백혈구는 아메바처럼 스스로 운동을 하는 세포로서, 몸 속으로 침입한 세균 등을 잡아먹어서 우리의 건강을 지키는 매우 중요한 역할을 한다. 혈소판은 적혈구가 파괴되면서 생긴 작은 세포 조각들로서 모양이 일정하지 않고 핵이 없다. 혈소판은 상처가 났을 때 피를 굳게 해서 더 이상의 출혈을 막고, 세균의 침입을 방지할 수 있도록 한다. 혈장은 소장에서 흡수한 영양소와 폐에서 흡수한 산소를 이를 필요로 하는 조직까지 운반하고, 혈구가 혈관을 따라 잘 흘러가도록 하는 역할을 한다.

① 대상의 움직임과 변화에 주목하고 있다.

② 예를 들면서 쉽게 이해되도록 설명하였다.

③ 대상의 모습과 특징을 눈에 보이듯 설명하고 있다.

④ 대상을 구성하고 있는 요소로 나누어 자세히 설명하고 있다.

 ④ 혈액을 구성하고 있는 요소에 대해 나누어 자세히 설명하고 있다.

63 다음 글의 내용과 일치하는 것은?

> 소리는 고막을 통해 내이(內耳) 기관인 달팽이의 난원창으로 전달된다. 달팽이에는 전정관과 고실관이 있는데, 이 두 관은 외림프액으로 채워져 있고 한쪽 끝은 서로 연결되어 있다. 전정관과 고실관의 나머지 한쪽은 각각 난원창과 정원창으로 덮여있다. 달팽이의 속에는 내림프액으로 채워져 있는 달팽이관이 있는데, 그 곳에는 내림프액의 압력 변화를 감지하는 털세포가 있다. 전정관과 달팽이관 사이에는 전정막이라는 얇은 막이 있고 달팽이관과 고실관 사이에는 기저막이 있다.
>
> 난원창으로 소리가 전달되었을 때 어떤 일이 일어날까? 소리는 난원창을 진동시키고, 이 진동에 의해 전정관 내부에 있는 외림프액을 안쪽으로 밀면서 압력을 가한다. 이 압력은 전정막을 통과하여 달팽이관의 내림프액에 전달된다. 내림프액에 전달된 압력은 기저막을 가로질러 고실관을 통해 정원창으로 이동한다. 이 때, 정원창이 진동하면서 이 압력은 달팽이 외부로 방출된다.
>
> 소리의 높낮이에 따라 압력이 기저막을 통과하는 위치가 달라진다. 난원창에 가까운 기저막 부위는 뻣뻣하여 진동수가 많은 고음만 통과할 수 있고, 난원창에서 멀어질수록 기저막은 차츰 유연해지면서 진동수가 적은 저음이 통과하기 때문이다. 결과적으로 털세포는 압력이 통과하는 기저막의 움직임을 감지하여 신호를 만들고, 뇌에 그 신호를 전달한다. 이런 과정을 통해 사람은 소리를 들을 수 있다.

① 소리는 고막을 통해 내이(內耳) 기관인 달팽이의 정원창으로 전달된다.

② 달팽이의 속에는 외림프액으로 채워져 있는 달팽이관이 있다.

③ 전정관과 달팽이관 사이에는 전정막이라는 얇은 막이 있다.

④ 난원창에서 멀어질수록 기저막은 차츰 딱딱해진다.

 (Tip)
① 소리는 고막을 통해 내이(內耳) 기관인 달팽이의 난원창으로 전달된다.
② 달팽이의 속에는 내림프액으로 채워져 있는 달팽이관이 있다.
④ 난원창에서 멀어질수록 기저막은 차츰 유연해진다.

Answer 61.④ 62.④ 63.③

64 다음 글에 쓰인 글의 전개 방식이 사용된 것은?

> 피상적인 관찰에 의하면, 과학과 예술은 스펙트럼의 반대편에 위치한 것처럼 보인다. 그러나 과학과 예술 모두 무질서한 것처럼 보이는 자연 세계와 인간의 내면 세계로부터 질서와 아름다움을 발견하고자 한다는 공통의 목표를 추구한다는 점에서 어쩌면 상이점보다는 유사점이 더 많을 수도 있다. 단지 과학이 인간의 이성에 의존하여 전개되고 주관적인 감성을 가급적 배제하는 반면, 예술은 인간의 이성뿐 아니라 감성을 예술 활동의 근간으로 삼는다는 방법론적 차이가 나타난다고 하겠다.

① 항상 무리를 지어 생활하는 대표적인 집단 조류인 백로는 소백로, 중백로, 중대백로, 대백로, 노랑부리 백로 등 다섯 종류가 있다.

② 붉은 해가 혓바닥 내밀 듯이 쑤욱 솟아올라온다. 반쯤 솟아오른 것을 보니, 마치 해가 바닷물 속에서 솟아 나오는 것 같고, 해면과 접한 부분은 황금 빛으로 빛난다.

③ 입력 장치를 통해서 컴퓨터에 입력된 프로그램 자료는 기억 장치 속에서 기억된다. 이렇게 기억된 자료에 연산을 가해서 우리는 원하는 결과를 출력 장치를 통해 얻게 된다.

④ 연극과 영화는 여러 부문의 예술이 종합되어 완성되는 예술이다. 그러나 연극은 기원이 아득하고 그 발생이 종교 의식과 관련이 있으나 영화는 19C 말에 과학의 힘으로 나타났다.

 제시문은 과학과 예술의 공통점과 차이점을 대조, 비교하고 있다.
① 구분 ② 묘사 ③ 과정

65 다음 글의 서술상 특징으로 적절한 것은?

세계 각국은 편리하고 빠른 정보화 기기를 만들어 내는 데 뒤지지 않기 위해 경쟁하고 있다. 우리나라가 보다 작은 크기로 보다 많은 양의 정보를 단시간 내에 처리할 수 있는 기기 개발에서 앞서 갈 수 있는 이유 중의 하나가 '한글'임을 부인할 수 없을 것이다. 아시아 지역에서 한글은 일본의 가나[假名]나 중국의 한자에 비해 최적의 정보화 문자라고 할 수 있다. 일본의 가나는 50개의 문자로 200여 개의 음절을 만들어 낼 수 있고, 중국의 한자는 5만 자 이상의 문자를 가지고 있으면서도 표기할 수 있는 음절은 제한되어 있다. 더구나 한자와 가나의 경우에 그 문자를 컴퓨터에 입력하려면, 알파벳으로 발음을 입력한 뒤에 해당 문자로 변환해야 한다. 자판(字板)에 표시된 문자를 두드리는 즉시 컴퓨터에 입력되는 한글의 업무 능력은 한자나 가나에 비해 7배 이상의 경제적 효과가 있다고 한다. 물론 컴퓨터를 만난 한글이 탄탄대로만을 걸었던 것은 아니다. 불과 10여 년 전만 해도 우리나라에서는 한글 입력 방법을 놓고 논쟁을 벌여야 했었다. 영어를 사용하는 나라에서 영어를 한 글자씩 늘어놓으면 입력되는 방식으로 개발된 컴퓨터가 음절별로 모아쓰는 한글에 바로 적용될 수 없었던 것은 당연한 일이었다. 이러한 논쟁은 컴퓨터의 성능이 향상되면서 곧 사라졌다.

① 일반인의 상식을 논리적으로 비판하고 있다.
② 구체적 사례를 들어 독자의 이해를 돕고 있다.
③ 이론의 장단점을 비교하여 독자의 이해를 돕고 있다.
④ 상반된 견해에 대하여 절충적 대안을 제시하고 있다.

(Tip) ② 일본의 가나나 중국의 한자의 사례를 들어 독자의 이해를 돕고 있다.

Answer → 64.④ 65.②

66 다음 주어진 문장이 들어갈 위치로 가장 적절한 것은?

> 신체적인 측면에서 보면 잠든다는 것은 평온하고 안락한 자궁(子宮) 안의 시절로 돌아가는 것과 다름이 없다.

> 우리는 매일 밤 자신의 피부를 감싸고 있던 덮개(옷)들을 벗어 벽에 걸어 둘 뿐 아니라, 신체 기관을 보조하기 위해 사용하던 여러 도구를, 예를 들면 안경이나 가발, 의치 등도 모두 벗어 버리고 잠에 든다. (가) 여기에서 한 걸음 더 나아가면, 우리는 잠을 잘 때 옷을 벗는 행위와 비슷하게 자신의 의식도 벗어서 한쪽 구석에 치워 둔다고 할 수 있다. (나) 두 경우 모두 우리는 삶을 처음 시작할 때와 아주 비슷한 상황으로 돌아가는 셈이 된다. (다) 실제로 많은 사람들은 잠을 잘 때 태아와 같은 자세를 취한다. (라) 마찬가지로 잠자는 사람의 정신 상태를 보면 의식의 세계에서 거의 완전히 물러나 있으며, 외부에 대한 관심도 정지되는 것으로 보인다.

① (가) 　　　　　　　　② (나)
③ (다) 　　　　　　　　④ (라)

 (다)의 앞 문장에서 '잠을 잘 때 우리는 삶을 처음 시작할 때와 아주 비슷한 상황'으로 돌아간다고 제시되어 있고, 뒤의 문장에서는 그에 대한 근거 '많은 사람들이 잠을 잘 때 태아와 같은 자세를 취하는 것'에 대해 제시되어 있으므로 주어진 문장이 들어가기에 가장 적절한 곳은 (다)이다.

67 다음의 문장들을 문맥에 맞게 배열한 것은?

> ⊙ 그러므로 생태계 피라미드에서 상층의 존재들은 하층의 존재들을 마음대로 이용해도 된다.
> ⓒ 결론적으로 인간은 다른 동물들을 얼마든지 잡아먹어도 된다.
> ⓒ 어떤 사람들은 강한 존재가 약한 존재를 먹고 산다는 것을 의미하는 '약육강식'에 근거하여 동물을 잡아먹는 것을 도덕적으로 정당화하고자 한다.
> ⓔ 그런데 인간은 생태계 피라미드에서 가장 높은 위치에 있는 존재이다.
> ⓜ 그들의 논증은 다음과 같다.
> ⓗ 약육강식은 자연법칙이다.

① ⊙ - ⓒ - ⓜ - ⓔ - ⓒ - ⓗ 　② ⊙ - ⓗ - ⓔ - ⓜ - ⓒ - ⓒ
③ ⓒ - ⓜ - ⓗ - ⊙ - ⓔ - ⓒ 　④ ⓒ - ⓜ - ⊙ - ⓗ - ⓒ - ⓔ

ⓒ과 ⓑ은 글의 도입이고 이후의 주장 내용은 접속사와 연역법의 논리를 따라가며 순서를 정한다.
ⓑ 약육강식
㉠ 생태계 피라미드에서 상층의 존재들은 하층의 존재들을 마음대로 이용해도 된다.
㉣ 인간은 생태계 피라미드에서 가장 높은 위치에 있는 존재이다.
㉡ 인간은 다른 동물들을 얼마든지 잡아먹어도 된다(결론).

68 다음 괄호 안에 들어갈 알맞은 것은?

> 지난 시절 일본 따라잡기에서 우리는 성공을 거두었다. 짧은 시간 안에 일본과 경제·소득 격차를 줄였고, 어떤 분야에선 일본을 앞지르기도 했다. 그러나 극일 다음에 우리가 맞이한 '일본병(病) 피하기'의 국가 과제에선 고전을 면치 못하고 있다. 지금 우리 사회 곳곳에서 벌어지는 상황을 보면 어쩌면 (   ) 똑같이 일본의 실패를 뒤따라가는지 신기할 정도다.

① 그러나 ② 그러므로
③ 그렇게 ④ 그래서

 일본의 실패를 똑같이 따라가는 이야기가 나오므로 '그렇게'가 적절하다.

69 단락이 통일성을 갖추기 위해 빈칸에 들어갈 문장으로 알맞지 않은 것은?

> 서구 열강이 동아시아에 영향력을 확대시키고 있던 19세기 후반, 동아시아 지식인들은 당시의 시대 상황을 전환의 시대로 인식하고 이러한 상황을 극복하기 위해 여러 방안을 강구했다. 조선 지식인들 역시 당시 상황을 위기로 인식하면서 다양한 해결책을 제시하고자 했지만, 서양 제국주의의 실체를 정확하게 파악할 수 없었다. 그들에게는 서양 문명의 본질에 대해 치밀하게 분석하고 종합적으로 고찰할 지적 배경이나 사회적 여건이 조성되지 못했기 때문이다. 그들은 자신들의 세계관에 근거하여 서양 문명을 판단할 수밖에 없었다. 당시 지식인들에게 비친 서양 문명의 모습은 대단히 혼란스러웠다. 과학기술 수준은 높지만 정신문화 수준은 낮고, 개인의 권리와 자유가 무한히 보장되어 있지만 사회적 품위는 저급한 것으로 인식되었다. 그래서 그들은 서양 자본주의 문화의 원리와 구조를 정확히 인식하지 못해 _____.

① 빈부격차의 심화, 독점자본의 폐해, 금융질서의 혼란 등 서양 자본주의 문화의 폐해에 대처할 능력이 없었다.

② 겉으로는 보편적 인권과 민주주의를 표방하면서도 실제로는 제국주의적 야욕을 드러내는 서구 열강의 이중성을 깊게 인식할 수 없었다.

③ 당시 조선의 지식인들은 서양문화의 장·단점을 깊이 이해하고 우리나라의 현실에 맞도록 잘 받아들였다.

④ 당시 조선의 지식인들은 서양의 문화에 대한 해석이 서로 판이하게 달랐다.

 ③ '서양 자본주의 문화의 원리와 구조를 정확히 인식하지 못해'라는 문장의 앞부분과 내용의 흐름상 맞지 않는다.

70 다음 글에 가장 알맞은 주제를 고르면?

> 팩션[사실을 뜻하는 '팩트(fact)'와 상상력을 뜻하는 '픽션(fiction)'이 합쳐진 말]은 이제 더이상 우리에게 낯선 용어가 아니다. 소설은 물론이고 스크린과 브라운관을 넘나드는 다양한 작품들로 인해 팩션 전성시대를 누리고 있기 때문이다. 이처럼 작가의 상상력에 기댄 팩션 사극들이 시청자의 높은 반응을 얻는 것은 다양한 주제나 소재를 자유자재로 등장시킬 수 있는데다 사건과 인물의 변주폭을 극대화해 극적 효과를 거둘 수 있기 때문이다.
>
> 물론 사극이 역사 교과서보다 더 큰 힘을 발휘하는 우리 환경에서 팩션 사극은 역사 왜곡이라는 비판에 직면하기도 한다. 어찌 보면 팩션 붐은 시대적 요구에 따른 당연한 결과인지도 모를 일이다. 일본이 다시 독도와 위안부 문제를 들고 우리나라와 대립하고 있고, 연말 대선을 앞두고 올바른 정치적 리더를 간절히 원하는 대한민국의 현실 속에서 우리들은 역사의 기록되지 않은 부분을 통해 답을 얻고자 하는 마음이 팩션 열풍의 원인이라는 생각이 든다.

① 팩션의 정의
② 팩션의 장단점
③ 역사 왜곡의 문제점
④ 팩션콘텐츠의 이유 있는 열풍

 팩션의 장단점을 언급하고 마지막 줄에 '현실 속에서 우리들은 역사의 기록되지 않은 부분을 통해 답을 얻고자 하는 마음이 팩션 열풍의 원인이라는 생각이 든다.'는 대목을 볼 때 '팩션콘텐츠의 이유 있는 열풍'이 적절하다.

Answer 69.③ 70.④

71 다음은 어떤 글의 일부이다. 글의 빈칸에 들어갈 문장으로 가장 적절한 것은?

> 공장식 농업에 대한 옹호론 중 몇몇을 검토해 보고, 어째서 그 주장이 잘못된 것인지 짚어보고자 한다. 먼저 ＿＿＿＿＿＿＿＿＿＿＿ 그러나 이러한 윤리론은 모든 불평등을 정당화할 것이다. 가령 남성의 여성 억압이나 약자와 병자를 길가에 내버리는 일 역시 아무 거리낌이 없을 것이다. 그러나 이 윤리론의 논리가 타당하더라도, 그것은 우리가 여전히 채집·수렵 사회에서 살고 있을 때나 통할 수 있다. 거기서는 지금 우리가 동물을 사육하는 방식이 결코 자연적으로 존재할 수 없는 것이다. 물고기가 다른 물고기를 먹는 일에 대한 프랭클린의 변명처럼, 그것은 하나의 맥락만을 선택하고 다른 맥락은 무시하는 논법이다.

① 인간은 동물에게 지켜야 할 의무가 없다는 주장이다.

② 어떤 존재가 상대를 특정한 방식으로 대한다면 사람도 그 존재를 그 방식으로 대해도 된다는 주장이다.

③ 동물성 식품은 서구식 식단의 중심이며, 정도는 다르지만 다른 여러 문화권에서도 역시 그렇다는 주장이다.

④ 먹는 자와 먹히는 자가 있는 것은 자연 질서의 일부이며, 그러한 질서에 따라 행동하는 일은 잘못일 수 없다는 주장이다.

> **Tip** 빈칸 이후의 문장에 이 주장은 "남성의 여성 억압이나 약자와 병자를 길가에 내버리는 일"도 정당화 할 수 있다고 되어있으므로 강자(먹는 자)와 약자(먹히는 자)에 대해 당연히 여기는 주장인 ④가 들어가는 것이 가장 적절하다.

72 다음은 어느 글의 마지막 문단이다. 이 문단 앞에 올 내용으로 가장 적절한 것은?

> 오늘날 우리가 살고 있는 지구는 이른바 세계화와 신자유주의 경제에 따른 국제 분업 체제에 지배되고 있다. 그런데 이 지구는 생태학적으로 보면 사실 폐쇄계나 다름없다. 석유와 같은 지하자원도 언젠가는 고갈될 것이라는 사실을 생각하면 아바나 시민이 경험한 위기는 세계의 모든 도시가 머지않아 직면하게 될 사태의 예고편이라 할 수 있다. 다시 말해 쿠바는 특수한 정치 상황 때문에 지구의 미래를 좀 더 일찍 경험하게 된 것이다.

① 사회주의체제 유지 강화를 위한 쿠바의 노력

② 쿠바 정부와 미국 정부 간의 갈등

③ 자원이 고갈되고 산업시스템이 멈춘 아바나

④ 쿠바의 인권운동가들을 향한 끊임없는 탄압

주어진 문단에서는 지구의 생태학적인 위기에 대해 이야기하고 있으므로 "아바나 시민이 경험한 위기"가 문단 앞에 나오는 것이 가장 적절하다.

73 다음 글에서 주장하는 내용으로 가장 알맞은 것은?

> 조력발전이란 조석간만의 차이가 큰 해안지역에 물막이 댐을 건설하고, 그곳에 수차 발전기를 설치해 밀물이나 썰물의 흐름을 이용해 전기를 생산하는 발전 방식이다. 따라서 조력발전에는 댐 건설이 필수 요소다. 반면 댐을 건설하지 않고 자연적인 조류의 흐름을 이용해 발전하는 방식은 '조류발전'이라 불러 따로 구분한다.
>
> 조력발전이 환경에 미치는 부담 가운데 가장 큰 것이 물막이 댐의 건설이다. 물론 그동안 산업을 지탱해 온 화석연료의 고갈과 공해 문제를 생각할 때 이를 대체할 에너지원의 개발은 매우 절실하고 시급한 문제다. 그렇다 하더라도 자연환경에 엄청난 부담을 초래하는 조력발전을 친환경적이라 포장하고, 심지어 댐 건설을 부추기는 현재의 정책은 결코 용인될 수 없다.

① 조력발전이 친환경적이라는 시각에 바탕을 둔 현재의 에너지 정책은 재고되어야 한다.
② 친환경적인 조류발전을 적극 도입하여 재생에너지 비율을 높여야 한다.
③ 친환경적인 에너지 정책을 수립하기 위해 조류발전에 대해 더 잘 알아야 한다.
④ 조력발전이 환경에 미치는 영향을 분석하여 구체적인 해결방안을 모색해야 한다.

 마지막 문장을 통하여 조력발전에 대한 잘못된 인식과 올바르지 못한 정책이 재고되어야 함을 피력하고 있다는 것을 알 수 있다.

74 이 글의 주제로 가장 적절한 것은?

광고란 본래 상품을 선전하여 많이 팔 목적으로 만들어진다. 광고가 처음 등장했을 때에는, 상품이 어떤 용도로 사용되며 어떤 특징과 장점을 지녔는지를 주로 설명하였다. 그러나 오늘 날의 광고는 상품의 용도나 장점과 같은 사용 가치를 설명하는 데에만 그치지 않고 상품의 겉모습을 부각시켜서 소비자들의 욕구를 자극하고 있다. 이것은 상품의 사용 가치를 하나의 미끼로 던져 주고 상품의 겉모습을 통해서 승부를 걸겠다는 전략이라고 할 수 있다. 이 때문에 상품의 사용 가치 못지않게 상품의 겉모습이 중요해지고 있다. 실제로 오늘날 기업들은 별다른 변화도 없이 디자인만 변형시키거나 약간의 기능만을 추가하여 끊임없이 새 제품을 생산하고 있다. 이와 같은 미적 변형이나 혁신은 상품의 형태, 포장, 상표 등에까지 확장되었다. 광고에서 상품의 디자인이나 포장에 역점을 두고 있는 사실도 이런 맥락에서 이해해야 한다.

① 광고 전략의 변화
② 광고의 사용 가치의 변화
③ 광고의 본질적 목적의 변화
④ 광고를 통한 소비자 의식의 변화

 광고가 처음 등장했을 때에는 상품의 사용 가치를 주로 설명하며 선전하는 방식을 사용했었는데 이제는 상품의 디자인이나 포장에 역점을 두어 선전하는 방식으로 그 전략이 변화하고 있다고 설명하는 것으로 보아 이는 곧 광고 전략이 변화하고 있음을 말한다.

75 다음 글에서 밑줄 친 '초기 사회심리학 이론'의 내용으로 옳지 않은 것은?

> 선거에서 유권자의 정치적 선택을 설명하는 이론은 사회심리학 이론과 합리적 선택
> 이론으로 대별된다. 먼저 <u>초기 사회심리학 이론</u>은 유권자 대부분이 일관된 이념 체계를
> 지니고 있지 않다고 보았다. 그럼에도 유권자들이 투표 선택에서 특정 정당에 대해 지속
> 적인 지지를 보내는 현상은 그 정당에 대한 심리적 일체감 때문이라고 주장했다. 곧 사
> 회화 과정에서 사회 구성원들이 혈연, 지연 등에 따른 사회 집단에 대해 지니게 되는 심
> 리적 일체감처럼 유권자들도 정당의 이념이 자신의 이해관계에 유리하게 작용할 것인지
> 합리적으로 따지기보다 정당 일체감에 따라 투표한다는 것이다. 이에 반해 합리적 선택
> 이론은 유권자를 정당이 제시한 이념이 자신의 사회적 요구에 얼마나 부응하는지 그 효
> 용을 계산하는 합리적인 존재로 보았다.

① 대부분의 유권자들은 일관된 이념 체계를 지니지 않는다.

② 유권자들은 정당의 이념이 자신에게 유리한가 아닌가를 따지지 않는다.

③ 유권자들이 특정 정당에 지속적인 지지를 보내는 이유는 그 정당에 대한 심리적 일
체감 때문이다.

④ 유권자들은 정당이 제시하는 이념이 자신의 사회적 요구에 부합하면 그 정당을 지지
한다.

 ④ 초기 사회심리학 이론은, 정당의 이념이 유권자 자신의 이해관계에 유리하게 작용할 것
인지 합리적으로 따지기보다 정당 일체감에 따라 투표한다고 보았다.

76 다음 글의 내용과 부합하는 것은?

> 글쓰기 양식은 글 내용을 담는 그릇으로 내용을 강제한다. 이런 측면에서 다산 정약용이 '원체(原體)'라는 문체를 통해 정치라는 내용을 담고자 했던 '양식 선택의 정치학'은 특별한 의미를 갖는다.
>
> 원체는 작가가 당대(當代)의 정치적 쟁점이 되는 핵심 개념을 액자화하여 새롭게 의미를 환기하려는 의도를, 과학적 방식에 의거하여 설득하려는 정치·과학적 글쓰기라고 할 수 있다. 당나라 한유(韓愈)가 다섯 개의 원체 양식의 문장을 지은 이후 후대의 학자들은 이를 모범으로 삼았다. 원체는 고문체는 아니지만 새롭게 부상한 문체로서, 당대 사상의 핵심 개념에 대해 정체성을 추구하는 분석적이고 학술적인 글쓰기이자 정치적 글쓰기로 정립되었다. 다산은 원체가 가진 이러한 정치·과학적 힘을 인식하고 「원정(原政)」이라는 글을 남겼다.
>
> 그런데 다산은 단순히 개인적인 차원에서 원체를 선택한 것이 아니었다. 그것은 새로운 시각의 정식화라는 당대의 문화적 추세를 반영한 것이었다. 다산의 원체와 유비될 수 있는 것으로 당시 새롭게 등장한 미술 사조인 정선(鄭敾)의 진경(眞景) 화법을 들 수 있다. 진경 화법에서 다산의 글쓰기와 구조적으로 유사한 점들을 찾을 수 있다. 진경 화법의 특징은 경관(景觀)을 모사하는 사경(寫景)에 있는 것이 아니라 회화적 재구성을 통하여 경관에서 받은 미적 감흥을 창조적으로 구현하는 데 있다. 이와 같은 진경 화법은 각 지방의 무수한 사경에서 터득한 시각의 정식화를 통해 만들어졌다. 실경을 새로운 기법을 통하여 정식화한 진경 화법은 다산이 전통적인 시무책(時務策) 형식을 탈피하고 새로운 관점으로 정치를 포착하고 표현하기 위해 채택한 원체의 글쓰기와 다를 바 없다. 다산이 쓴 「원정」은 기존 정치 개념의 답습 또는 모방이 아니라 정치의 정체성에 대한 질문을 통하여 그가 생각하는 정치에 관한 새로운 관점을 정식화하여 제시한 것이다.

① 당나라 유종원이 다섯 개의 원체 양식의 문장을 지었다.

② 다산은 개인적인 차원에서 원체를 선택하여 「원정」이라는 글을 남겼다.

③ 정선의 진경 화법은 다산의 글쓰기와 구조적으로 대립된다.

④ 원체는 과학적 방식에 의거한 정치·과학적 글쓰기라고 할 수 있다.

 ① 당나라 한유(韓愈)가 다섯 개의 원체 양식의 문장을 지은 이후 후대의 학자들은 이를 모범으로 삼았다.

② 다산은 단순히 개인적인 차원에서 원체를 선택한 것이 아니었다.

③ 진경 화법에서 다산의 글쓰기와 구조적으로 유사한 점들을 찾을 수 있다.

요즘 3차원 프린터가 주목받고 있다. 약 30년 전에 이 프린터가 처음 등장했을 때에는 가격이 비싸 전문가들이 산업용으로만 사용해 왔다. 그러나 3차원 프린터의 가격이 떨어지고 생산량이 증가하면서 일반 가정에서도 접할 수 있게 되었다.

3차원 프린터는 일반 프린터와 작동 방식과 결과물에 차이가 있다. 일반 프린터는 잉크를 종이 표면에 분사하여 인쇄하는 방식이기 때문에 2차원의 이미지 제작만 가능하다. 그러나 3차원 프린터는 특수 물질이나 금속 가루 등 다양한 재료를 쏘아 층층이 쌓아 올리는 방식이기 때문에 자동차 모형, 스마트폰 케이스 등과 같은 실물도 만들 수 있다.

3차원 프린터의 장점은 시제품 제작과 같이 소규모로 제품을 생산해야 하는 상황에서 빛을 발한다. 3차원 프린터와 입체 도면만 있으면 빠른 시간 안에 적은 비용으로 시제품을 만들 수 있기 때문이다. 또한 3차원 프린터를 사용하면 제품을 쉽게 수정할 수 있다. 제품 디자인을 변경하거나 생산한 제품에서 오류를 발견하였을 경우, 컴퓨터로 도면만 수정하면 바로 제품을 다시 만들 수 있다. 이렇게 제작 과정이 간단할 뿐 아니라 비용과 시간을 대폭 절약할 수 있기 때문에 여러 회사들이 3차원 프린터를 이용해 다양한 시제품과 모형을 생산하고 있다.

이러한 3차원 프린터는 여러 분야에 다양하게 활용될 수 있다. 의료 분야에서는 3차원 프린터를 활용하여 인공 턱, 인공 귀, 의족 등과 같이 인간의 신체에 이식할 수 있는 복잡하고 정교한 인공물을 생산한다. 우주 항공 분야에서도 국제 우주 정거장에서 필요한 실험 장비나 건축물 등을 3차원 프린터를 활용하여 제작할 계획이다. 지구에서 힘들게 물건을 운반할 필요 없이 3차원 데이터를 전송하면 바로 우주에서 제작이 가능하기 때문이다.

3차원 프린터의 적용 분야는 앞으로의 기술 발전에 따라 무한히 확대될 수 있을 것이다. 지금도 3차원 프린터는 자동차, 패션, 영화, 건축, 로봇 등 그 적용 분야를 넓혀 가고 있다.

① 일반 가정에서의 사용이 늘어남에 따라 산업 관련 전문가들의 사용은 줄어들 것이다.

② 일반 프린터와 작동 방식에 차이가 있어서 시장 규모가 커지는 데 제약이 있을 것이다.

③ 빠른 시간 내에 적은 비용으로 시제품을 생산할 수 있으므로 다양한 분야에서 활용될 것이다.

④ 재료를 층층이 쌓아 올려 제품을 생산하므로 정교한 제품 생산에는 적합하지 않을 것이다.

① 3차원 프린터의 가격이 떨어지고 생산량이 증가하면서 일반 가정에서도 접할 수 있게 되고 하였지만, 산업 관련 전문가들의 사용이 줄어든 것은 아니다.
② 3차원 프린터는 일반 프린터와 작동 방식과 결과물에 차이가 있지만 이것이 시장 규모가 커지는 데 제약으로 작용하지는 않는다.
④ 3차원 프린터를 활용하여 인공 턱, 인공 귀, 의족 등과 같이 인간의 신체에 이식할 수 있는 복잡하고 정교한 인공물을 생산한다.

Answer ╭─ 76.④　77.③

다음 글을 통해 알 수 있는 것으로 적절하지 않은 것은?

> 　도시에서는 관찰하기 힘들지만 시골의 밤하늘에서는 가끔 유성(별똥별)이 나타난다. 우주 공간을 떠도는 암석이 유성체라면, 이 암석이 지구 중력에 이끌려서 대기권에 진입하면 유성이 된다. 유성은 대기와의 마찰로 빛을 내며 녹게 되고, 그 남은 덩어리가 땅에 떨어져 운석이 된다.
>
> 　운석은 초당 10~20km의 엄청난 속도로 지구에 진입한다. 큰 운석은 지구 표면에 커다란 충돌구를 만들고, 사람을 다치게 하거나 건물을 부수기도 하는데, 이는 운석이 떨어지는 속도 때문이다. 운석이 지구 대기에 진입할 때는 저항을 받는데 이때 운석의 크기에 따라 감속되는 정도가 달라진다. 크기가 매우 큰 운석은 거의 초기 속도를 유지한 채 지표에 충돌해 거대한 충돌구를 만든다. 크기가 작은 경우에는 속도가 빨리 줄어 지구 표면에 충돌구를 만들지 못한다.
>
> 　한편, 운석은 대기에 진입할 때 대기와 마찰을 일으킨다. 이때 발생하는 높은 열 때문에 운석 표면이 녹는다. 지표면에 가까워져 속도가 대폭 감속되면 충분한 열이 형성되지 않아 운석이 더 이상 녹지 않는다. 마지막으로 녹았던 표면이 식어서 검은 색 껍질인 용융각이 된다. 사람들은 보통 운석이 녹았다가 식은 것이라고 생각하지만 실제로 용융각을 제외하면 전혀 녹지 않은 물질이다.
>
> 　지구 밖에서 온 운석은 태양계와 지구의 비밀을 풀 수 있는 중요한 자료가 된다. 태양계가 탄생할 때 생겨난 운석에는 태양계가 탄생할 당시에 어떤 일이 있었는지를 알 수 있는 정보가 담겨 있고, 태양계가 생성된 이후의 운석에는 소행성이나 화성과 같은 행성의 초기 진화에 대한 기록이 보존되어 있다. 그리고 소행성의 핵에서 떨어져 나온 철질운석은 지구의 내부 중심인 핵이 어떤 물질로 구성되어 있는지 연구할 수 있는 소중한 자료가 된다.
>
> 　이런 가치를 지닌 운석을 연구하기 위해서는 많은 운석이 필요하다. 그런데 지구에 떨어지는 운석의 상당수는 남극에서 발견된다. 왜냐하면 특정 장소에 운석이 모이게 되는 남극의 특수한 지형 조건 때문이다. 빙하는 꾸준히 낮은 곳으로 이동하는데, 이동 중에 산맥에 의해 가로막히면 앞부분의 빙하가 밀려서 위로 상승하게 된다. 매년 여름마다 상승한 빙하가 점차 녹으면서 그 속에 있던 운석들이 모이게 되는 것이다. 그래서 세계 각국은 앞 다투어 남극을 탐사하며 운석을 찾고 있다.

① 유성이 녹는 것은 대기와의 마찰 때문이다.
② 작은 유성은 큰 유성보다 운석이 될 확률이 높다.
③ 남극에서 운석은 빙하와 산맥이 만나는 곳에 모인다.
④ 지구에 대기가 없다면 더 많은 운석이 발견될 것이다.

 ② 운석은 유성이 대기와의 마찰로 빛을 내며 녹게 되고 그 남은 덩어리가 땅에 떨어져 된 것인데, 작은 유성은 대기에 진입할 때 대기와의 마찰로 모두 녹아버릴 수 있어 큰 유성보다 운석이 될 확률이 낮다.

다음 글에서 화자가 말하고자 하는 바로 가장 적절한 것은?

우리는 매일 놀이를 하면서 살아간다. 놀이에 많은 시간과 노력을 들이는 경우도 있다. 로제 카이와라는 학자는 놀이가 인간의 사회적, 제도적 측면에서 네 가지 속성을 가지고 있다고 주장했다.

우선, '경쟁'의 속성이다. 어떤 놀이들은 경쟁의 속성을 포함하고 있다. 아이들은 달리기로 경쟁하여 목표 지점에 먼저 도달하는 놀이를 하거나, 혹은 시간을 정해 놓고 더 많은 점수를 얻으려는 놀이를 한다. 이 경쟁의 속성은 스포츠나 각종 선발 시험 등에서 순위를 결정하는 원리로 변화되어, 사회 제도의 기본 원칙으로 활용되고 있다.

다음으로, '운'의 속성이다. 어떤 놀이들은 경쟁이 아닌 운의 속성을 활용하고 있다. 아이들은 놀이를 시작할 때, 종종 제비를 뽑아 술래를 결정하곤 한다. 어른들은 경쟁이 아닌 운을 실험하는 방식으로 내기를 하기도 한다. 예를 들어 복권은 운의 속성을 활용한 대표적인 사회 제도이다. 축구 경기가 경쟁을 통해 승패를 결정하는 행위라면 조 추첨을 통한 부전승은 실력을 고려하지 않고 운에 영향을 받는 행위여서, 경쟁과 운은 상호 보완적인 속성을 가지고 있다.

그 다음으로, '흉내'의 속성이다. 아이들은 어려서부터 모방하는 행위를 즐긴다. 유년기의 아이들은 주로 아버지와 어머니의 행동을 흉내 내고, 소년기의 학생들은 급우와 교사의 행동을 모방한다. 아리스토텔레스 이후 많은 철학자들이 모방을 예술의 기본 원리로 파악했고, 배우는 이러한 모방을 전문화한 직업인이라고 할 수 있다.

끝으로, 균형의 파괴 혹은 '일탈'의 속성이다. 아이들은 자신의 신체적 균형을 고의로 무너뜨리는 상황에 매혹을 느낀다. 가령 어린아이들은 어른들이 자신들의 몸을 공중에 던져 주면 환호성을 지르며 열광하고, 소년기의 학생들은 아찔한 롤러코스터를 일부러 타면서 신체적 경험이 무너지는 현기증을 체험한다. 일탈의 속성 역시 우리 사회 전반에 스며들어, 사회 제도의 압박감에서 벗어나 개인의 자유로움을 추구하는 행위로 나타나곤 한다.

요약하면, 경쟁, 운, 흉내, 일탈은 놀이의 속성이면서 동시에 인간이 형성한 문화의 근간이다. 사람들은 때로는 경쟁하고 운의 논리에 자신을 맡기는 사회 제도를 만들었고, 모방을 통해 예술의 기본 원리를 확립했으며, 신체적 균형과 사회 질서에서 벗어나는 유희와 일탈의 속성을 도입하기도 했다는 것이다. 놀이의 관점으로 인간의 문화를 이해할 때 특정 원리만을 신봉하거나 특정 원리를 배격하지 않아야 한다. 놀이의 네 가지 속성이 상호 작용하여 사회의 각 분야를 형성했고, 각 분야의 역할이 확장된 형태로 어울리면서 각종 예술과 제도가 함께 성숙할 수 있었음을 기억할 필요가 있다.

① 경쟁은 놀이의 가장 중요한 속성이다.
② 놀이의 네 가지 속성은 청소년 시기에 강조된다.
③ 흉내를 중심으로 다른 속성들을 결합시켜야 한다.
④ 놀이의 네 가지 속성이 인간의 문화를 형성하는 데 토대가 되었다.

Tip 마지막 문단의 '요약하면' 뒤로 이어지는 내용이 화자가 궁극적으로 말하고자 하는 바이다.

Answer → 78.② 79.④

다음 글의 주장을 뒷받침할 수 있는 근거로 적절하지 않은 것은?

> 전문가들에 따르면 2050년에 전 세계 인구는 90억 명을 넘을 것이며 그에 따라 식량 생산량도 늘려야 한다고 한다. 하지만 공산물의 생산량을 늘리듯 식량 생산량을 대폭 늘릴 수는 없다. 곡물이나 가축을 더 키우기 위한 땅과 물이 충분치 않고, 가축 생산량을 마구 늘렸을 때 온실 가스 등이 발생하기 때문이다. 이런 상황을 고려할 때 유엔 식량 농업 기구에서 곤충을 유망한 미래 식량으로 꼽은 것은 주목할 만하다. 사람들이 보통 '작고 징그럽게 생긴 동물'로 인식하는 곤충이 식량으로서는 여러 가지 장점을 갖고 있기 때문이다.
>
> 우선 식용 곤충은 매우 경제적인 식재료이다. 누에는 태어난 지 20일 만에 몸무게가 1,000배나 늘어나고, 큰메뚜기의 경우에는 하루 만에 몸집이 2배 이상 커질 수 있다. 이처럼 곤충은 성장 속도가 놀랍도록 빠르다. 또한 식용 곤충을 키우는 데 필요한 토지는 가축 사육에 비해 상대적으로 훨씬 적으며 필요한 노동력과 사료도 크게 절감된다.
>
> 식용 곤충의 또 다른 장점은 영양이 매우 풍부하다는 것이다. 식용 곤충의 단백질 비율은 쇠고기, 생선과 유사하고 오메가 3의 비율은 쇠고기, 돼지고기보다 높다. 게다가 식용 곤충은 건강에 좋은 리놀레산, 키토산을 비롯하여 각종 미네랄과 비타민까지 골고루 함유하고 있다.
>
> 또한 식용 곤충 사육은 가축 사육보다 친환경적이다. 소, 돼지 등을 기를 때 비료나 분뇨 등에서 발생하는 온실 가스는 지구 전체 온실 가스 발생량의 18% 이상을 차지한다. 반면 갈색거저리애벌레, 귀뚜라미 등의 곤충을 기를 때 발생하는 온실 가스는 소나 돼지의 경우보다 약 100배 정도 적다.
>
> 이처럼 식용 곤충은 경제적이면서도, 영양이 풍부하고, 친환경적이기 때문에 자원의 고갈과 환경 파괴의 위기 속에서 살아가야 하는 인류에게 더할 나위 없이 좋은 미래 식량이다. 따라서 식용 곤충과 관련한 산업을 보다 활성화하고, 요리 방법을 다양하게 개발하며, 곤충에 대한 사람들의 부정적인 인식을 변화시키는 등의 노력을 더욱 적극적으로 해야 한다.

① 육식보다는 채식 중심의 식습관을 가진 사람이 더 건강하며 장수할 확률이 높다.

② 같은 양의 식량을 생산한다고 가정할 때 필요한 물의 양이 곤충은 소의 약 5분의 1, 돼지의 약 2분의 1밖에 되지 않는다.

③ 가축 사육 확대는 환경 파괴를 유발하므로 인구 증가에 따른 단백질 공급을 소, 돼지 등의 육류에만 의지할 수는 없다.

④ 곤충은 먹이를 단백질로 전환하는 비율이 소나 돼지와 같은 가축에 비해 훨씬 높아 적은 양의 사료로 많은 양의 단백질을 만들어 낸다.

> (Tip) ① 식용 곤충은 채식이 아니다. 따라서 채식 중심 식습관을 가진 사람이 더 건강하며 장수할 확률이 높다는 내용은 윗글의 주장을 뒷받침할 수 있는 근거로 적절하지 않다.

02 수리능력

1 어떤 제품을 만들어서 하나를 팔면 이익이 5,000원 남고, 불량품을 만들게 되면 10,000원 손실을 입게 된다. 이 제품의 기댓값이 3,500원이라면 이 제품을 만드는 공장의 불량률은 몇 %인가?

① 4% ② 6%

③ 8% ④ 10%

 불량률을 x라고 하면, 정상품이 생산되는 비율은 $100-x$

$$5,000 \times \frac{100-x}{100} - 10,000 \times \frac{x}{100} = 3,500$$

$$50(100-x) - 100x = 3,500$$

$$5,000 - 50x - 100x = 3,500$$

$$150x = 1,500$$

$$x = 10$$

2 A가 등산을 하는데 올라갈 때는 시속 3km로 걷고, 내려올 때는 올라갈 때보다 4km 더 먼 길을 시속 4km로 걷는다. 올라갔다가 내려올 때 총 8시간이 걸렸다면, 올라갈 때 걸은 거리는 얼마인가?

① 8km ② 10km

③ 12km ④ 14km

 올라갈 때 걸은 거리를 x라 하면, 내려올 때 걸은 거리는 $x+4$가 되므로

$$\frac{x}{3} + \frac{x+4}{4} = 8$$

양변에 12을 곱하여 정리하면 $4x + 3(x+4) = 96$

$$7x = 84$$

$$x = 12\text{km}$$

3   15cm의 초가 다 타는데 10분이 걸렸다면 30cm의 초가 다 타는데 거리는 시간은?

① 15분   ② 18분

③ 20분   ④ 25분

 1분은 60초, 10분은 600초
15cm의 초가 600초에 다 타므로 1cm에 40초가 걸리는 셈이므로
30cm의 초가 다 타려면 1,200초 즉, 20분이 걸린다.

4   어느 지도에서 $\frac{1}{2}$cm는 실제로는 5km가 된다고 할 때 지도상 $1\frac{3}{4}$cm는 실제로 얼마나 되는가?

① 12.5km   ② 15km

③ 17.5km   ④ 20km

 지도상 1cm는 실제로 10km가 된다.
$$10 \times \frac{7}{4} = 17.5\,km$$

5   450페이지가 되는 소설책이 너무 재미있어서 휴가기간 5일 동안 하루도 빠지지 않고 매일 50페이지씩 읽었다. 휴가가 끝나면 나머지를 모두 읽으려고 한다. 휴가가 끝나면 모두 몇 페이지를 읽어야 하는가?

① 100페이지   ② 150페이지

③ 200페이지   ④ 250페이지

 5일 동안 매일 50페이지씩 읽었으므로
$5 \times 50 = 250$
총 459페이지 이므로
$450 - 250 = 200$페이지를 읽어야 한다.

6 동근이는 동료들과 함께 공원을 산책하였다. 공원에는 동일한 크기의 벤치가 몇 개 있다. 한 벤치에 5명씩 앉았더니 4명이 앉을 자리가 없어서 6명씩 앉았더니 남는 자리 없이 딱 맞았다. 동근이는 몇 명의 동료들과 함께 공원을 갔는가?

① 16명   ② 20명
③ 24명   ④ 30명

 벤치의 수를 x, 동료들의 수를 y로 놓으면
$5x + 4 = y$
$6x = y$
위 두 식을 연립하면
$x = 4$, $y = 24$

7 30% 할인해서 팔던 벤치파카를 이월 상품 정리 기간에 할인된 가격의 20%를 추가로 할인해서 팔기로 하였다. 이 벤치파카는 원래 가격에서 얼마나 할인된 가격으로 판매하는 것인가?

① 34%   ② 44%
③ 56%   ④ 66%

 원래 가격은 1로 보면
$0.7 \times 0.8 = 0.56$
원래 가격에서 56%의 가격으로 판매를 하는 것이므로 할인율은 44%가 된다.

8 올림이는 200만 원짜리 DSLR 카메라를 사기 위해 하루 6시간씩 아르바이트를 하였다. 아르바이트 시급이 5,000원일 때 올림이는 며칠 동안 아르바이트를 하여야 하는가?

① 61일   ② 63일
③ 65일   ④ 67일

 하루 일당을 계산해 보면 $6 \times 5,000 = 30,000$원
$2,000,000 \div 30,000 = 66.67$일 이므로
67일 동안 아르바이트를 하여야 한다.

Answer ⤷ 3.③ 4.③ 5.③ 6.③ 7.② 8.④

9 A 주식의 가격은 B 주식의 가격의 2배이다. 민재가 두 주식을 각각 10주씩 구입 후 A 주식은 30%, B주식은 20% 올라 총 주식의 가격이 76,000원이 되었다. 오르기 전의 B 주식의 주당 가격은 얼마인가?

① 1,000원   ② 1,500원

③ 2,000원   ④ 3,000원

 A 주식의 가격을 x, B 주식의 가격을 y라 하면

$x = 2y$

두 주식을 각각 10주씩 사서 각각 30%, 20% 올랐으므로

$1.3x \times 10 + 1.2y \times 10 = 76,000$

B 주식의 가격을 구해야 하므로 y에 대해 정리하면

$1.3 \times 2y \times 10 + 1.2y \times 10 = 76,000$

$38y = 76,000$

$y = 2,000$원

10 어떤 콘텐츠에 대한 네티즌 평가에서 3,000명이 참여한 A 사이트에서는 평균 평점이 8.0이었으며, 2,000명이 참여한 B 사이트의 평균 평점은 6.0이었다. 이 콘텐츠에 대한 두 사이트 전체의 참여자의 평균 평점은 얼마인가?

① 7.0   ② 7.2

③ 8.0   ④ 8.2

 $\dfrac{3,000 \times 8.0 + 2,000 \times 6.0}{3,000 + 2,000} = \dfrac{36,000}{5,000} = 7.2$

11 일정한 속력으로 달리는 기차가 400m의 터널을 완전히 통과하는 데 18초, 900m의 다리를 완전히 통과하는 데 30초가 걸린다. 이때 기차의 길이는?

① 350m   ② 360m

③ 370m   ④ 380m

   기차의 길이를 x라 할 때,

   기차의 속력 v는 $\dfrac{400+x}{18} = \dfrac{900+x}{30}$ 이므로 $x = 350(\text{m})$

12 서원이는 소금물 A 100g과 소금물 B 300g을 섞어 15%의 소금물을 만들려고 했는데 실수로 두 소금물 A와 B의 양을 반대로 섞어 35%의 소금물을 만들었다. 두 소금물 A, B의 농도는 각각 얼마인가?

① A : 30%, B : 10%
② A : 35%, B : 5%
③ A : 40%, B : 10%
④ A : 45%, B : 5%

 소금물 A의 농도를 a%, B의 농도를 b%라 할 때,

원래 만들려던 소금물은 $\dfrac{a+3b}{100+300} \times 100 = 15$%이고,

실수로 만든 소금물의 농도는 $\dfrac{3a+b}{300+100} \times 100 = 35$%이다.

두 식을 정리하면 $\begin{cases} a+3b=60 \\ 3a+b=140 \end{cases}$ 이다.

$\therefore a = 45\%, \ b = 5\%$

13 1~15의 숫자가 하나씩 써 있는 카드 15장 중에서 2장을 꺼낼 때, 2장의 카드 숫자의 합계가 짝수가 될 확률은?

① $\dfrac{5}{12}$
② $\dfrac{7}{15}$
③ $\dfrac{3}{17}$
④ $\dfrac{6}{19}$

 15장에서 2장을 꺼낼 수 있는 방법은 $_{15}C_2 = \dfrac{15 \times 14}{2 \times 1} = 105$(가지)이다.

2장의 카드 숫자의 합계가 짝수가 되려면

㉠ 짝수의 숫자만 뽑는 경우 : 2, 4, 6, 8, 10, 12, 14에서 2장을 뽑아야 하므로

$_{7}C_2 = \dfrac{7 \times 6}{2 \times 1} = 21$(가지)

㉡ 홀수의 숫자만 뽑는 경우 : 1, 3, 5, 7, 9, 11, 13, 15에서 2장을 뽑아야 하므로

$_{8}C_2 = \dfrac{8 \times 7}{2 \times 1} = 28$(가지)

$\therefore$ 구하고자 하는 확률은 $\dfrac{21+28}{105} = \dfrac{49}{105} = \dfrac{7}{15}$

Answer ↱ 9.③ 10.② 11.① 12.④ 13.②

14 민국이는 선생님의 심부름으로 15%의 식염수 400g을 과학실로 옮기던 도중 발을 헛디뎌 100g의 식염수를 쏟았다. 남은 식염수에 과학실에 있던 5% 식염수 100g을 섞었을 때, 식염수의 농도는 얼마인가?

① 12.5%

② 13.75%

③ 15%

④ 16.25%

 남은 15%의 식염수 300g과 5%의 식염수 100g을 섞은 식염수의 농도를 구하면 된다.

$$\frac{45+5}{300+100} \times 100 = 12.5\%$$

15 원주상에 9개의 점이 있을 때 이 점을 정점으로 하는 삼각형은 몇 개인가?

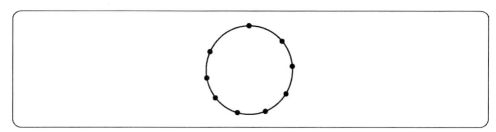

① 80개

② 82개

③ 84개

④ 86개

 9개의 점에서 순서를 고려치 않고 3개를 택하는 것이므로

$$_9C_3 = \frac{9 \times 8 \times 7}{3 \times 2 \times 1} = 84(개)$$

16 아버지의 나이는 자식의 나이보다 24세 많고, 지금부터 6년 전에는 아버지의 나이가 자식의 나이의 5배였다. 아버지와 자식의 현재의 나이는 각각 얼마인가?

① 36세, 12세

② 37세, 13세

③ 39세, 15세

④ 40세, 16세

 자식의 나이를 x라 하면,

$(x+24-6) = 5(x-6)$

$48 = 4x,\ x = 12$

아버지의 나이는 $12+24 = 36$

∴ 아버지의 나이 36세, 자식의 나이는 12세

17 민수의 재작년 나이의 $\dfrac{1}{4}$ 과 내년 나이의 $\dfrac{1}{5}$ 이 같을 때 민수의 올해 나이는?

① 10세　　　　　　　　　　　　② 12세

③ 14세　　　　　　　　　　　　④ 16세

 민수의 올해 나이를 x 라 하면

$\dfrac{1}{4}(x-2) = \dfrac{1}{5}(x+1)$

$5(x-2) = 4(x+1)$

$5x - 10 = 4x + 4$

$\therefore x = 14(세)$

18 은정이의 친구들은 은정이의 생일선물을 사기 위해 돈을 모았다. 한 친구가 24,000원을 내고 나머지 다른 친구들은 10,000원씩 걷었더니 평균 한 사람당 12,000원씩 낸 것이 된다면 친구들의 인원수는?

① 7명　　　　　　　　　　　　② 9명

③ 11명　　　　　　　　　　　　④ 13명

 10,000원 낸 친구들의 인원수를 x 라 하면

$\dfrac{24,000 + 10,000x}{x+1} = 12,000, \ x = 6$

총 친구들의 인원수는 $6+1 = 7(명)$

Answer ▸ 14.①　15.③　16.①　17.③　18.①

19 어떤 일을 영수가 혼자하면 6일, 순희가 혼자하면 12일 걸린다. 영수와 순희가 함께 동시에 일을 시작했지만 영수가 중간에 쉬어서 일을 끝마치는데 8일이 걸렸다고 한다. 이 때 영수가 쉬었던 기간은?

① 3일   ② 4일

③ 5일   ④ 6일

 하루에 영수가 하는 일의 양은 $\frac{1}{6}$, 하루에 순희가 하는 일의 양은 $\frac{1}{12}$

순희는 처음부터 8일 동안 계속해서 일을 하였으므로 순희가 한 일의 양은 $\frac{1}{12} \times 8$

(일의 양) − (순희가 한 일의 양)=(영수가 한 일의 양)

$1 - \frac{8}{12} = \frac{4}{12}$

영수가 일을 하는데 걸린시간은 $\frac{4}{12} \div \frac{1}{6} = 2$(일)

작업기간 − 영수가 일한 기간=영수가 쉬었던 날이므로 8−2=6

즉, 6일이 된다.

20 A기업에서는 매년 3월에 정기 승진 시험이 있다. 시험을 치른 사람이 남자사원, 여자사원을 합하여 총 100명이고 시험의 평균이 남자사원은 72점, 여자사원은 76점이며 남녀 전체평균은 73점일 때 시험을 치른 여자사원의 수는?

① 25명   ② 30명

③ 35명   ④ 40명

 시험을 치른 여자사원의 수를 x라 하고, 여자사원의 총점 + 남자사원의 총점 = 전체 사원의 총점이므로

$76x + 72(100 - x) = 73 \times 100$

식을 간단히 하면 $4x = 100$, $x = 25$(명)

21 기범이네 동아리 캠핑에서 고구마 25개, 감자 40개, 옥수수 70개를 모두에게 같은 개수대로 나누어주려고 했더니 고구마는 1개 부족하고, 감자는 1개가 남고, 옥수수는 5개가 남았다. 기범이네 동아리 인원은 최대 몇 명인가?

① 11명   ② 12명

③ 13명   ④ 14명

 고구마 (25+1)개, 감자 (40−1)개, 옥수수 (70−5)개를 똑같이 나누어줄 수 있는 최대의 사람을 구하는 것이므로 26, 39, 65의 최대공약수를 구하면 13명이 된다.

22 영수는 책 1권을 읽는데 2시간 34분이 소요된다. 하루에 7시간씩 30일이면 몇 권의 책을 전부 읽을 수 있겠는가?

① 81권　　　　　　　　　　　② 86권

③ 91권　　　　　　　　　　　④ 96권

 $1 : 154(분) = x : 7 \times 30 \times 60(분)$

$$\therefore x = \frac{7 \times 30 \times 60}{154} ≒ 81.8$$

81권의 책을 읽을 수 있다.

23 TV를 판매할 때, 원가에 3할의 이익이 남게 정가를 정했지만, 할인을 하여 정가의 2할 할인으로 판매하였더니 결국 1대에 800원의 이익을 얻었다. 이 TV의 원가는 얼마인가?

① 1만 원　　　　　　　　　　② 2만 원

③ 3만 원　　　　　　　　　　④ 5만 원

 원가를 x라 하면,

$(1+0.3)x \times (1-0.2) = x + 800$

$0.04x = 800, \quad x = 20,000$

$\therefore$ 원가는 $20,000$(원)

24 구입값 5,000원의 상품을, 3할의 이익이 남게 정가를 정했지만 판매부진으로 정가의 2할 할인으로 팔았다. 손익은 얼마인가?

① 150원 이익　　　　　　　　② 150원 손해

③ 200원 이익　　　　　　　　④ 200원 손해

 $5,000(1+0.3) \times (1-0.2) - 5,000 = 200$(원)

$\therefore$ 200원 이익이다.

25 180원의 배와 210원의 사과를 합쳐서 10개 사고, 금액이 2,000원 이하로 할 때 사과는 몇 개까지 살 수 있는가?

① 5개   ② 6개

③ 7개   ④ 8개

 사과의 개수를 x라 하면

$$180(10-x)+210x \leq 2,000$$

$$x \leq 6\frac{2}{3}$$

∴ 사과는 6개까지 살 수 있다.

26 어떤 모임에서 참가자에게 귤을 나누어 주는데 1명에게 5개씩 나누어 주면 3개 남고, 6개씩 나누어주면 1명만은 4개보다 적게 된다. 참가자는 적어도 몇 명인가?

① 2인   ② 6인

③ 9인   ④ 10인

 참가자의 수를 x라 하면
전체 귤의 수는 $5x+3$,
6개씩 나누어 주면 1명만 4개보다 적게 되므로

$$(5x+3)-\{6 \times (x-1)\}<4$$

$$-x<-5$$

$$x>5$$

∴ 참가자는 적어도 6인이 있다.

27 학교에서 선생님이 아이들에게 사과를 간식으로 주었다. 한 학생에게 3개씩 주면 5개가 남고, 4개씩 주면 6개가 모자란다. 이 때 사과의 개수는?

① 36개   ② 37개

③ 38개   ④ 39개

 학생 수를 x라 하면

$$3x+5=4x-6$$

$$x=11(명)$$

∴ 사과의 개수는 $(3 \times 11)+5=38(개)$

28 부피가 210cm³, 높이가 7cm, 밑면의 가로의 길이가 세로의 길이보다 13cm 긴 직육면체가 있다. 이 직육면체의 밑면의 세로의 길이는?

① 2cm   ② 4cm

③ 6cm   ④ 8cm

 세로의 길이를 x라 하면
$(x+13) \times x \times 7 = 210$
$x^2 + 13x = 30$
$(x+15)(x-2) = 0$
$\therefore \ x = 2(\text{cm})$

29 어느 학급이 캠핑을 가서 준비해온 텐트 1개에 3명씩 쓰면 8명이 남고, 7명씩 쓰면 텐트 3개가 남는다. 텐트의 개수는? (단, 마지막 텐트는 모든 인원이 다 들어가지 않아도 된다)

① 6   ② 7

③ 8   ④ 9

 텐트의 수를 x라고 할 때,
학생의 수 $= 3x + 8 \leq 7(x-3)$이다.
$x \geq 7.25$이므로, 텐트의 수는 8개이다.

30 다음 자료는 어느 학생의 3월부터 7월까지 사회, 과학 성적을 표시한 것이다. 표에 대한 설명으로 옳은 것은?

	3월	4월	5월	6월	7월
사회	87	93	92	86	95
과학	77	88	84	90	87

① 5월과 6월의 두 과목 평균점수는 88점으로 같다.

② 두 과목 평균이 가장 높은 달은 4월이다.

③ 7월 두 과목 평균은 3월에 비해 8점 올랐다.

④ 두 과목 평균이 가장 낮은 달은 7월이다.

 3월부터 7월까지 두 과목의 평균점수

3월	4월	5월	6월	7월
82	90.5	88	88	91

Answer ↱ 25.② 26.② 27.③ 28.① 29.③ 30.①

31 다음은 1년간 판매율이 가장 높았던 제품 4종에 대한 소비자 평가 점수이다. 이 자료를 참고할 때, 제시된 네 명의 구매자에게 선택받지 못한 제품은?

〈제품에 대한 소비자 평가 점수〉

(단위 : 점)

평가기준 ＼ 제품명	B	D	K	M
원료	10	8	5	8
가격	4	9	10	7
인지도	8	7	9	10
디자인	5	10	9	7

〈구매 기준〉

㉠ 제인 : 나는 제품을 고를 때, 가격과 원료를 꼼꼼히 확인하겠어.

㉡ 데이먼 : 고민 없이 소비자 평가 총점이 높은 제품을 구매하겠어.

㉢ 밀러 : 내 기준에서 제품의 인지도와 디자인이 중요하다고 봐.

㉣ 휴즈 : 화장품은 원료, 가격, 인지도 모두가 중요한 요소라고 생각해.

① B   ② D

③ K   ④ M

 ㉠ 제인의 기준 : 가격 + 원료

평가기준 ＼ 제품명	B	D	K	M
원료	10	8	5	8
가격	4	9	10	7
총점	14	<u>17</u>	15	15

㉡ 데이먼의 기준 : 소비자 평가 총점

평가기준 ＼ 제품명	B	D	K	M
원료	10	8	5	8
가격	4	9	10	7
인지도	8	7	9	10
디자인	5	10	9	7
총점	27	<u>34</u>	33	32

ⓒ 밀러의 기준 : 인지도 + 디자인

평가기준 \ 제품명	B	D	K	M
인지도	8	7	9	10
디자인	5	10	9	7
총점	13	17	<u>18</u>	17

ⓔ 휴즈의 기준 : 원료 + 가격 + 인지도

평가기준 \ 제품명	B	D	K	M
원료	10	8	5	8
가격	4	9	10	7
인지도	8	7	9	10
총점	22	24	24	<u>25</u>

ⓜ 구매 결과

제인	데이먼	밀러	휴즈
D	D	K	M

32 다음은 우리나라의 경제활동 참가율 및 실업률에 대한 자료이다. 바르게 해석하지 못한 사람은?

(단위 : %)

연도	전체		여성		남성	
	경제활동 참가율	실업률	경제활동 참가율	실업률	경제활동 참가율	실업률
1970	57.6	4.4	39.3	2.8	77.9	5.3
1995	61.9	2.1	48.4	1.7	76.4	2.3
1996	62.1	2.0	48.9	1.6	76.2	2.4
1997	62.5	2.6	49.8	2.3	76.1	2.8
1998	60.6	7.0	47.1	5.7	75.1	7.8
1999	60.6	6.3	47.6	5.1	74.4	7.2
2000	61.0	4.1	48.6	3.3	74.2	4.7
2001	61.3	3.8	49.2	3.1	74.2	4.3
2002	61.9	3.1	49.7	2.5	74.8	3.5
2003	61.4	3.4	49.9	3.1	74.6	3.6

① 1998년의 남성 실업률은 7.8%로 전년대비 5%p 증가했는데, 이는 기간 중 가장 큰 폭의 변화이다.

② 전체 실업률이 가장 높은 해에 여성 실업률도 가장 높다.

③ 전체 경제활동참가율은 1970년 이후 증감을 거듭하고 있다.

④ 여성 실업률과 남성 실업률 증감의 추이는 동일하다.

 ④ 1996년 여성 실업률은 전년대비 감소하였으나, 남성 실업률은 전년대비 증가하였다.

33 다음은 프로야구 선수 Y의 타격기록이다. 이에 대한 설명으로 옳은 것을 고르면?

연도	소속 구단	타율	출전 경기수	타수	안타수	홈런수	타점	4사구수	장타율
1993	A	0.341	106	381	130	23	90	69	0.598
1994	A	0.300	123	427	128	19	87	63	0.487
1995	A	0.313	125	438	137	20	84	83	0.532
1996	A	0.346	126	436	151	28	87	88	0.624
1997	A	0.328	126	442	145	30	98	110	0.627
1998	A	0.342	126	456	156	27	89	92	0.590
1999	B	0.323	131	496	160	21	105	87	0.567
2000	C	0.313	117	432	135	15	92	78	0.495
2001	C	0.355	124	439	156	14	92	81	0.510
2002	A	0.276	132	391	108	14	50	44	0.453
2003	A	0.329	133	490	161	33	92	55	0.614
2004	A	0.315	133	479	151	28	103	102	0.553
2005	A	0.261	124	394	103	13	50	67	0.404
2006	A	0.303	126	413	125	13	81	112	0.477
2007	A	0.337	123	442	149	22	72	98	0.563

① 1997~2002년 중 Y선수의 장타율이 높을수록 4사구도 많았다.

② 1997~2007년 중 Y선수의 타율이 0.310 이하인 해는 4번 있었다.

③ 전체 기간 중 Y선수는 타율이 가장 높은 해에 B구단에 속해 있었다.

④ 2000년 이전까지 볼 때, Y선수는 출전 경기수가 가장 많은 해에 가장 많은 홈런을 기록했다.

 ② 1997~2007년 중 Y선수의 타율이 0.310 이하인 해는 2002년, 2005년, 2006년으로 3 번 있었다.

③ 전체 기간 중 Y선수의 타율이 가장 높은 해는 0.355인 2001년으로 C구단에 속해 있었다.

④ 2000년 이전 출전 경기수가 가장 많은 해는 1999년이다. 그러나 1997년에 가장 많은 홈런을 기록했다.

Answer ↪ 32.④ 33.①

▎34~35▎ 다음은 우리나라의 에너지 수입액 및 수입의존도에 대한 자료이다. 자료를 읽고 이어지는 질문에 답하시오.

〈에너지 수입액〉

(단위 : 만 달러)

년도 구분	2008	2009	2010	2011
총수입액	435,275	323,085	425,212	524,413
에너지수입합계	141,474	91,160	121,654	172,490
석탄	12,809	9,995	13,131	18,477
석유	108,130	66,568	90,902	129,346
천연가스	19,806	13,875	17,006	23,859
우라늄	729	722	615	808

※ 총수입액은 에너지수입액을 포함한 국내로 수입되는 모든 제품의 수입액을 의미함

〈에너지 수입의존도〉

(단위 : %)

구분	년도	2008	2009	2010	2011
에너지 수입의존도	원자력발전제외	96.4	96.4	96.5	96.4
	원자력발전포함	83.0	83.4	84.4	84.7

※ 에너지 수입의존도는 1차 에너지 공급량 중 순수입 에너지가 차지하는 비중을 의미함

34 다음 중 위 자료를 바르게 설명한 것은?

① 에너지의 수입합계는 2008년에 가장 컸다.

② 에너지 중 천연가스의 수입액은 꾸준히 증가하고 있다.

③ 에너지 중 우라늄의 수입액은 백만 달러 미만의 작은 폭으로 변화하였다.

④ 2009년에 비해 2011년에 총수입액 중 에너지수입 합계의 비중이 늘어났다.

 ④ 2009년과 2011년의 에너지수입합계/총수입액을 계산해보면 2011년에 비중이 훨씬 늘어 났음을 알 수 있다.
　① 2011년에 가장 컸다.
　② 2008년에서 2009년 사이에는 감소했다.
　③ 2010년과 2011년 사이에는 백만 달러 이상의 차이를 보인다.

35 다음 중 위 자료에 대해 적절하게 설명하지 못한 사람은?

① 시욱 : 2009년에 에너지 수입의존도 중 원자력 발전의 의존도는 13.0%라고 할 수 있어.

② 준성 : 2009년에 에너지 수입합계가 급격하게 감소했고, 그 이후로는 다시 꾸준히 증가하고 있어.

③ 규태 : 우리나라는 에너지 수입의존도가 높은 것으로 보아 에너지를 만들 수 있는 1차 자원을 대부분 자국 내에서 공급하지 못하고 있다는 것을 알 수 있어.

④ 대선 : 원자력 발전을 포함했을 때 에너지 수입의존도가 낮아지는 것을 보면, 원자력 에너지는 수입에 의존하지 않고 자국 내에서 공급하는 비중이 높은 것 같아.

 ① 에너지 수입의존도 자료에서 원자력 발전의 의존도가 얼마인지는 이끌어낼 수 없다.

Answer ⤷ 34.④　35.①

36 다음 표는 국가별 관광지표를 나타낸 자료이다. 다음 표에 대한 설명으로 옳지 않은 것은?

(단위 : 십만명, 백만달러)

국가 \ 구분	여행객수	관광수입	관광지출
아일랜드	8.3	4.5	6.2
스웨덴	11.6	11.5	17.6
영국	31.2	41	52.7
오스트리아	24.8	20.1	10.3
벨기에	7.6	13.4	21.9
프랑스	84.7	56.7	42.9
독일	31.5	41.2	91.4
스위스	9	16.9	16.1
이탈리아	47.7	43.9	27
포르투칼	8.3	12.3	4.1
스페인	60.7	62.6	16.4
중국	55.7	51.7	128.6
일본	10.4	15.1	21.8
한국	12.2	14.6	21.6
말레이시아	25.7	21.5	12.2
싱가포르	11.9	19.1	24.6
호주	6.4	31.3	28.5
인도	7	18.4	11.6
캐나다	16.6	17.7	35.2
미국	69.8	173.1	104.7

※ 관광수지＝관광수입－관광지출

① 여행객수가 많은 상위 두 국가는 프랑스와 미국이다.

② 말레이시아의 여행객수는 한국의 여행객수의 2배 이상이다.

③ 관광지출이 가장 적은 나라는 포르투칼이다.

④ 주어진 국가 중에서 미국은 여행객수, 관광수입, 관광지출 세 측면에서 모두 1위를 차지하였다.

Tip ④ 미국은 여행객수는 2위, 관광수입은 1위, 관광지출은 2위를 차지하였다.

❚37~38❚ 다음은 어느 렌트카 회사의 차량사용료 표이다. 물음에 답하시오.

구분	기본 사용료	연장료
A코스	12시간까지 15,000원	이후 1시간마다 1,000원
B코스	24시간까지 18,000원	이후 1시간마다 1,300원

37 A코스를 선택한 사람이 렌트 후 14시간 18분만에 차고로 들어왔다. 이 때 지불액은 얼마인가?

① 15,000원   ② 17,000원
③ 18,000원   ④ 18,600원

 12시간 이후에 추가 3시간을 더 사용했으므로
$15,000 + (1,000 \times 3) = 18,000(원)$

38 B코스를 선택한 사람이 오전 10시에 렌트 후 다음날 오후 8시 30분에 차고로 들어왔다. 이 때 지불액은 얼마인가?

① 14,300원   ② 15,600원
③ 28,700원   ④ 32,300원

 기본 24시간 이후에 추가 10시간 30분을 더 사용했으므로
$18,000 + (1,300 \times 11) = 32,300(원)$

Answer ☞ 36.④ 37.③ 38.④

39 다음은 11개 전통건축물의 공포양식과 주요 구조물의 치수에 대한 조사 자료이다. 이에 대한 설명 중 옳은 것은?

(단위 : 척)

명칭	현 소재지	공포양식	기둥 지름	처마서까래 지름	부연	
					폭	높이
숭례문	서울	다포	1.80	0.60	0.40	0.50
관덕정	제주	익공	1.50	0.50	0.25	0.30
봉정사 화엄강당	경북	주심포	1.50	0.55	0.40	0.50
문묘 대성전	서울	다포	1.75	0.55	0.35	0.45
창덕궁 인정전	서울	다포	2.00	0.70	0.40	0.60
남원 광한루	전북	익공	1.40	0.60	0.55	0.55
화엄사 각황전	전남	다포	1.82	0.70	0.50	0.60
창의문	서울	익공	1.40	0.50	0.30	0.40
장곡사 상대웅전	충남	주심포	1.60	0.60	0.40	0.60
무량사 극락전	충남	다포	2.20	0.80	0.35	0.50
덕수궁 중화전	서울	다포	1.70	0.70	0.40	0.50

① 서울에 있는 건축물은 모두 다포식으로 지어졌다.

② 11개 건축물의 최대 기둥 지름은 2.00척이다.

③ 11개 건축물의 부연은 높이가 폭보다 크다.

④ 각 건축물의 기둥지름 대비 처마서까래지름 비율은 0.50을 넘지 않는다.

 ① 창의문은 익공식으로 지어졌다.
② 11개 건축물의 기둥 지름이 가장 큰 건축물은 무량사 극락전으로 2.20척이다.
③ 남원 광한루는 부연의 높이와 폭이 같다.

40 다음 자료는 이용부문별 프린터 판매 및 매출 현황이다. 이에 대한 설명으로 옳지 않은 것은?

(단위 : 대, 백만달러)

이용부문	판매대수	매출액
정부	317,593	122.7
교육	190,301	41.0
일반 가정	1,092,452	121.2
자영업	704,415	165.5
소규모 기업	759,294	270.6
중규모 기업	457,886	207.9
대규모 기업	415,620	231.4
계	3,937,561	1,160.3

* 시장가격 $= \dfrac{\text{매출액}}{\text{판매대수}}$

① 판매대수가 가장 많은 부문은 일반 가정 부문이다.

② 판매대수 총계에서 정부의 판매대수가 차지하는 비중은 10% 이하이다.

③ 판매대수가 많은 부문일수록 매출액도 크다.

④ 판매대수가 가장 적은 부문은 교육 부문이다.

 ③ 일반 가정 부문은 정부 부문보다 판매대수가 많지만 매출액은 더 적다.

41 다음은 화재발생 현황에 관한 자료이다. 이에 대한 설명으로 옳은 것은?

(단위 : 건, 명, 백만원)

구분 \ 연도		2007	2008	2009	2010	2011	2012	2013
발생건수		47,882	49,631	47,318	41,863	43,875	43,249	40,932
인명 피해	소계	2,459	2,716	2,441	1,892	1,862	2,223	2,184
	사망	424	468	409	304	263	267	307
	부상	2,035	2,248	2,032	1,588	1,599	1,956	1,877
재산피해		248,432	383,141	251,853	266,776	256,548	289,526	434,462

① 화재발생 건수가 가장 많았던 해에 재산피해 액수도 가장 많았다.

② 화재발생으로 인한 인명피해는 해마다 증가하고 있다.

③ 2009년 인명피해자 중에서 부상자가 차지하는 비중은 80% 이상이다.

④ 2007년의 화재발생 사망자 수는 2011년 사망자 수의 1.5배 미만이다.

 ① 화재발생 건수가 가장 많았던 해는 2008년이나, 재산피해 액수가 가장 많았던 해는 2013년이다.

② 인명피해는 2008년에 증가하였으나 2009년, 2010년, 2011년에 감소하였으며 2012년에 증가하였다가 2013년에 다시 감소하였다.

④ 2007의 화재발생 사망자 수는 2011년 사망자 수의 1.5배 이상이다.

42 다음 표는 2004년~2013년까지 5개 자연재해 유형별 피해금액에 관한 자료이다. 이에 대한 설명 중 옳지 않은 것은?

(단위 : 억원)

유형 \ 연도	2004	2005	2006	2007	2008	2009	2010	2011	2012	2013
태풍	3,416	1,385	118	1,609	9	0	1,725	2,183	8,765	17
호우	2,150	3,520	19,063	435	581	2,549	1,808	5,276	384	1,581
대설	6,739	5,500	52	74	36	128	663	480	204	113
강풍	0	93	140	69	11	70	2	0	267	9
풍랑	0	0	57	331	0	241	70	3	0	0
전체	12,305	10,498	19,430	2,518	637	2,988	4,268	7,942	9,620	1,720

① 풍랑의 피해금액이 0원인 해는 2004년, 2005년, 2008년, 2012년, 2013년이다.

② 피해금액이 매년 10억 원보다 큰 자연재해 유형은 호우와 대설이다.

③ 2009년 호우의 피해금액은 전체 피해 금액의 80% 이상이다.

④ 2010년 대설의 피해금액은 2004~2013년 강풍 피해금액 합계보다 작다.

> Tip
> 2010년 대설의 피해금액 : 663(억원)
> 2004~2013년 강풍 피해금액 합계 : 93+140+69+11+70+2+267+9=661(억원)

43 다음 표는 2005년~2012년 어느 기업의 콘텐츠 유형별 매출액에 관한 자료이다. 이에 대한 설명으로 옳지 않은 것은?

(단위 : 백만원)

연도 \ 콘텐츠 유형	게임	음원	영화	SNS	전체
2005	235	108	371	30	744
2006	144	175	355	45	719
2007	178	186	391	42	797
2008	269	184	508	59	1,020
2009	485	199	758	58	1,500
2010	470	302	1,031	308	2,111
2011	603	411	1,148	104	2,266
2012	689	419	1,510	341	2,959

① 2006년부터 2012년까지 콘텐츠 전체 매출액은 지속적으로 증가하였다.

② 2010년 영화 매출액은 전체 매출액에서 50% 이상의 비중을 차지한다.

③ SNS 매출액은 2005년에 비해 2012년에 10배 이상 증가하였다.

④ 4개의 콘텐츠 중에서 매년 매출액이 가장 큰 것은 영화이다.

> Tip
> ② 2010년 영화 매출액 비중 : $\frac{1,031}{2,111} \times 100 = 48.8\%$

Answer ➡ 41.③   42.④   43.②

44 다음 〈표〉는 외국수역 내 한국어선의 불법조업 검거현황에 관한 자료이다. 이에 대한 설명으로 옳지 않은 것은?

(단위 : 척, 백만원)

구분 / 연도	일본수역		중국수역		러시아수역	
	검거어선	벌금	검거어선	벌금	검거어선	벌금
2001	24	218.6	0	0.0	1	4.5
2002	32	288.8	1	48.0	2	6.9
2003	27	256.5	0	0.0	0	0.0
2004	19	185.2	2	0.0	1	24.3
2005	15	283.5	0	0.0	1	18.0
2006	10	104.6	1	5.2	0	0.0
2007	15	75.2	1	0.0	0	0.0
2008	18	144.6	0	0.0	0	0.0

① 러시아수역에서 2005년의 검거어선 1척당 벌금은 2001년 1척당 벌금의 4배가 되었다.

② 일본수역에서 2005년 검거어선의 수는 2007년과 같다.

③ 중국수역에서의 2002년 검거어선 1척당 벌금은 러시아수역에서의 2004년 검거어선 1척당 벌금보다 적다.

④ 2008년 일본수역에서의 검거어선은 이전 해에 비해서 증가하였다.

 ③ 중국수역에서의 2002년 검거어선 1척당 벌금은 러시아수역에서의 2004년 검거어선 1척당 벌금보다 많다.

45 다음은 지역별 특허 출원 건수 추이를 나타낸 자료이다. 각 지역의 특허 출원 건수의 평균 증가량으로 2015년의 수도권을 제외한 특허 출원 건수를 예측한 값으로 옳은 것은? (단, 계산 완료 후 소수 첫째 자리에서 반올림)

〈지방, 수도권, 서울의 특허 출원 건수〉

(단위 : 천 건)

년도	지방	수도권	서울
2010	124	88	43
2011	124	84	42
2012	130	85	42
2013	138	89	43
2014	144	84	44

① 190   ② 191

③ 192   ④ 193

 지방의 특허 출원 건수의 평균 증가량은 $\dfrac{0+6+8+6}{4}=5$이고, 서울의 특허 출원 건수의 평균 증가량은 $\dfrac{-1+0+1+1}{4}=0.25$이다. 따라서 2015년의 수도권을 제외한 특허 출원 건수를 예측한 값은 $(144+5)+(44+0.25)=193.25$로 소수 첫째 자리에서 반올림하면 193이다.

46 다음은 A기업 사원들의 지난 1주일간 운동 일수를 조사한 결과이다. 지난 1주일 동안 2일 운동한 사원수는 몇 명인가?

평균 운동 일수	사원수(명)	평균 운동 일수	사원수(명)
운동 안 함	10	4일	5
1일	4	5일	7
2일	(?)	6일	9
3일	3	7일	2
		합계	45

① 4명   ② 5명
③ 6명   ④ 7명

 총 사원수가 45명이므로 45 − (10 + 4 + 3 + 5 + 7 + 9 + 2) = 5명이다.

47 다음 표는 어느 회사 직원들의 소득 수준에 따른 취미생활을 조사한 자료이다. 현재 소득 수준에서 가장 높은 비율을 차지하는 취미생활의 비율은 어떻게 되는가? (단, 가, 나, 다, 라, 마는 취미의 종류이다)

현재 소득 수준에 따른 취미생활	2배 향상된 소득 수준					총계
	가	나	다	라	마	
가	180	36	86	14	22	338
나	16	90	24	8	18	156
다	38	24	288	20	28	398
라	14	10	20	28	10	82
마	18	10	24	8	60	120
총계	266	170	442	78	138	1,094

① 32.3%   ② 34.1%
③ 36.4%   ④ 39.1%

 현재 소득 수준에서 가장 높은 비율을 차지하는 취미생활은 '다'이다.
$$\frac{398}{1,094} \times 100 = 36.4(\%)$$

48 다음 표는 2016년 서원기업의 신성장 동력사업에 관한 자료이다. 비용 대비 편익의 비율이 가장 낮은 사업은 무엇인가?

〈프로젝트별 편익과 비용 자료〉

(단위 : 억 원)

사업	편익(B)	비용(C)
A	12	40
B	35	100
C	15	30
D	30	70

① A사업 　　　　　　② B사업
③ C사업 　　　　　　④ D사업

 A : $\dfrac{12}{40} \times 100 = 30$ 　　　　B : $\dfrac{35}{100} \times 100 = 35$

C : $\dfrac{15}{30} \times 100 = 50$ 　　　　D : $\dfrac{30}{70} \times 100 = 42.8$

49 다음은 어느 음식점의 메뉴별 판매비율을 나타낸 것이다. 2008년 메뉴 판매개수가 1,500개라면 A메뉴의 판매개수는 몇 개인가?

메뉴	2005년	2006년	2007년	2008년
A	17.0	26.5	31.5	36.0
B	24.0	28.0	27.0	29.5
C	38.5	30.5	23.5	15.5
D	14.0	7.0	12.0	11.5
E	6.5	8.0	6.0	7.5

① 500개 　　　　　　② 520개
③ 530개 　　　　　　④ 540개

 $1,500 \times \dfrac{36}{100} = 540$

Answer　46.② 47.③ 48.① 49.④

50 다음 표는 ⑺, ⑷, ⑸ 세 기업의 남자 사원 400명에 대해 현재의 노동 조건에 만족하는가에 관한 설문 조사를 실시한 결과이다. ㉠~㉣ 중에서 옳은 것은 어느 것인가?

구분	불만	어느 쪽도 아니다	만족	계
⑺ 회사	34	38	50	122
⑷ 회사	73	11	58	142
⑸ 회사	71	41	24	136
계	178	90	132	400

㉠ 이 설문 조사에서는 현재의 노동 조건에 대해 불만을 나타낸 사람은 과반수를 넘지 않는다.

㉡ 가장 불만 비율이 높은 기업은 ⑸ 회사이다.

㉢ '어느 쪽도 아니다'라고 회답한 사람이 가장 적은 ⑷ 회사는 가장 노동 조건이 좋은 기업이다.

㉣ 만족이라고 답변한 사람이 가장 많은 ⑷ 회사가 가장 노동 조건이 좋은 회사이다.

① ㉠, ㉡
② ㉠, ㉢
③ ㉡, ㉢
④ ㉡, ㉣

 각사 조사 회답 지수를 100%로 하고 각각의 회답을 집계하면 다음과 같은 표가 된다.

구분	불만	어느 쪽도 아니다	만족	계
⑺ 회사	34(27.9)	38(31.1)	50(41.0)	122(100.0)
⑷ 회사	73(51.4)	11(7.7)	58(40.8)	142(100.0)
⑸ 회사	71(52.2)	41(30.1)	24(17.6)	136(100.0)
계	178(44.5)	90(22.5)	132(33.0)	400(100.0)

㉢ '어느 쪽도 아니다'라고 답한 사람이 가장 적다는 것은 만족이거나 불만으로 나뉘어져 있는 것만 나타내는 것이며 노동 조건의 좋고 나쁨과는 관계가 없다.

㉣ 만족을 나타낸 사람의 수가 ⑷ 회사가 가장 많았으나 142명 중 58명으로 40.8%이므로 ⑺회사의 42%보다 낮다.

51 다음은 국제 교류 재단에서 운영하는 국제 교류 사업의 기금 운영 명세 현황이다. 2009년 국제 교류 사업의 총 기금 운영비는 전년 대비 몇 % 증가하였는가? (단, 소수점 둘째 자리에서 반올림한다.)

(단위 : 백만 원)

구분＼연도	2005	2006	2007	2008	2009
계	13,596	17,179	18,866	24,425	26,941
한국학 기반 확대	5,370	7,853	6,453	9,212	9,835
한국 전문가 육성	3,128	3,286	3,490	4,259	5,262
인적 교류	1,306	1,401	1,782	2,971	3,588
문화 교류	1,850	2,350	4,482	4,750	4,849
출판 자료 지원	1,942	2,289	2,659	3,233	3,407

① 10.3%
② 10.6%
③ 11.3%
④ 11.6%

 (Tip)

$$\frac{26,941 - 24,425}{24,425} \times 100 = 10.300$$

2009년 국제 교류 사업의 총 기금 운영비는 전년 대비 10.3% 증가하였다.

52 다음은 국립 중앙 박물관, 공주 박물관, 부여 박물관의 세 박물관을 찾는 관람객의 연령층을 조사한 결과이다. 40세 미만의 관람객 수가 가장 많은 박물관의 10세 미만 관람객 수와 40세 미만의 관람객 수가 가장 적은 박물관의 10~19세 관람객 수의 차는 얼마인가?

구분	국립 중앙 박물관	공주 박물관	부여 박물관
10세 미만	3%	6%	2%
10~19세	22%	18%	12%
20~29세	29%	23%	25%
30~39세	20%	20%	25%
40~49세	17%	18%	16%
50세 이상	9%	15%	20%
총 인원수	40,000	28,000	25,000

① 1,000명   ② 1,200명
③ 1,400명   ④ 1,800명

 각 박물관을 찾은 40세 미만의 관람객 수를 구하면 국립 중앙 박물관은 $40,000 \times 0.74 = 29,600$명이고, 공주 박물관은 $28,000 \times 0.67 = 18,760$명이며, 부여 박물관은 $25,000 \times 0.64 = 16,000$명이다. 즉, 40세 미만의 관람객 수가 가장 많은 박물관은 국립 중앙 박물관이고, 가장 적은 박물관은 부여 박물관이다.

국립 중앙 박물관의 10세 미만 관람객 수는 $40,000 \times 0.03 = 1,200$명이고, 부여 박물관의 10~19세 관람객 수는 $25,000 \times 0.12 = 3,000$명이다. 따라서 두 경우의 관람객 수의 차는 $3,000 - 1,200 = 1,800$명이다.

53 다음 〈표〉는 2016년 처리주체별 감염성 폐기물의 처리현황에 대한 자료이다. 이 자료로부터 알수 있는 것을 〈보기〉에서 모두 고르면?

(단위 : 톤)

폐기물 종류	2015년 이월량	발생지 자체 처리	위탁 처리					미처리
			소계	소각	멸균분쇄	재활용	화장장	
합계	70	2,929	31,088	16,108	14,659	226	95	33
조직물류	4	45	877	575	0	226	76	1
폐합성 수지류 등	66	2,884	30,211	15,533	14,659	0	19	32

※ 1) 감염성 폐기물은 위탁 처리되거나 발생지에서 자체 처리되며, 미처리량은 그 다음 해로 이월됨.
　 2) 감염성 폐기물 처리방식에는 소각, 멸균분쇄, 재활용, 화장장이 있음.
　 3) 전년도로부터 이월된 폐기물은 당해년도에 모두 처리됨.

> ㉠ 2016년에 발생한 감염성 폐기물의 양
> ㉡ 2016년 감염성 폐기물의 처리율
> ㉢ 2016년 감염성 폐기물의 소각 처리율
> ㉣ 2016년 조직물류 폐기물의 위탁 처리율
> ㉤ 2015~2016년 감염성 폐기물 처리율 증감

① ㉠, ㉡, ㉢　　　　　　　　　② ㉠, ㉡, ㉣
③ ㉠, ㉢, ㉤　　　　　　　　　④ ㉡, ㉣, ㉤

 ㉠ 2016년에 발생한 감염성 폐기물의 양은 발생지 자체 처리 2,929톤 + 위탁 처리 31,088톤 + 미처리 33톤 = 34,050톤이다.
　 ㉡ 2016년 감염성 폐기물의 처리율은 2016년 감염성 폐기물의 총 양 중 처리된 폐기물의 양으로 계산할 수 있다. $\dfrac{70+2,929+31,088}{70+2,929+31,088+33} \times 100 = 99.9$
　 ㉢ 2015년 이월량과 발생지 자체 처리 폐기물 중 소각 처리 양을 알 수 없으므로 2016년 감염성 폐기물의 소각 처리율은 알 수 없다.
　 ㉣ 2016년 조직물류 폐기물의 위탁 처리율은 2016년 조직물류 폐기물의 총 양 중 위탁 처리된 폐기물의 양으로 계산할 수 있다. $\dfrac{877}{4+45+877+1} \times 100 = 94.6$
　 ㉤ 2015~2016년 감염성 폐기물 처리율 증감은 2015년 감염성 폐기물의 총 양을 모르므로 알 수 없다.

Answer → 52.④　53.②

54 다음 〈표〉는 결함이 있는 베어링 610개의 추정 결함원인과 실제 결함원인에 관한 자료이다. 이에 대한 설명 중 옳은 것만을 모두 고르면?

〈표〉 베어링의 추정 결함원인과 실제 결함원인

(단위 : 개)

추정 결함원인 / 실제 결함원인	불균형결함	내륜결함	외륜결함	정렬불량결함	볼결함	합
불균형결함	87	9	14	6	14	130
내륜결함	12	90	11	6	15	134
외륜결함	6	8	92	14	4	124
정렬불량결함	5	2	5	75	16	103
볼결함	5	7	11	18	78	119
계	115	116	133	119	127	610

※ 1) 전체인식률 = $\dfrac{\text{추정 결함원인과 실제 결함원인이 동일한 베어링의 개수}}{\text{결함이 있는 베어링의 개수}}$

2) 인식률 = $\dfrac{\text{추정 결함원인과 실제 결함원인이 동일한 베어링의 개수}}{\text{추정 결함원인에 해당되는 베어링의 개수}}$

3) 오류율 = 1 − 인식률

> ㉠ 전체인식률은 0.8 이상이다.
> ㉡ '내륜결함' 오류율은 '외륜결함' 오류율보다 낮다.
> ㉢ '불균형결함' 인식률은 '외륜결함' 인식률보다 낮다.
> ㉣ 실제 결함원인이 '정렬불량결함'인 베어링 중에서, 추정 결함원인이 '불균형결함'인 베어링은 추정 결함원인이 '볼결함'인 베어링보다 적다.

① ㉠, ㉡
② ㉠, ㉢
③ ㉡, ㉢
④ ㉡, ㉣

 ㉠ 전체인식률은 $\dfrac{87+90+92+75+78}{610}=0.69$이다. →틀림

㉡ '내륜결함'의 오류율은 $1-\dfrac{90}{116}=0.22$이고, '외륜결함'의 오류율은 $1-\dfrac{92}{133}=0.31$이다. → 옳음

㉢ '불균형결함'의 인식률은 $\dfrac{87}{115}=0.76$이고, '외륜결함'의 인식률은 $\dfrac{92}{133}=0.69$이다. → 틀림

㉣ 실제 결함원인이 '정렬불량결함'인 베어링 중에서, 추정 결함원인이 '불균형결함'인 베어링은 5개이고 추정 결함원인이 '볼결함'인 베어링은 16개이다. → 옳음

55 B양은 자동차 부품을 생산하는 M기계산업에 근무한다. 최근 자사 제품의 품질관리를 위해 생산라인별 직원 1인당 생산량을 비교하라는 지시를 받았다. 자료를 참고할 때, B생산라인에 5명, D생산라인에 6명, E생산라인에 2명이 하루에 생산 할 수 있는 총생산량은 얼마인가?

생산라인	시설비	유지비	1인당 생산량
A : 수동라인	2천만 원	월 200만 원	하루 200set
B : 반자동라인	4천만 원	월 150만 원	하루 500set
C : 수동+반자동라인	5천만 원	월 180만 원	하루 600set
D : 반자동라인	8천만 원	월 120만 원	하루 700set
E : 자동라인	1억 원	월 100만 원	하루 800set

※ 생산 라인별 동일 제품 생산 시 직원 1인당 생산량 비교

① 6,300set ② 6,800set
③ 7,300set ④ 8,300set

 B생산량 × 5명 + D생산량 × 6 + E생산량 × 2 = 500 × 5 + 700 × 6 + 800 × 2 = 8,300

Answer 54.④ 55.④

56 다음은 2007~2013년 동안 흡연율 및 금연계획률에 관한 자료이다. 이에 대한 설명으로 옳은 것은?

〈성별 흡연율〉

성별＼연도	2007	2008	2009	2010	2011	2012	2013
남성	45.0	47.7	46.9	48.3	47.3	43.7	42.1
여성	5.3	7.4	7.1	6.3	6.8	7.9	6.1
전체	20.6	23.5	23.7	24.6	25.2	24.9	24.1

〈소득수준별 남성 흡연율〉

소득＼연도	2007	2008	2009	2010	2011	2012	2013
최상	38.9	39.9	38.7	43.5	44.1	40.8	36.6
상	44.9	46.4	46.4	45.8	44.9	38.6	41.3
중	45.2	49.6	50.9	48.3	46.6	45.4	43.1
하	50.9	55.3	51.2	54.2	53.9	48.2	47.5

〈금연계획율〉

구분＼연도	2007	2008	2009	2010	2011	2012	2013
금연계획률	59.8	56.9	( )	( )	56.3	55.2	56.5
단기	19.4	( )	18.2	20.8	20.2	19.6	19.3
장기	40.4	39.2	39.2	32.7	( )	35.6	37.2

※ 흡연율(%) = $\dfrac{흡연자\ 수}{인구\ 수} \times 100$

※ 금연계획률(%) = $\dfrac{금연계획자\ 수}{흡연자\ 수} \times 100$ = 단기 금연계획률 + 장기 금연계획률

① 매년 남성 흡연율은 여성 흡연율의 6배 이상이다.

② 매년 소득수준이 높을수록 남성 흡연율은 낮다.

③ 2008~2010년 동안 매년 금연계획률은 전년대비 감소한다.

④ 2011년의 장기 금연계획률은 2008년의 단기 금연계획률의 두 배 이상이다.

① 2012년의 남성 흡연율은 43.7이고 여성 흡연율은 7.9로 6배 이하이다.

② 2012년 소득수준이 최상인 남성 흡연율이 상인 남성 흡연율보다 높다.

③ 2009년의 금연계획률은 57.4, 2010년의 금연계획률은 53.5로 2009년은 전년대비 증가하였고, 2010년은 전년대비 감소하였다.

④ 2011년의 장기 금연계획률은 36.1로 2008년의 단기 금연계획률인 17.7의 두 배 이상이다.

57 다음은 차량 A, B, C의 연료 및 경제속도 연비, 연료별 리터당 가격에 대한 자료이다. 제시된 〈조건〉을 적용하였을 때, 두 번째로 높은 연료비가 소요되는 차량과 해당 차량의 연료비를 바르게 나열한 것은?

〈A, B, C 차량의 연료 및 경제속도 연비〉

차량 ＼ 구분	연료	경제속도 연비(km/L)
A	LPG	10
B	휘발유	16
C	경유	20

※ 차량 경제속도는 60km/h 이상 90km/h 미만임

〈연료별 리터당 가격〉

연료	LPG	휘발유	경유
리터당 가격(원/L)	1,000	2,000	1,600

〈조건〉

1. A, B, C 차량은 모두 아래와 같이 각 구간을 한 번씩 주행하고, 각 구간별 주행속도 범위 내에서만 주행한다.

구간	1구간	2구간	3구간
주행거리(km)	100	40	60
주행속도(km/h)	30 이상 60 미만	60 이상 90 미만	90 이상 120 미만

2. A, B, C 차량의 주행속도별 연비적용률은 다음과 같다.

차량	주행속도(km/h)	연비적용률(%)
A	30 이상 60 미만	50.0
	60 이상 90 미만	100.0
	90 이상 120 미만	80.0
B	30 이상 60 미만	62.5
	60 이상 90 미만	100.0
	90 이상 120 미만	75.0
C	30 이상 60 미만	50.0
	60 이상 90 미만	100.0
	90 이상 120 미만	75.0

※ 연비적용률이란 경제속도 연비 대비 주행속도 연비를 백분율로 나타낸 것임

Answer⬏ 56.④

① A, 31,500원　　　　　　　② B, 24,500원

③ B, 35,000원　　　　　　　④ D, 25,600원

Tip 주행속도에 따른 연비와 구간별 소요되는 연료량을 계산하면 다음과 같다.

차량	주행속도(km/h)	연비(km/L)	구간별 소요되는 연료량(L)		
A (LPG)	30 이상 60 미만	$10 \times 50.0\% = 5$	1구간	20	총 31.5
	60 이상 90 미만	$10 \times 100.0\% = 10$	2구간	4	
	90 이상 120 미만	$10 \times 80.0\% = 8$	3구간	7.5	
B (휘발유)	30 이상 60 미만	$16 \times 62.5\% = 10$	1구간	10	총 17.5
	60 이상 90 미만	$16 \times 100.0\% = 16$	2구간	2.5	
	90 이상 120 미만	$16 \times 75.0\% = 12$	3구간	5	
C (경유)	30 이상 60 미만	$20 \times 50.0\% = 10$	1구간	10	총 16
	60 이상 90 미만	$20 \times 100.0\% = 20$	2구간	2	
	90 이상 120 미만	$20 \times 75.0\% = 15$	3구간	4	

따라서 조건에 따른 주행을 완료하는 데 소요되는 연료비는 A 차량은 $31.5 \times 1,000 = 31,500$원, B 차량은 $17.5 \times 2,000 = 35,000$원, C 차량은 $16 \times 1,600 = 25,600$원으로, 두 번째로 높은 연료비가 소요되는 차량은 A며 31,500원의 연료비가 든다.

58 다음은 1921~1930년 우리나라의 대일무역 현황을 나타낸 자료이다. 이를 바탕으로 작성한 그래프 중 옳지 않은 것은?

〈우리나라의 대일무역 현황 및 국내총생산〉

연도	대일수출액 (천 엔)	대일수입액 (천 엔)	대일무역총액 (천 엔)	대일무역 총액지수	국내총생산 (천 엔)
1921	197	156	353	100	1,299
1922	197	160	357	101	1,432
1923	241	167	408	116	1,435
1924	306	221	527	149	1,573
1925	317	234	551	156	1,632
1926	338	248	586	166	1,601
1927	330	269	599	170	1,606
1928	333	295	628	178	1,529
1929	309	315	624	177	1,483
1930	240	278	518	147	1,158

※ 대일무역총액지수 $= \dfrac{\text{당해년도 대일무역총액}}{1921년 \text{ 대일무역총액}} \times 100$

① 당해년도 국내총생산 대비 당해년도 대일무역총액

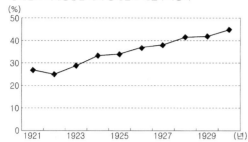

② 연도별 대일무역수지(대일수출액－대일수입액)

③ 전년 대비 대일무역총액지수 증감률

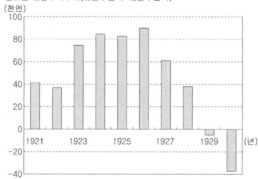

④ 당해년도 국내총생산 대비 당해년도 대일수입액

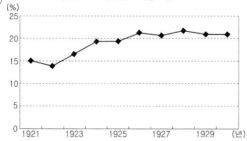

(Tip) ④ 당해연도 국내총생산 대비 당해연도 대일수출액을 표현한 그래프이다.

Answer♪ 57.① 58.④

59 다음은 7개 기업의 1997년도와 2008년도의 주요 재무지표를 나타낸 자료이다. 그래프로 표시한 것 중 옳지 않은 것은?

기업 \ 재무지표 · 연도	부채비율 1997	부채비율 2008	자기자본비율 1997	자기자본비율 2008	영업이익률 1997	영업이익률 2008	순이익률 1997	순이익률 2008
A	295.6	26.4	25.3	79.1	15.5	11.5	0.7	12.3
B	141.3	25.9	41.4	79.4	18.5	23.4	7.5	18.5
C	217.5	102.9	31.5	49.3	5.7	11.7	1.0	5.2
D	490.0	64.6	17.0	60.8	7.0	6.9	4.0	5.4
E	256.7	148.4	28.0	40.3	2.9	9.2	0.6	6.2
F	496.6	207.4	16.8	32.5	19.4	4.3	0.2	2.3
G	654.8	186.2	13.2	34.9	8.3	8.7	0.3	6.7
7개 기업의 산술평균	364.6	108.8	24.7	53.8	11.0	10.8	2.0	8.1

※ 1) 총자산 = 부채 + 자기자본

   2) 부채구성비율$(\%) = \dfrac{부채}{총자산} \times 100$

   3) 부채비율$(\%) = \dfrac{부채}{자기자본} \times 100$

   4) 자기자본비율$(\%) = \dfrac{자기자본}{총자산} \times 100$

   5) 영업이익률$(\%) = \dfrac{영업이익}{매출액} \times 100$

   6) 순이익률$(\%) = \dfrac{순이익}{매출액} \times 100$

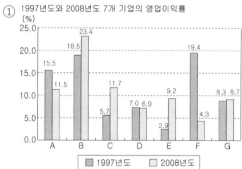
① 1997년도와 2008년도 7개 기업의 영업이익률

② 1997년도 C 기업의 총자산 구성현황

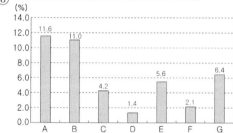
③ 1997년도 대비 2008년도 7개 기업의 순이익 변화률

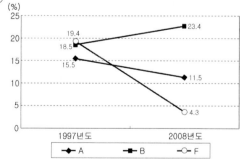
④ 1997년도 영업이익률 상위 3개 기업의 영업이익률 변화

(Tip) ③ 이 그래프는 1997년도 대비 2008년도 7개 기업의 순이익률의 증감을 표현한 것이다.

Answer ⇒ 59.③

60 다음은 농산물 도매시장의 품목별 조사단위당 가격에 대한 자료이다. 이를 이용하여 작성한 그래프로 옳지 않은 것은?

(단위 : kg, 원)

구분	품목	조사단위	조사단위당 가격		
			금일	전일	전년 평균
곡물	쌀	20	52,500	52,500	47,500
	찹쌀	60	180,000	180,000	250,000
	검정쌀	30	120,000	120,000	106,500
	콩	60	624,000	624,000	660,000
	참깨	30	129,000	129,000	127,500
채소	오이	10	23,600	24,400	20,800
	부추	10	68,100	65,500	41,900
	토마토	10	34,100	33,100	20,800
	배추	10	9,500	9,200	6,200
	무	15	8,500	8,500	6,500
	고추	10	43,300	44,800	31,300

① 쌀, 찹쌀, 검정쌀의 조사단위당 가격

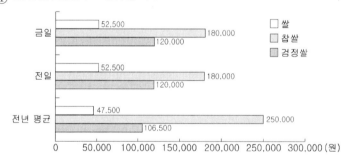

② 채소의 조사단위당 전일가격 대비 금일가격 등락액

③ 채소 1kg당 금일가격

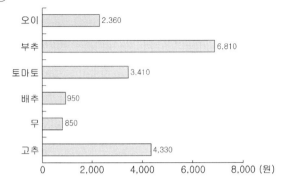

④ 곡물 1kg당 금일가격

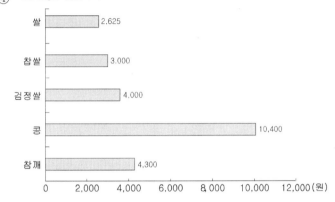

(Tip) ③ 무의 1kg당 금일가격은 $\frac{8,500}{15} = 567$ 원이다.

│1~15│ 다음의 제시된 숫자의 배열을 보고 규칙을 적용하여 빈칸에 들어갈 알맞은 숫자를 고르시오.

1

| 93 | 96 | 102 | 104 | 108 | ( ) |

① 114

② 116

③ 118

④ 120

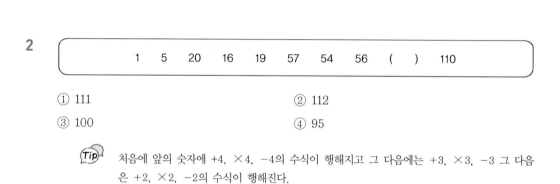

전항의 일의 자리 숫자를 전항에 더한 결과 값이 후항의 수가 되는 규칙이다.
$93+3=96$, $96+6=102$, $102+2=104$, $104+4=108$, $108+8=116$

2

| 1 | 5 | 20 | 16 | 19 | 57 | 54 | 56 | ( ) | 110 |

① 111

② 112

③ 100

④ 95

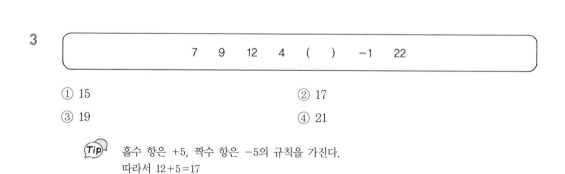

처음에 앞의 숫자에 +4, ×4, −4의 수식이 행해지고 그 다음에는 +3, ×3, −3 그 다음은 +2, ×2, −2의 수식이 행해진다.

3

| 7 | 9 | 12 | 4 | ( ) | −1 | 22 |

① 15

② 17

③ 19

④ 21

홀수 항은 +5, 짝수 항은 −5의 규칙을 가진다.
따라서 $12+5=17$

4

| 1 | 2 | 3 | 5 | 8 | 13 | ( ) |

① 21

② 23

③ 25

④ 27

 피보나치 수열이다.
앞의 두 항을 더한 것이 다음 항이 된다.
따라서 $8+13=21$

5

| 2 | 4 | 0 | 6 | -2 | 8 | ( ) |

① -1

② -2

③ -3

④ -4

 $+2, -4, +6, -8, +10, -12$ 규칙을 가진다.
따라서 $8-12=-4$

6

| $\dfrac{1}{3}$ | $\dfrac{4}{5}$ | $\dfrac{13}{9}$ | $\dfrac{40}{17}$ | $\dfrac{121}{33}$ | ( ) | $\dfrac{1093}{129}$ |

① $\dfrac{364}{65}$

② $\dfrac{254}{53}$

③ $\dfrac{413}{48}$

④ $\dfrac{197}{39}$

 • 앞의 항의 분모에 $2^1, 2^2, 2^3, \cdots\cdots$을 더한 것이 다음 항의 분모가 된다.
• 앞의 항의 분자에 $3^1, 3^2, 3^3, \cdots\cdots$을 더한 것이 다음 항의 분자가 된다.
따라서 $\dfrac{121+3^5}{33+2^5}=\dfrac{121+243}{33+32}=\dfrac{364}{65}$

Answer → 1.② 2.② 3.② 4.① 5.④ 6.①

7

$$\frac{1}{2} \quad \frac{1}{3} \quad \frac{2}{6} \quad \frac{3}{18} \quad (\quad) \quad \frac{8}{1944} \quad \frac{13}{209952}$$

① $\dfrac{8}{83}$ ② $\dfrac{6}{91}$

③ $\dfrac{5}{108}$ ④ $\dfrac{4}{117}$

(Tip) • 앞의 두 항의 분모를 곱한 것이 다음 항의 분모가 된다.
• 앞의 두 항의 분자를 더한 것이 다음 항의 분자가 된다.

따라서 $\dfrac{2+3}{6\times18}=\dfrac{5}{108}$

8

$$5 \quad 15 \quad 23 \quad 29 \quad 39 \quad 47 \quad 53 \quad 63 \quad (\quad)$$

① 69 ② 71

③ 73 ④ 75

(Tip) +10, +8, +6이 반복된다.
∴ $63+8=71$

9

$$10 \quad 15 \quad (\quad) \quad 45 \quad 85 \quad 165$$

① 25 ② 30

③ 35 ④ 40

(Tip) 각 숫자의 차가 등비수열(5, 10, 20, 40, …)이다. $15+10=25$이다.

10

| 2   4   12   48   (   )   1440 |

① 240
② 288
③ 336
④ 384

Tip ×2, ×3, ×4, …로 변화한다. 48×5=240이다.

11

| 3   7   15   (   )   43   63   87 |

① 23
② 27
③ 35
④ 39

Tip 각 숫자의 차가 등차수열(4, 8, 12, 16, …)이다. 15+12=27이다.

12

| $\frac{1}{2}$ $\frac{1}{6}$ $\frac{1}{18}$ (   ) $\frac{1}{162}$ $\frac{1}{486}$ |

① $\frac{1}{40}$
② $\frac{1}{52}$
③ $\frac{1}{54}$
④ $\frac{1}{86}$

Tip 분자의 경우 모두 1이고 분모의 경우 3이 곱해지면서 증가하고 있다.

Answer↪ 7.③ 8.② 9.① 10.① 11.② 12.③

13

$$1 \quad 2 \quad -1 \quad 8 \quad (\quad) \quad 62$$

① 19

② -19

③ 24

④ -24

Tip 처음의 숫자에 3^0, -3^1, 3^2, -3^3, 3^4이 더해지고 있다.

14

$$2 \quad 3 \quad 7 \quad 34 \quad 290 \quad (\quad)$$

① 3415

② 2675

③ 4208

④ 5507

Tip 처음의 숫자에서 1^1, 2^2, 3^3, 4^4, 5^5이 더해지고 있다.

15

$$2 \quad 12 \quad 6 \quad 36 \quad 18 \quad (\quad)$$

① 98

② 108

③ 111

④ 124

Tip 숫자의 차이가 $\times 6$, $\div 2$가 반복되고 있다.

16

| 2 4 14   9 5 6   13 1 6   1 8 ( ) |

① 9

② 10

③ 11

④ 12

(Tip) 세 수를 더하면 모두 20이 된다.

17

| 12 2 1   3 4 2   24 1 ( ) |

① 0

② 1

③ 2

④ 3

(Tip) 세 수를 곱하면 모두 24가 된다.

18

| 2 4 20   1 3 10   3 2 ( )   5 2 29 |

① 13

② 14

③ 15

④ 16

(Tip) 앞의 두수의 제곱의 합이 세 번째 수가 된다.
$2^2 + 4^2 = 20$, $1^2 + 3^2 = 10$, $5^2 + 2^2 = 29$
$\therefore 3^2 + 2^2 = 9 + 4 = 13$

19

<u>3 4 10 11</u>   <u>1 3 5 7</u>   <u>8 2 18 12</u>   <u>5 2 ( ) 9</u>

① 10   ② 11

③ 12   ④ 13

$2 \times 3 + 4 = 10,\ 3 + 2 \times 4 = 11$
$2 \times 1 + 3 = 5,\ 1 + 2 \times 3 = 7$
$2 \times 8 + 2 = 18,\ 8 + 2 \times 2 = 12$
$\therefore 2 \times 5 + 2 = 12,\ 5 + 2 \times 2 = 9$

20

<u>2 5 10 7 16</u>   <u>3 2 6 7 12</u>   <u>5 2 ( ) 6 15</u>

① 10   ② 20

③ 30   ④ 40

규칙성을 찾으면 2 5 10 7 16에서 첫 번째 수와 두 번째 수를 곱하면 세 번째 수가 나오고
세 번째 수와 네 번째 수를 더한 후 1을 빼면 다섯 번째 수가 된다.
∴ ( ) 안에 들어갈 수는 10이다.

▌21~30▐ 다음 제시된 A행과 B행 사이에는 일정한 규칙이 있다. B행에서 규칙에 어긋나는 것을
고르시오.

21

	①	②	③	④
A :	1	2	3	4
B :	4	8	30	85

(Tip) $B = 3^A + A$의 공식이다. 따라서 $3^2 + 2 = 11$이므로 ②가 옳지 않다.

22

	①	②	③	④
A :	2	4	6	8
B :	10	18	30	34

(Tip) $B = 4A + 2$의 공식이다. 따라서 $4 \times 6 + 2 = 26$이므로 ③이 옳지 않다.

23

	①	②	③	④
A :	1	2	4	8
B :	2	8	16	256

(Tip) $B = 2^A$의 공식이다. 따라서 $2^2 = 4$이므로 ②가 옳지 않다.

24

	①	②	③	④
A :	8	3	9	21
B :	16	9	54	168

(Tip) ② $B = A \times (2, 4, 6, 8, 10 \cdots)$의 규칙이다. 따라서 $3 \times 4 = 12$이므로 ②가 옳지 않다.

25

	①	②	③	④
A :	45	35	60	55
B :	10	8	12	12

(Tip) $B = A \div 5 + 1$의 규칙이다. $60 \div 5 + 1 = 13$이므로 ③이 옳지 않다.

Answer ↪ 19.③ 20.① 21.② 22.③ 23.② 24.② 25.③

26

	①	②	③	④
A :	11	21	17	24
B :	15	25	22	30

Tip B=A+(3, 4, 5, 6)의 규칙이다. 11+3=14이므로 ①이 옳지 않다.

27

	①	②	③	④
A :	3	57	15	24
B :	4	22	8	8

Tip ④ B=A÷3+3 이라는 규칙이 적용된다. 따라서 24÷3+3=11이므로 ④가 옳지 않다.

28

	①	②	③	④
A :	5	73	27	5
B :	9	69	31	10

Tip ④ B=A+4 , B=A−4가 번갈아 적용되고 있다. 따라서 5−4=1이므로 ④가 옳지 않다.

29

	①	②	③	④
A :	48	78	72	44
B :	12	26	9	8

Tip ② B는 A의 각 자릿수를 더한 값이다. 따라서 7+8=15이므로 ②가 옳지 않다.

30

	①	②	③	④
A :	17	2	10	51
B :	34	6	40	17

(Tip) ④ B = A×(2, 3, 4, 5 …)의 규칙이 적용된다. 따라서 51×5 = 255이므로 ④가 옳지 않다.

31 일정한 규칙으로 수를 나열할 때, (   ) 안에 들어갈 숫자는?

8	27	132
32	( )	156
56	75	180

① 39

② 43

③ 47

④ 51

(Tip)

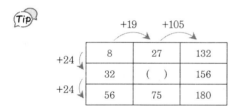

32 다음 빈칸에 들어갈 알맞은 숫자는?

4	7	11	16
7	10	14	

① 16

② 17

③ 18

④ 19

(Tip) 윗줄과 아랫줄 숫자가 3씩 차이난다. 16에 3을 더한 19가 답이다.

Answer → 26.① 27.④ 28.④ 29.② 30.④ 31.④ 32.④

|33~34| 다음 색칠된 곳의 숫자에서부터 시계방향으로 진행하면서 숫자와의 관계를 고려하여 ? 표시된 곳에 들어갈 알맞은 숫자를 고르시오.

33

?	3	5
18		10
20	10	8

① 16　　　　　　　　　　　② 18

③ 20　　　　　　　　　　　④ 22

 각 숫자의 차가 +2, ×2, −2의 순서로 변한다.

$$3 \quad 5 \quad 10 \quad 8 \quad 10 \quad 20 \quad 18 \quad 20$$
$$\lor \quad \lor \quad \lor \quad \lor \quad \lor \quad \lor \quad \lor$$
$$+2 \quad \times2 \quad -2 \quad +2 \quad \times2 \quad -2 \quad +2$$

34

5	24	12
10		16
6	12	?

① 8　　　　　　　　　　　② 16

③ 22　　　　　　　　　　　④ 30

 각 숫자에 $\times \frac{1}{2}$, +4의 규칙이 적용되고 있다.

$$24 \quad 12 \quad 16 \quad 8 \quad 12 \quad 6 \quad 10 \quad 5$$
$$\lor \quad \lor \quad \lor \quad \lor \quad \lor \quad \lor \quad \lor$$
$$\times\frac{1}{2} \quad +4 \quad \times\frac{1}{2} \quad +4 \quad \times\frac{1}{2} \quad +4 \quad \times\frac{1}{2}$$

┃35~40┃ 다음 ? 표시된 부분에 들어갈 숫자를 고르시오.

35

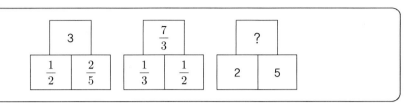

① $\dfrac{11}{5}$

② $\dfrac{17}{5}$

③ $\dfrac{11}{2}$

④ $\dfrac{17}{2}$

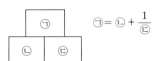

36

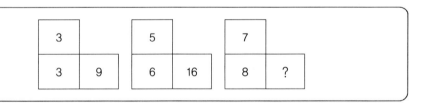

① 22

② 25

③ 28

④ 31

37

2	5	8	11	14
1	7	22	46	?

① 59

② 65

③ 79

④ 85

Tip 윗줄의 수와 공차가 곱해진 수가 아랫줄에 더해지고 있다.

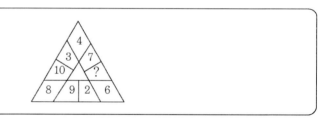

38

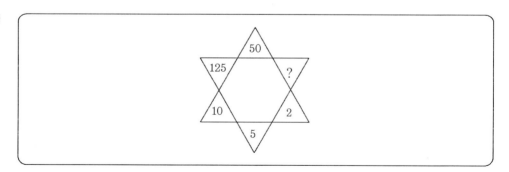

① 5

② 8

③ 11

④ 14

Tip 한 변의 숫자를 더하면 모두 25가 된다. 따라서 4+7+?+6=25 이므로 ?=8이다.

39

      50
125   ?
  10   2
      5

① 21

② 23

③ 25

④ 27

마주보고 있는 숫자를 곱하면 모두 250이 된다.

∴ ? = 25

40

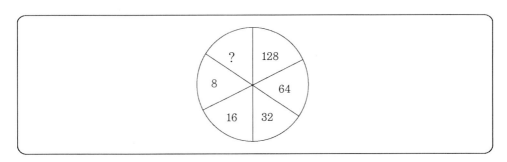

① 10

② 6

③ 4

④ 2

 시계방향으로 2가 나누어지면서 변하고 있다.

∴ $8 \div 2 = 4$

41 다음 그림에서 ⓒ − ㉠ − 1의 값은?

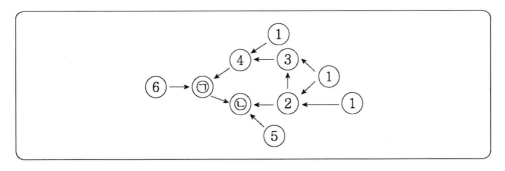

① 2

② 4

③ 6

④ 8

 화살표 방향대로 수를 더하고 있으므로 ⓒ = ㉠ + 2 + 5

ⓒ − ㉠ = 7 ∴ ⓒ − ㉠ − 1 = 7 − 1 = 6

Answer ↱ 37.③ 38.② 39.③ 40.③ 41.③

| 42~45 | 다음 빈칸에 들어갈 알맞은 문자를 고르시오.

42

$$J - H - L - J - N - (\quad)$$

① J   ② K

③ L   ④ M

 문자에 숫자를 대입하여 풀면 쉽게 풀 수 있다. 각 숫자는 −2, +4의 규칙을 갖는다.

1	2	3	4	5	6	7	8	9	10	11	12	13	14
A	B	C	D	E	F	G	H	I	J	K	L	M	N

J(10) − H(8) − L(12) − J(10) − N(14) − L(12)

43

$$C - D - G - L - (\quad)$$

① C   ② P

③ R   ④ S

 처음의 문자에서 +1, +3, +5의 순서로 변하므로 빈칸에는 앞의 글자에 7을 더한 문자가 와야 한다.

C(3) − D(4) − G(7) − L(12)

44

$$ㄱ - ㄷ - ㄹ - ㅇ - ㅅ - ㅍ - (\quad)$$

① ㅈ   ② ㅊ

③ ㅋ   ④ ㅌ

 한글 자음의 순서에 숫자를 대입하면 다음과 같다.

1	2	3	4	5	6	7	8	9	10	11	12	13	14
ㄱ	ㄴ	ㄷ	ㄹ	ㅁ	ㅂ	ㅅ	ㅇ	ㅈ	ㅊ	ㅋ	ㅌ	ㅍ	ㅎ

ㄱ(1) − ㄷ(3) − ㄹ(4) − ㅇ(8) − ㅅ(7) − ㅍ(13) − (?)
홀수 항은 +3, 짝수 항은 +5씩 증가한다. 따라서 빈칸에 들어갈 문자는 7 + 3 = 10(ㅊ)이다.

45

$$ㅍ - ㅌ - ㅈ - ㅇ - (\quad) - ㄹ - ㄱ$$

① ㅁ   ② ㅂ

③ ㅅ   ④ ㅇ

 ㅍ(13) - ㅌ(12) - ㅈ(9) - ㅇ(8) - (?) - ㄹ(4) - ㄱ(1)

-1, -3씩 감소한다. 따라서 빈칸에 들어갈 문자는 8-3=5(ㅁ)이다.

| 46~55 | 단어의 상관관계를 파악하여 (   )안에 알맞은 단어를 넣으시오.

46

$$전쟁 : 패배 = 폭우 : (\quad)$$

① 천둥   ② 파도

③ 홍수   ④ 태풍

 전쟁과 패배는 원인과 결과의 관계이다.

③ 폭우에 의해 홍수가 발생한다.

47

$$달력 : 날짜 = 시계 : (\quad)$$

① 시간   ② 팔찌

③ 자명종   ④ 알람

(Tip) 달력으로는 날짜를 확인할 수 있고, 시계로는 시간을 확인할 수 있다.

Answer ☞ 42.③   43.④   44.②   45.①   46.③   47.①

48

> 구름 : 수증기 = 석탄 : (   )

① 석유   ② 다이아몬드
③ 탄광   ④ 자원

 같은 것으로 구성된 두 가지 물질을 연결한 것이다.
구름과 수증기는 물로 이루어져 있고, 석탄과 다이아몬드는 탄소로 이루어져 있다.

49

> 분석 : 종합 = (   ) : 용질

① 용매   ② 용출
③ 용합   ④ 용질

 분석과 종합은 반의관계이다.
① 용질은 용액 중에 녹아 있는 물질을 의미하며, 용매는 액체에 고체 또는 기체 물질을 녹여 용액을 만들었을 때 본디 액체를 말한다.

50

> 추문 : 소문 = 가을 : (   )

① 봄   ② 계절
③ 코스모스   ④ 독서

 소문은 추문(추잡하고 좋지 못한 소문)의 상위어이다. 따라서 가을의 상위어인 계절이 답이 된다.

51

> 말 : 마차 = 소 : (   )

① 쟁기   ② 경운기
③ 마구간   ④ 여물

 마차는 말이 끌고, 쟁기는 소가 끈다.

52

> 높새 : 하늬 = 여우 : (   )

① 이슬   ② 비

③ 늑대   ④ 동물

 '높새'와 '하늬'는 '바람'과 함께 쓰여 '높새바람, 하늬바람'이 된다. '여우'와 '이슬'은 '비'와 함께 쓰여 '여우비, 이슬비'가 된다.

53

> 병사 : 전쟁 = 배우 : (   )

① 학원   ② 연기

③ 가수   ④ 연극

 전쟁에는 병사가 필요하고 연극에는 배우가 필요하다.

54

> 메주 : (   ) = 한지 : 닥나무

① 팥   ② 우유

③ 앙금   ④ 콩

 재료와 완제품의 관계이다. 한지는 닥나무로 만들고, 메주는 콩으로 만든다.

55

> 삼대 : 염상섭 = (   ) : 이광수

① 감자   ② 무정

③ 무녀도   ④ 광장

 염상섭의 작품으로 「삼대」가 있으며, 이광수의 작품으로 「무정」이 있다.

Answer ↱ 48.② 49.① 50.② 51.① 52.① 53.④ 54.④ 55.②

┃56~65┃ 단어의 상관관계를 파악하여 A와 B에 들어갈 단어가 바르게 연결된 것을 고르시오.

56

> 봄 : (A) = (B) : 코스모스

	A	B			A	B
①	여름	갈대		②	장미	겨울
③	축제	추수		④	벗꽃	가을

(Tip) ④ 계절과 그 계절을 대표하는 꽃의 관계이다.

57

> (A) : 소현세자 = (B) : 사도세자

	A	B			A	B
①	인조	영조		②	태조	숙종
③	영조	정조		④	세종	문종

(Tip) 부자 관계를 나타낸다. 소현세자는 인조의 아들이고, 사도세자는 영조의 아들이다.

58

> (A) : 논문 = 설탕 : (B)

	A	B			A	B
①	잡지	소금		②	실험	어린이
③	교수	슈가		④	자료	솜사탕

(Tip) 논문은 자료를 토대로 만들어지고, 솜사탕은 설탕으로 만들어진다.

59

> (A) : 안심 = 반항 : (B)

	A	B		A	B
①	위안	순종	②	신중	저속
③	염려	복종	④	승낙	경솔

 염려와 안심, 반항과 복종은 서로 반의관계이다.

60

> 역정 : (A) = 도둑 : (B)

	A	B		A	B
①	화딱지	여행객	②	발자취	밤손님
③	쥐꼬리	무뢰한	④	파뿌리	돌장군

 발자취 … 지나온 과거의 역정(지금까지 지나온 경로)을 비유적으로 이르는 말
밤손님 … '밤도둑'을 비유적으로 이르는 말

61

> 돋보기 : (A) = (B) : 귀

	A	B		A	B
①	눈	중이염	②	눈	보청기
③	콘택트렌즈	눈	④	할머니	임금님

 ② 신체기관과 그 기능을 도와주는 도구와의 관계이다.

Answer ┌→ 56.④ 57.① 58.④ 59.③ 60.② 61.②

62

> 극장 : (A) = (B) : 수업

A	B		A	B
① 영화	학교		② 배우	학생
③ 입장권	학원		④ 연극	선생님

 극장에서는 영화를 상영하고, 학교에서는 수업을 한다.

63

> (A) : 매화 = 규중칠우 : (B)

A	B		A	B
① 국화	가위		② 선비	다리미
③ 동양화	비단		④ 사군자	골무

 사군자 … 동양화에서 고결함을 상징으로 하는 문인화의 대표적 소재인 매화, 난초, 국화, 대나무를 그린 그림 또는 그 소재
규중칠우 … 부녀자가 바느질을 하는 데 필요한 침선의 7가지 물건인 바늘, 실, 골무, 가위, 자, 인두, 다리미

64

> 명태 : (A) = (B) : 개호주

A	B		A	B
① 동태	망아지		② 간자미	강아지
③ 노가리	호랑이		④ 무녀리	부룩소

 ③ 물고기 또는 짐승의 이름과 그 새끼의 이름이 짝지어진 관계이다.

65

> 연대 : (A) = 모방 : (B)

    A   B   A   B

① 모임   창조   ② 개인   모조

③ 단체   흉내   ④ 모임   처방

 '연대'란 '여럿이 함께 무슨 일을 하거나 함께 책임을 짐'을 뜻하는 말로, '단체'와 비슷한 말이다. '모방'이란 '다른 것을 본뜨거나 본받음'을 뜻하는 말로 '흉내'와 비슷한 말이다.

▌66~75▐ 다음 중 단어의 관계가 다른 것을 고르시오.

66 ① 밀 : 곡식   ② 소설 : 문학

      ③ 장롱 : 가구   ④ 숯 : 나무

 ①②③ 상하관계이다.

67 ① 성공 : 노력   ② 타인 : 생각

      ③ 인재 : 육성   ④ 학생 : 교육

 ②③④ 목적어와 술어관계가 된다.

68 ① 식기 : 나이프   ② 스포츠 : 야구

      ③ 처제 : 매형   ④ 웃음 : 미소

 ①②④ 포함관계
      ③ 처제 : 아내의 여자 동생을 이르거나 부르는 말
          매형 : 손위 누이의 남편을 이르거나 부르는 말

Answer⤵ 62.① 63.④ 64.③ 65.③ 66.④ 67.① 68.③

69 ① 붓 : 서예   ② 도토리 : 묵

③ 밀가루 : 빵   ④ 황토 : 도자기

 ②③④ 재료와 완성품의 관계이다.

70 ① 으하하 : 으허허   ② 아장아장 : 어정어정

③ 사박사박 : 서벅서벅 ④ 우글쭈글 : 오글쪼글

 ①②③ 오른쪽 단어는 왼쪽 단어의 큰말이다.
④ 왼쪽 단어가 큰말이다.

71 ① 빵 : 식량   ② 백합 : 순결

③ 나무 : 종이   ④ 비둘기 : 평화

 ③ 원재료와 가공품의 관계다.
①②④ 원관념과 보조관념의 관계, 즉 상징법을 나타내고 있다.

72 ① 작가 : 저술   ② 가수 : 노래

③ 재판관 : 구형   ④ 학생 : 공부

 ③ 직업에 따라 하는 일을 나타낸 것인데 재판관은 선고를 한다.
※ **구형(求刑)** … 형사 재판에서 피고에게 어떠한 형벌을 주기를 검사가 판사에게 요구함을
이르는 말이다.

73 ① 공자 : 인(仁)   ② 맹자 : 예(禮)

③ 노자 : 무위자연   ④ 순자 : 성선설

 ④ 중국의 사상가들과 그들이 주장한 것을 나타내는 관계인데 순자는 성악설을 주장하였다.

74　① 앨범 : 사진　　　　　　② 빨래 : 세탁기

　　　③ 책 : 책꽂이　　　　　　④ 칼 : 칼집

　②③④는 왼쪽을 오른쪽에 넣을 수 있는 관계인데 ①은 순서가 바뀌어 있다.

75　① 대장장이 : 망치 : 목수　　② 기술자 : 트랙터 : 농부

　　　③ 디자이너 : 의상 : 모델　　④ 레스토랑 : 음식 : 식객

　④ 레스토랑은 음식을 만든 사람이 될 수 없다.
　　①②③ '만든 사람 – 만든 물건 – 사용자'의 관계가 된다.

┃76~80┃ 단어의 상관관계가 나머지 셋과 다른 것을 고르시오.

76　① 노을　　　　　　　　　② 먹구름

　　　③ 이슬비　　　　　　　　④ 소나기

　① 노을은 '해가 뜰 무렵이나 질 무렵에 공중의 수증기가 햇빛을 받아 하늘이 벌겋게 보이는 현상'이며 나머지 보기들은 비와 관계된다.

77　① 춘원　　　　　　　　　② 흙

　　　③ 화수분　　　　　　　　④ 무정

　③ 「화수분」은 전영택의 소설이다. 춘원은 이광수의 호이며 그의 주요 저서에는 「흙」, 「무정」 등이 있다.

78　① 행주대첩　　　　　　　② 귀주대첩

　　　③ 한산대첩　　　　　　　④ 진주대첩

　　　② 귀주대첩은 고려시대에 거란의 침략을 물리친 것이고, 나머지 보기는 왜적의 침입과 관련된 것이다.

Answer ☞ 69.① 70.④ 71.③ 72.③ 73.④ 74.① 75.④ 76.① 77.③ 78.②

79　① 숭례문　　　　　　　　② 돈의문

　　③ 혜화문　　　　　　　　④ 홍지문

 서울의 4대문 … 홍인지문(동대문), 돈의문(서대문), 숭례문(남대문), 홍지문(북대문)

80　① 정선　　　　　　　　　② 신윤복

　　③ 황희　　　　　　　　　④ 이중섭

 ③은 유학자이며 나머지 보기들은 화가이다.

81　다음 빈칸에 들어갈 도형은 어떤 모양인가?

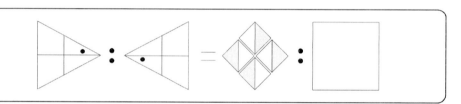

① 　　　　　　　②

③ 　　　　　　　④

 ③ 두 그림의 관계는 180° 회전관계이다.

┃82~88┃ 다음 도형들의 일정한 규칙을 찾아 ? 표시된 부분에 들어갈 도형을 찾으시오.

82

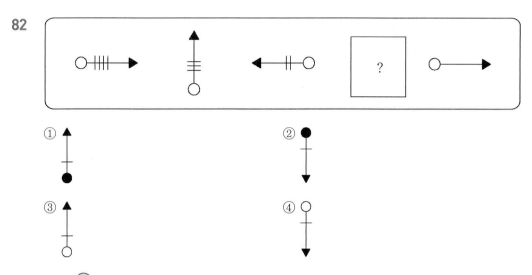

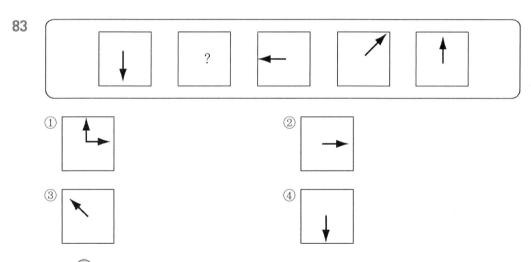

84

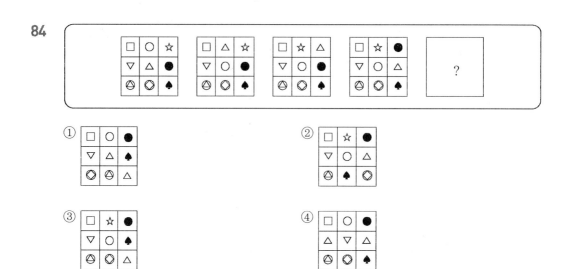

① △ 도형이 시계방향으로 인접한 부분의 도형과 자리를 바꾸어 가면서 이동하고 있다.

③ △ 도형이 시계방향으로 인접한 부분의 도형과 자리를 바꾸어 가면서 이동하고 있다.

85

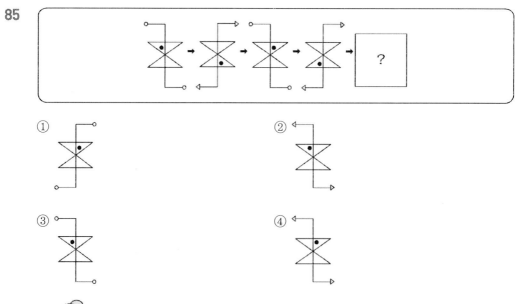

③ 제시된 도형의 경우 첫 번째, 세 번째와 두 번째, 네 번째 도형으로 나누어 생각할 수 있다. 첫 번째, 세 번째 도형의 경우 모양은 같은 채 삼각형에 있는 검은색 원의 위치만 바뀌고 있으므로 다섯 번째에는 검은색 원이 왼쪽에 위치해야 한다.

86

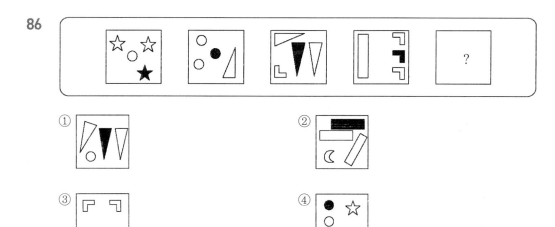

(Tip) ② 제시된 문제는 도형의 종류와 그 수가 많아 법칙성을 찾기 어렵지만 잘 확인해보면, 처음 제시된 도형 중 하나만 제시된 것이 다음에서 다시 세 개로 변하고 있으며 세 개 중에 하나는 검은색이 된다.

87

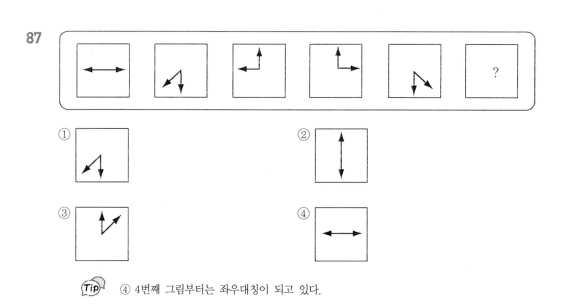

(Tip) ④ 4번째 그림부터는 좌우대칭이 되고 있다.

Answer → 84.③ 85.③ 86.② 87.④

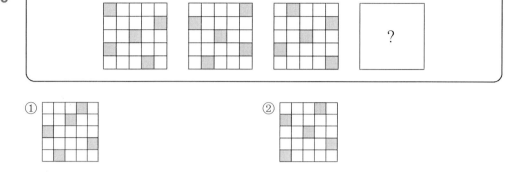

88

①

②

③

④

(Tip) ② 좌우대칭, 상하대칭의 순서로 번갈아가면서 바뀌고 있다.

┃89~90┃ 제시된 도형을 아래의 [변환]규칙과 [비교]규칙에 따라 변형시킨다고 할 때, ?에 들어갈 도형으로 알맞은 것을 고르시오.

[변환]

▷▷ 1열과 3열을 교환

▽▽ 1행과 3행을 교환

◉ 가운데를 기준으로 시계방향으로 한칸씩 이동

▶◀ 1열을 3열로 복제

[비교]

☆ 해당 칸의 최초 도형과 '모양'을 비교

▼ 해당 칸의 최초 도형과 모양이 같으면 1행씩 아래로 이동

▶ 해당 칸의 최초 도형과 모양이 다르면 1열씩 오른쪽으로 이동

★ 해당 칸의 최초 도형과 '색깔'을 비교

● 해당 칸의 최초 도형과 색깔이 같으면 해당 행 색 반전

◎ 해당 칸의 최초 도형과 색깔이 다르면 해당 열 색 반전

89

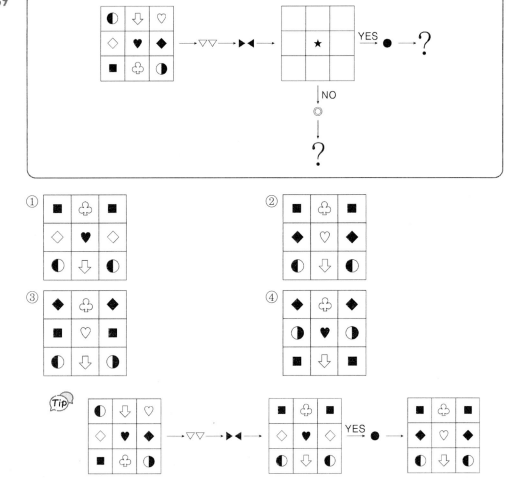

①
②
③
④

90

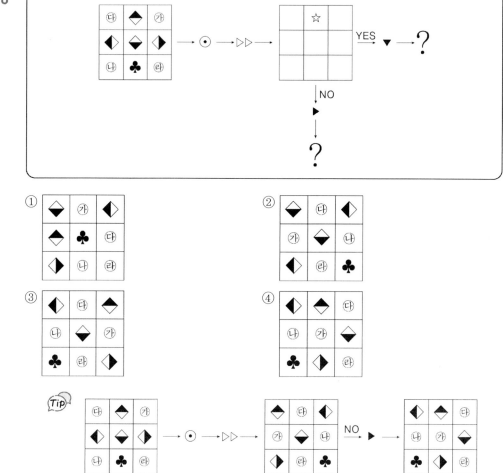

①

②

③

④

▌1~10▐ 다음 주어진 두 문자가 서로 일치하면 ①, 다르면 ②를 선택하시오.

1

いまのこころはきえない	いまのこころはきえない

① 같다 　　　　　　　　　　② 다르다

 두 문자는 서로 일치한다.

2

servameservabote	servameservavote

① 같다 　　　　　　　　　　② 다르다

 servameserva<u>b</u>ote − servameserva<u>v</u>ote

3

히토미오토지떼키미오에가쿠요	히토미오토지테키미오에가쿠요

① 같다 　　　　　　　　　　② 다르다

 히토미오토지<u>떼</u>키미오에가쿠요 − 히토미오토지<u>테</u>키미오에가쿠요

Answer「→ 90.④ / 1.① 2.② 3.②

4

ㄱㄴㅎㅍㅈㅇㅅㅂㄷㅁㅊ　　　　　　　ㄱㄴㅎㅍㅈㅇㅅㅂㄷㅁㅊ

① 같다　　　　　　　　② 다르다

Tip　두 문자는 서로 일치한다.

5

아라라라라아아라다아시라　　　　　　아라라라라아하라다아시라

① 같다　　　　　　　　② 다르다

Tip　아라라라라아아라다아시라 – 아라라라라아하라다아시라

6

ㄴㄴ ㄸ ㅄㄳ ㄹㄷ ㅀ ㅁㅇ ㄼ ㅃ ㅌㄽ ㄳㅄ　　　　ㄴㄴ ㄸ ㅄㄳ ㄹㄷ ㅀ ㅁㅇ ㄼ ㅃ ㅌㄽ ㄳㅄ

① 같다　　　　　　　　② 다르다

Tip　두 문자는 서로 일치한다.

7

하늘이무너져도솟아날구멍은있다　　　　하늘이무너져도솔아날구멍은있다

① 같다　　　　　　　　② 다르다

Tip　하늘이무너져도솟아날구멍은있다 – 하늘이무너져도솔아날구멍은있다

8

◁ ◀ ♧ ♠ ◑ ▣ ◐ ♡ ♥ ▷ ▶ ♧ ♣   ◁ ◀ ♧ ♠ ◑ ▣ ◐ ♡ ♥ ▷ ▶ ♧ ♧

① 같다   ② 다르다

 ◁ ◀ ♧ ♠ ◑ ▣ ◐ ♡ ♥ ▷ ▶ <u>♧</u>♣ – ◁ ◀ ♧ ♠ ◑ ▣ ◐ ♡ ♥ ▷ ▶ <u>♧</u>♧

9

(f)(d)(h)(j)(k)(z)(x)(t)(u)(o)(P)(l)(m)   (f)(d)(h)(j)(k)(z)(x)(t)(u)(o)(P)(l)(m)

① 같다   ② 다르다

 두 문자는 서로 일치한다.

10

3813920푸르뎅뎅4591   3813920푸르뎅뎅4591

① 같다   ② 다르다

 두 문자는 서로 일치한다.

Answer ┌→ 4.① 5.② 6.① 7.② 8.② 9.① 10.①

❙11~16❙ 다음 짝지은 문자·숫자 또는 기호 중에서 서로 다른 것을 찾으시오.

11 ① 11101100011101011 — 11101100011101011
② 1110101001101011 — 1110101001101011
③ 10000010000101011 — 10000010000101011
④ 10101101111100100 — 10101101111101000

 ④ 10101101111100100 — 10101101111101000

12 ① ADOUVWXTVN — ADOUVWXTVN
② STUVZNMOBNDT — STUVZNMOBNDT
③ CNNMANTBOV — CNNMANTBDV
④ HAHAHAAHAH — HAHAHAAHAH

 ③ CNNMANTBOV — CNNMANTBDV

13 ① 츄코츄코카쾨퇴멍경굉 — 츄코츄코카쾨틔멍경굉
② 푸르딩딩컹콩크몽트치 — 푸르딩딩컹콩크몽트치
③ 푸쿠푸트동키논딩난랑 — 푸쿠푸트동키논딩난랑
④ 하르랑크트프로호링타 — 하르랑크트프로호링타

 ① 츄코츄코카쾨퇴멍경굉 — 츄코츄코카쾨틔멍경굉

14 ① ◇○□◎◁◁□▣ − ◇○□◎◁◁□▣

② ◈◎▣□○▷△□ − ◈◎▣□○▷▽□

③ △▽□○▣△◁◎ − △▽□○▣△◁◎

④ ◎▶◁■□○△ − ◎▶◁■□○△

Tip ② ◈◎▣□○▷<u>△</u>□ − ◈◎▣□○▷<u>▽</u>□

15 ① 鴉廩跢睴羌 − 鴉廩跢睴羌

② 釪漓拏懶絊 − 釪漓拏懶絊

③ 砵鮶譺颾躒 − 砵鮶譺颾鱳

④ 考覦韗齛恦 − 考覦韗齛恦

Tip ③ 砵鮶譺颾<u>躒</u> − 砵鮶譺颾<u>鱳</u>

16 ① 31526279532 − 31526279532

② pneumoconiosis − pneumoconiocis

③ millennium − millennium

④ 가갸거겨고교구규 − 가갸거겨고교구규

Tip ② pneumoconio<u>s</u>is − pneumoconio<u>c</u>is

Answer 11.④ 12.③ 13.① 14.② 15.③ 16.②

17

I. $ABГΔE$	II. $ΣTΥΦX$
III. $ωτυφχψ$	IV. $αβγδε$

① I. $ABГE$
② II. $Σζ ΥΦX$
③ III. $ωτυφχψ$
④ IV. $αβγδε$

 ② II. $Σζ ΥΦX$

18

I. $μℓmℓdℓℓ$ cccm²$μ$W	II. m²ha$μ$gmgpAktpAnA
III. $μ$VkWmwHz$Ω$ pF$μ$F	IV. pF$μ$FKPₐPₐGPₐwb$ℓ$x

① I. $μℓmℓℓ$ cc$μ$W
② II. ha$μ$gmgktnA
③ III. $μ$WmwHzpF$μ$F
④ IV. $μ$FMWGPₐwb$ℓ$x

 ④ IV. $μ$FMWGPₐwb$ℓ$x

19

$$π ρ ςδ ε ξ ι ϊ$$

① $π ρ ςδ ε ξ ι ϊ$
② $ϊι δ ε ξ ςρ π$
③ $ϊξ ι ςδ ε ρ π$
④ $ϊι ξ ε δ ςρ π$

(Tip) $ϊ - ι - ξ - ε - δ - ς - ρ - π$

20

10100111001000011101

① 10111001010011100101　　　　② 11011000010011100101

③ 10011000010011100101　　　　④ 10111000010011100101

 1-0-1-1-1-0-0-0-0-0-1-0-0-1-1-1-0-0-1-0-1

21

캔쿠탄큰굉돔달권쵸닝

① 닝쵸권달굉돔큰탄쿠캔　　　　② 닝쵸컨달동굉큰쿠탄캔

③ 닝쵸권달돔굉큰탄쿠캔　　　　④ 닝쵸권달돔굉탄큰쿠캔

 닝-쵸-권-달-돔-굉-큰-탄-쿠-캔

22

楹鯗蹴嘔麈轡梛購郵陞

① 陞郵購轡梛麈嘔蹴鯗楹　　　　② 陞郵購梛轡麈嘔蹴鯗楹

③ 陞郵購梛轡麈嘔鯗蹴楹　　　　④ 陞郵購梛轡嘔麈蹴鯗楹

 陞-郵-購-梛-轡-麈-嘔-蹴-鯗-楹

┃23~30┃ 다음 주어진 두 문자에서 다른 곳의 개수를 고르시오.

23

Bees are living in the hive	Bees are living in the live

① 없음 ② 1개
③ 2개 ④ 3개

Tip Bees are living in the hive – Bees are living in the live

24

1531215684684652	1521275684664653

① 1개 ② 2개
③ 3개 ④ 4개

Tip 1531215684684652 – 1521275684664653

25

사⚅세으로⚄⚂나하랑⚃되는상⚀	상⚃세으로⚄⚁나랑하⚃되는삶⚀

① 4개 ② 5개
③ 6개 ④ 7개

Tip 사⚅세으로⚄⚂나하랑⚃되는상⚀ – 상⚃세으로⚄⚁나랑하⚃되는삶⚀

26

◐◓◒◎●◶▣◈◎◲◳◭	◐◓◑⊙●◴▣◈⊙◲◱◭

① 4개 ② 5개
③ 6개 ④ 7개

Tip ◐◓◒◎●◶▣◈◎◲◳◭ – ◐◓◑⊙●◴▣◈⊙◲◱◭

27

> Love will find a way   Love wild find a wav

① 없음
② 1개
③ 2개
④ 3개

(Tip) Love wil<u>l</u> find a wa<u>y</u> – Love wil<u>d</u> find a wa<u>v</u>

28

> 손○이요이가○○손에가   손○이요이가○○손에가

① 없음
② 1개
③ 2개
④ 3개

(Tip) 주어진 두 문장은 모두 같다.

29

> 100101110101110101   101101111001110001

① 1개
② 2개
③ 3개
④ 4개

(Tip) 10<u>0</u>10111<u>0</u>1<u>0</u>111<u>0</u>101 – 10<u>1</u>10111<u>1</u>0<u>0</u>111<u>0</u>001

30

> Negligence is a crime   Negligance is a crine

① 1개
② 2개
③ 3개
④ 4개

(Tip) Neglig<u>e</u>nce is a cri<u>m</u>e – Neglig<u>a</u>nce is a cri<u>n</u>e

Answer ☞ 23.② 24.④ 25.③ 26.② 27.③ 28.① 29.④ 30.②

┃ 다음 제시된 보기와 다른 것을 고르시오.

31

> 抱腹絕倒(포복절도)

① 抱腹絕倒(포복절도)　　　　② 抱腹絕到(포복절도)

③ 抱腹絕倒(포복절도)　　　　④ 抱腹絕倒(포복절도)

 ② 抱腹絕**到**(포복절도)

32

> ◆◎■▨○◪△▥◿

① ◆◎■▨○◪△▥◿　　　　② ◆◎■▧○◪△▥◿

③ ◆◎■▨○◪△▥◿　　　　④ ◆◎■▨○◪△▥◿

 ② ◆◎■▧○◪△▥◿

33

> No sweet without sweat.

① No sweet without sweet.　　② No sweet without sweat.

③ No sweet without sweat.　　④ No sweet without sweat.

 ① No sweet without swe**e**t.

┃34~35┃ 다음 제시된 보기와 같은 것을 고르시오.

34

> ГЕЖИКМОРТФЦШЪ

① ГЕЖИКМОРТФЦИЪ
② ГЁЖИКМОРТФЦШЪ
③ ГЕЖИКМОРТФЦШЪ
④ ГЕЖЦКМОРТФЦШЪ

① ГЕЖИКМОРТФЦ**И**Ъ
② Г**Ё**ЖИКМОРТФЦШЪ
④ ГЕЖ**Ц**КМОРТФЦШЪ

35

> ∩∨≦≥∉≧≲𝒟∁≮

① ∩∨≦≥∉≧≳𝒟∁≮
② ∩∨≦≥∉≧≲𝒟∁≮
③ ∩∨≦≥∉≧≲≯∁≮
④ ∩∪≦≥∉≧≲𝒟∁≮

① ∩∨≦≥∉≧**≳**𝒟∁≮
③ ∩∨≦≥∉≧≲**≯**∁≮
④ ∩**∪**≦≥∉≧≲𝒟∁≮

집념 채용 연구 항공 경영 그룹 지탄 윤리 투자
항공 금호 선행 품질 금지 집념 채용 금연 윤리
혁신 금방 금연 창업 성실 창업 목적 집념 기술
연구 건설 채용 운송 금호 문화 금수 인재 금방
열정 연구 레저 경영 채용 화학 인재 투자 열정
건설 핵심 건설 인재 조직 건설 열정 집념 인재
경영 화학 인재 지향 가치 문화 창업 금지 윤리
화학 금호 항공 인재 항공 열정 인재 채용 금호

36

금호

① 3개   ② 4개

③ 5개   ④ 6개

집념 채용 연구 항공 경영 그룹 지탄 윤리 투자
항공 **금호** 선행 품질 금지 집념 채용 금연 윤리
혁신 금방 금연 창업 성실 창업 목적 집념 기술
연구 건설 채용 운송 **금호** 문화 금수 인재 금방
열정 연구 레저 경영 채용 화학 인재 투자 열정
건설 핵심 건설 인재 조직 건설 열정 집념 인재
경영 화학 인재 지향 가치 문화 창업 금지 윤리
화학 **금호** 항공 인재 항공 열정 인재 채용 **금호**

37

채용

① 2개   ② 3개

③ 4개   ④ 5개

집념 채용 연구 항공 경영 그룹 지탄 윤리 투자
항공 금호 선행 품질 금지 집념 채용 금연 윤리
혁신 금방 금연 창업 성실 창업 목적 집념 기술
연구 건설 채용 운송 금호 문화 금수 인재 금방
열정 연구 레저 경영 채용 화학 인재 투자 열정
건설 핵심 건설 인재 조직 건설 열정 집념 인재
경영 화학 인재 지향 가치 문화 창업 금지 윤리
화학 금호 항공 인재 항공 열정 인재 채용 금호

Answer ↱ 36.② 37.④

38 다음에 주어진 두 지문에서 서로 다른 곳이 몇 군데인지 고르면?

> 금호고속은 2014년 하반기 대한민국 세종대왕 나눔 봉사 대상 시상식에서 대상을 수상하였다. 한국국제연합봉사단이 주관하고 외교부, 국방부 등 다수의 단체가 후원하는 대한민국 세종대왕 나눔 봉사 대상은 국가와 지역사회 발전에 기여하고 공이 큰 분들을 격려하고 아름다운 사랑의 봉사와 따뜻한 나눔 문화의 확산에 기여하고자 제정되었다.
> 금호고속은 2002년부터 인근 복지단체와 함께 독거노인을 대상으로 한 도시락 배달과 장애인과 함께하는 일일투어의 행사를 진행하고 1촌 자매결연을 통해 농가에 노력봉사 및 특산품 홍보를 전개하여 어려운 이웃과 소외된 계층을 위한 봉사와 나눔을 실천해 사회발전과 국민화합에 기여한 점을 인정받아 수상하게 되었다.

> 금호고속은 2014년 상반기 대한민국 세종대왕 나눔 봉사 대상 시상식에서 대상을 수상하였다. 한국국제연합봉사단이 주관하고 외무부, 국방부 등 다수의 단체가 후원하는 대한민국 세종대왕 나눔 봉사 대상은 국가와 지역사회 발전에 기여하고 공이 큰 분들을 격려하고 아름다운 사랑의 봉사와 따뜻한 나눔 문화의 확산에 기여하고자 제정되었다.
> 금호고속은 2002년부터 인근 복지단체와 함께 독거노인을 대상으로 한 도시락 배달과 장애우과 함께하는 일일투어의 행사를 진행하고 1촌 자매결연을 통해 농가에 노력봉사 및 특산물 홍보를 전개하여 어려운 이웃과 소외된 계층을 위한 봉사와 나눔을 실천해 사회발전과 국민화합에 기여한 점을 인정받아 수상하게 되었다.

① 5군데
② 4군데
③ 3군데
④ 2군데

금호고속은 2014년 **상반기** 대한민국 세종대왕 나눔 봉사 대상 시상식에서 대상을 수상하였다. 한국국제연합봉사단이 주관하고 **외무부**, 국방부 등 다수의 단체가 후원하는 대한민국 세종대왕 나눔 봉사 대상은 국가와 지역사회 발전에 기여하고 공이 큰 분들을 격려하고 아름다운 사랑의 봉사와 따뜻한 나눔 문화의 확산에 기여하고자 제정되었다.
금호고속은 2002년부터 인근 복지단체와 함께 독거노인을 대상으로 한 도시락 배달과 **장애우**과 함께하는 일일투어의 행사를 진행하고 1촌 자매결연을 통해 농가에 노력봉사 및 **특산물** 홍보를 전개하여 어려운 이웃과 소외된 계층을 위한 봉사와 나눔을 실천해 사회발전과 국민화합에 기여한 점을 인정받아 수상하게 되었다.

▌39~40 ▌ 다음 제시된 글을 보고 물음에 답하시오.

자본 구조가 기업의 가치와 무관하다는 명제로 표현되는 모딜리아니－밀러 이론은 완전 자본 시장 가정, 곧 자본 시장에 불완전성을 가져올 수 있는 모든 마찰 요인이 전혀 없다는 가정에 기초한 자본 구조 이론이다. 이 이론에 따르면, 기업의 영업 이익에 대한 법인세 등의 세금이 없고 거래 비용이 없으며 모든 기업이 완전히 동일한 정도로 위험에 처해 있다면, 기업의 가치는 기업 내부 여유 자금이나 주식 같은 자기 자본을 활용하든지 부채 같은 타인 자본을 활용하든지 간에 어떤 영향도 받지 않는다. 모딜리아니－밀러 이론은 현실적으로 타당한 이론을 제시했다기보다는 현대 자본 구조 이론의 출발점을 제시하였다는 데 중요한 의미가 있다.

---

39 위 글에서 '자본'이라는 단어는 몇 번 나오는가?

① 5번 　　　　　　　　　　② 6번

③ 7번 　　　　　　　　　　④ 8번

 자본 구조가 기업의 가치와 무관하다는 명제로 표현되는 모딜리아니－밀러 이론은 완전 **자본** 시장 가정, 곧 **자본** 시장에 불완전성을 가져올 수 있는 모든 마찰 요인이 전혀 없다는 가정에 기초한 **자본** 구조 이론이다. 이 이론에 따르면, 기업의 영업 이익에 대한 법인세 등의 세금이 없고 거래 비용이 없으며 모든 기업이 완전히 동일한 정도로 위험에 처해 있다면, 기업의 가치는 기업 내부 여유 자금이나 주식 같은 자기 **자본**을 활용하든지 부채 같은 타인 **자본**을 활용하든지 간에 어떤 영향도 받지 않는다. 모딜리아니－밀러 이론은 현실적으로 타당한 이론을 제시했다기보다는 현대 **자본** 구조 이론의 출발점을 제시하였다는 데 중요한 의미가 있다

40 위의 글은 총 몇 문장으로 이루어져 있는가?

① 3문장 　　　　　　　　　② 4문장

③ 5문장 　　　　　　　　　④ 6문장

 총 3문장으로 이루어져 있다.

Answer ⟶ 38.② 39.③ 40.①

05 분석판단능력

┃1~3┃ 주어진 진술로부터 반드시 참이 되는 결론만을 고르시오.

1

• 계획적인 사람은 시간을 허투루 쓰지 않는다.
• 자유로운 사람은 스트레스를 받지 않는다.
• 시간을 허투루 쓰지 않는 사람은 일을 잘한다.
• 스트레스를 받는 사람은 건강한 사람이 아니다.

㉠ 자유로운 사람은 건강한 사람이다.
㉡ 일을 잘하지 못하는 사람은 계획적인 사람이 아니다.
㉢ 건강한 사람도 스트레스를 받을 때가 있다.
㉣ 일을 잘하는 사람은 시간을 허투루 쓰지 않는다.

① ㉠   ② ㉡
③ ㉠㉡   ④ ㉡㉢㉣

 제시된 진술로부터 '계획적인 사람→시간을 허투루 쓰지 않음→일을 잘함(㉡의 대우)'의
결론을 도출할 수 있다.

2

> • 모든 A는 흰색이고 시끄럽다.
> • 어떤 B는 검은색이고 작다.
> • 모든 흰색은 귀엽다.
> • 어떤 흰색은 크다.

> ㉠ 어떤 B는 시끄럽다.   ㉡ 어떤 A는 크다.
> ㉢ 모든 B는 귀엽지 않다.   ㉣ 모든 A는 귀엽다.

① ㉡   ② ㉣

③ ㉢㉣   ④ ㉠㉡㉣

 ㉡ 모든 A는 흰색이고, 어떤 흰색은 크다. 그러나 모든 A가 어떤 흰색에 포함되지 않을 수 있으므로 반드시 참이 되지 않는다.

㉣ 모든 A는 흰색이고, 모든 흰색은 귀여우므로 '모든 A는 귀엽다'는 결론은 반드시 참이 된다.

3

> • A기업에 다니는 사람은 모두 영어를 잘 한다.
> • B어학원에 다니는 사람 중 일부는 A기업에 취직했다.
> • 미정이는 B어학원에 다녔다.

> ㉠ 미정이는 A기업에 취직했다.
> ㉡ 영어를 잘 하지 못하면 A기업에 다니는 사람이 아니다.
> ㉢ B어학원에 다니는 어떤 사람은 영어를 잘 한다.

① ㉠   ② ㉢

③ ㉡㉢   ④ ㉠㉡㉢

 ㉡ 첫 번째 진술의 대우명제이다. 어떤 명제가 참일 때, 그 명제의 대우는 반드시 참이 된다.

㉢ B어학원에 다니는 사람 중 일부는 A기업에 취직했고, A기업에 다니는 모든 사람은 영어를 잘하므로, 'B어학원에 다니는 어떤 사람은 영어를 잘 한다'는 결론은 반드시 참이 된다.

Answer → 1.② 2.② 3.③

4 다음 글의 내용이 모두 참일 때, 반드시 거짓인 것은?

> 귀여운 애완동물들 중에서 똑똑한 고양이는 모두 인기가 많다. 똑똑한 애완동물들 중에서 귀여운 강아지는 모두 인기가 많다. "인기가 많지 않지만 착한 강아지가 있다."라는 말은 거짓이다. 뭉이는 착하지 않지만 똑똑한 고양이이다. 둥이는 인기는 많지 않지만 귀여운 강아지이다. 강아지든 고양이든 당연히 애완동물이다.

① 둥이는 똑똑하지 않다.
② 둥이는 착하거나 똑똑하다.
③ 똑똑하지만 착하지 않은 애완동물이 있다.
④ 뭉이가 인기가 많지 않다면 뭉이는 귀엽지 않다.

 ① 똑똑한 애완동물들 중에서 귀여운 강아지는 모두 인기가 많은데 둥이는 인기가 많지 않으므로 똑똑하지 않다.
② 인기가 많지 않지만 착한 강아지가 있다는 말은 거짓이다. 둥이는 인기가 많지 않은 강아지이므로 둥이가 착한 강아지라는 말은 거짓이다.
③ 뭉이는 착하지 않지만 똑똑한 고양이이므로 참이다.
④ 귀여운 애완동물들 중에서 똑똑한 고양이는 모두 인기가 많은데 뭉이는 똑똑한 고양이이다. 뭉이가 인기가 많지 않다면 뭉이는 귀엽지 않다.

5 다음의 두 명제가 참일 때 성립하는 것은?

> • 강아지를 좋아하는 사람은 자연을 좋아한다.
> • 나무를 좋아하는 사람은 자연을 좋아한다.

① 나무를 좋아하지 않는 사람은 강아지를 좋아한다.
② 자연을 좋아하는 사람은 강아지도 나무도 좋아한다.
③ 강아지를 좋아하는 사람은 나무를 좋아하지 않는다.
④ 자연을 좋아하지 않는 사람은 강아지도 나무도 좋아하지 않는다.

 명제가 참이면 대우도 반드시 참이다. 따라서 '강아지를 좋아하는 사람과 나무를 좋아하는 사람은 자연을 좋아한다'의 대우인 '자연을 좋아하지 않는 사람은 강아지도 나무도 좋아하지 않는다'는 참이다.

6 다음에서 반드시 고려해야 할 사항임에도 불구하고 간과된 것은?

> 대부분의 한국인들은 영어로 대화하는 데에 불편함을 느낀다. 따라서 영국에 주영대사로 새로 부임하게 되는 외교관 K씨가 영어로 대화하는 데 불편을 느낄 것이다.

① 한국어의 어순과 영어의 어순은 다르다.
② 대부분의 한국인들은 불어로 말하는 데도 불편을 느낀다.
③ 대부분의 한국인들은 독어로 말하는 데 불편을 느끼지 않는다.
④ 외교관으로 일하는 한국인은 대부분 영어로 말하는 데 불편을 느끼지 않는다.

 외교관은 지문에서 언급한 '대부분의 한국인'에 속한다고 보기 어렵다.

7 다음의 논증이 타당하려면 반드시 보충되어야 할 전제는?

> M방송국이 월드컵 중계방송을 하지 않는다면 K방송국이 월드컵 중계방송을 한다. K방송국과 S방송국이 동시에 월드컵 중계방송을 하는 일은 있을 수 없다. 그러므로 M방송국이 월드컵 중계방송을 한다.

① S방송국이 월드컵 중계방송을 한다.
② K방송국이 월드컵 중계방송을 한다.
③ K방송국이나 S방송국이 월드컵 중계방송을 한다.
④ S방송국이 월드컵 중계방송을 하지 않으면 K방송국이 월드컵 중계방송을 한다.

 각 방송국별로 중계방송을 하는 경우를 K, M, S라 표기하고 중계방송을 하지 않는 경우를 ~로 나타내면, 위의 논증은 다음과 같이 요약된다.
~M→K, ~(K and S), ∴ M
~M→K의 대우인 ~K→M이 성립하는데, ~(K and S)=~K or ~S이므로, M이 성립하기 위해서는 ~(~S)=S가 추가적으로 필요하다.

Answer 4.② 5.④ 6.④ 7.①

8 다음 글로 미루어 비행기가 로스앤젤레스 공항에 도착할 때 현지 시각은?

> 로스앤젤레스는 인천보다 11시간이 느리다. 비행기로 인천공항에서 로스앤젤레스 공항까지 11시간이 소요된다. 비행기는 10월 10일 오전 9시에 인천공항을 출발하였다.

① 10월 10일 오전 8시
② 10월 10일 오전 9시
③ 10월 10일 오후 8시
④ 10월 11일 오전 7시

 로스앤젤레스는 인천보다 11시간이 느리다고 하였으므로 비행기 출발 당시 로스앤젤레스의 현지 시각은 10월 9일 오후 10시이다. 이로부터 11시간 후에 비행기가 로스앤젤레스 공항에 도착하게 되므로, 비행기 도착 시 현지 시각은 10월 10일 오전 9시가 된다.

9 A, B, C, D가 시장에서 네 종류의 과일을 샀다. 그에 대한 사실이 다음과 같을 때, 추론한 것으로 반드시 참인 것은?

> • A는 사과, C는 포도, D는 딸기를 샀다.
> • B는 귤을 사지 않았다.
> • A가 산 과일은 B도 샀다.
> • A와 C는 같은 과일을 사지 않았다.
> • A, B, C, D는 각각 2종류 이상의 과일을 샀다.

① B는 사과를 사지 않았다.
② B와 C가 공통으로 산 과일이 있다.
③ C는 사지 않았지만 D가 산 과일이 있다.
④ 3명이 공통으로 산 과일은 없다.

 ③ 네 종류의 과일 중 A, B, C, D는 각각 2종류 이상의 과일을 샀고 A와 C는 같은 과일을 사지 않았으므로 A와 C는 각 2종류씩의 과일을 샀다. A는 귤을 사지 않았으므로(B가 사지 않은 과일은 A도 사지 않았다, 세 번째 사실의 대우) C는 포도와 귤을 샀다. C는 딸기를 사지 않았지만 D는 딸기를 샀다. 따라서 ③이 옳은 문장이 된다.

10 A그룹은 신입사원 갑동, 을숙, 병준, 정수, 무창과 경력사원 기호, 경덕, 신혜, 임철을 총무부, 개발부, 인사부에 발령을 내리려고 한다. 이들을 배치하기 위한 조건이 다음과 같을 때, 인사부에 반드시 배치되는 사람은 누구인가?

> • 각 부서에는 반드시 세 명의 사원이 배치되어야 한다.
> • 사원 한 명은 반드시 한 부서에 배치되어야 한다.
> • 각 부서에는 적어도 한 명의 경력사원이 배치되어야 한다.
> • 무창과 기호는 반드시 개발부에 배치되어야 한다.
> • 정수가 총무부에 배치되기 위해서는 경덕도 함께 총무부에 배치되어야 한다.
> • 을숙과 갑동, 기호는 모두 다른 부서이다.
> • 병준과 임철은 반드시 총무부에 배치되어야 한다.
> • 신혜는 경덕과 같은 부서에 배치될 수 없다.

① 갑동 ② 정수
③ 경덕 ④ 신혜

 ㉠ 을숙, 갑동, 기호는 모두 다른 부서인데 기호가 개발부이고 총무부에 빈자리는 한 자리 밖에 없으므로 총무부에는 을숙이나 갑동이 배치된다.
㉡ 신혜와 경덕은 같은 부서에 배치될 수 없는데 개발부에 빈자리는 한 자리 밖에 없으므로 둘 중 한 명이 개발부로 간다.
∴ 총무부와 개발부는 세 명이 모두 찼기 때문에 정수가 갈 수 있는 곳은 인사부뿐이다. 을숙과 갑동은 총무부 또는 인사부에 배치되지만 어딘지 확실히 알 수 없고, 신혜와 경덕은 개발부 또는 인사부에 배치되지만 어딘지 확실히 알 수 없다.

▌11~13 ▌ A, B, C, D, E, F의 각 부서가 6층짜리 건물에 아래의 조건에 따라 배치 받는다고 할 때, 다음 물음에 답하시오(단, 한 층에는 한 부서만이 배치된다).

- A는 5층에 배치된다.
- A, B, C는 같은 층 간격을 갖는다(5, 3, 1층 또는 5, 4, 3층).
- D와 E는 인접하는 층에 배치될 수 없다.
- F는 D보다 위층에 배치된다.

11 다음 중 항상 참이 되는 것은?

① C는 항상 A보다 2층 아래에 위치한다.

② A는 항상 B보다 2층 위에 위치한다.

③ D는 항상 2층에 배치된다.

④ F는 1층에 배치될 수 없다.

 ④ F는 D보다는 위층에 있어야 하므로 적어도 2층 이상에 배치되어야 한다.

12 B부서가 3층에 위치할 때 항상 참이 되는 것은?

① C부서는 1층에 배치된다.

② D부서는 2층에 배치된다.

③ F부서는 6층에 배치된다.

④ E부서는 4층에 배치된다.

 부서가 배치되는 경우는 다음과 같다.

F	E	F
A	A	A
D	F	E
B	B	B
E	D	D
C	C	C

② D부서는 2층 또는 4층에 배치될 수 있다.
③ F부서는 4층 또는 6층에 배치될 수 있다.
④ E부서는 2층, 4층, 6층에 배치될 수 있다.

13 C부서가 3층에 위치할 경우 항상 참이 되는 것은?

① F는 B와 D 사이에 위치한다.

② C는 B의 바로 아래층이다.

③ A와 C는 인접한 층에 위치한다.

④ E의 위층에는 F가 위치한다.

 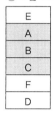 ① F는 C와 D 사이에 위치한다.

③ A와 C는 인접한 층에 위치하지 않는다.

④ F는 E의 아래쪽에 위치한다.

E
A
B
C
F
D

14 갑, 을, 병, 정, 무 다섯 사람은 같은 나라에 사는 귀족과 평민이다. 이 중 두 사람은 귀족이고 세 사람은 평민인데 귀족은 항상 거짓말만하고 평민은 항상 진실만을 말한다. 다음 중 평민인 사람을 모두 고르면?

> 갑 : 정이 평민이면, 병도 평민이다.
> 을 : 병이 귀족이면, 정도 귀족이다.
> 병 : 무가 평민이면, 정도 평민이다.
> 정 : 나는 평민이다.
> 무 : 정은 귀족이다.

① 갑, 을, 병   ② 갑, 을, 무

③ 갑, 병, 정   ④ 을, 병, 정

 ㉠ 정과 무의 발언이 상반되므로 두 사람의 신분은 다르다.

㉡ 갑과 을의 발언은 사실상 같은 말이므로 두 사람의 신분은 같다.

㉢ ㉠과 ㉡에 의해 갑과 을은 무조건 평민이고 병은 귀족이다.

㉣ 정이 평민인 경우 갑과 을의 발언에 의해 병도 평민이 되는데 이는 ㉢과 모순이므로 정은 귀족이다.

∴ 평민은 갑, 을, 무이고, 귀족은 병과 정이다.

Answer ↪ 11.④ 12.① 13.② 14.②

15~25 아래에 주어진 제시문을 통해서 추론할 때 그 다음에 제시된 명제의 참, 거짓, 알 수 없음을 파악하시오.

15

> 현역병이 휴가 중 귀대하다가 폭행사건에 휘말리게 되었다. 처벌을 두려워한 현역병은 사복으로 갈아입고 몰래 부대로 복귀하기 위해 열차를 탔다. 그 열차에는 공군, 육군, 해군, 해병대 소속의 병사들이 2명씩 각각 마주보고 앉아 있었는데 모두 사복으로 갈아입고 있었다. 창 쪽에 앉은 두 사람은 밖의 경치를 보고 있었고 통로 쪽의 두 사람은 책을 보고 있었다.

> 하얀색 티셔츠를 입은 병사와 주황색 티셔츠를 입은 병사가 마주보고 있다.

① 참   ② 거짓   ③ 알 수 없다.

 ③ 사복을 입었다는 단서만 있을 뿐 입고 있는 옷의 색은 알 수 없다.

16

> '사회적 자본과 신뢰의 네트워크' 연구의 일환으로 사회적 자본과 직장인의 금연의 관계를 분석했더니 사회적 자본력이 큰 직장에 다니는 사람이 작은 직장에 다닌 사람보다 금연에 더 잘 성공했다. 사회적 자본이란 인적·물적 자본에 대응되는 개념으로 사회구성원들이 공동의 문제를 해결하는 데 적극적으로 참여하는 사회의 조건 또는 특성을 말한다. 사회적 자본이 높은 조직일수록 공동이익을 위해 상호 조정과 협력을 위해 노력하고 상호 신뢰, 네트워크가 두텁다.

> 의사소통이 자유롭고 협력이 잘 되는 직장에서 근무하면 담배를 더 잘 끊는다.

① 참   ② 거짓   ③ 알 수 없다.

 ① 의사소통이 자유롭고 협력이 잘 되는 것은 사회적 자본력이 큰 것에 해당하므로 참이다.

17

도로명의 구조는 일반적으로 두 개의 부분으로 나누어지는데 앞부분을 전부요소, 뒷부분을 후부요소라고 한다. 전부요소는 대상물의 특성을 반영하여 이름붙인 것이며 다른 곳과 구분하기 위해 명명된 부분이다. 즉, 명명의 배경이 반영되어 성립된 요소로 다양한 어휘가 사용된다. 후부요소로는 '로, 길, 골목'이 많이 쓰인다.

그런데 도로명은 전부요소와 후부요소만 결합한 기본형이 있고, 후부요소에 다른 요소가 첨가된 확장형이 있다. 확장형은 후부요소에 '1, 2, 3, 4…' 등이 첨가된 일련번호형과 '동, 서, 남, 북, 좌, 우, 윗, 아래, 앞, 뒷, 사이, 안, 중앙' 등의 어휘들이 첨가된 방위형이 있다.

'덕수궁뒷길'은 확장형으로서 방위형에 속한다.

① 참　　　　　　　　② 거짓　　　　　　　　③ 알 수 없다.

 ① '덕수궁뒷길'은 후부요소에 다른 요소가 들어가 있으므로 확장형이고, '뒷'이 들어가 있으므로 방위형이다.

18

양적 도상성은 개념의 복잡성 정도가 언어적 재료의 양과 비례하는 경우를 말한다. 가령 복수나 복합어는 단수나 단일어보다 각각 복잡한 개념이며, 따라서 복수나 복합어의 형태는 단수나 단일어의 형태보다 길이가 길다.

순서적 도상성은 시간적 순서나 우선성의 정도가 언어구조에 반영된 경우이다. 가령 "그는 집으로 들어가고 대문을 열었다."가 부자연스럽고 "그는 대문을 열고 집으로 들어갔다."가 자연스러운 것은 순서적 도상성의 측면에서 생각할 수 있다.

거리적 도상성은 개념적 거리와 언어적 거리가 비례 관계를 형성하는 것을 말한다. 가령 '아버지', '할아버지', '외할아버지'는 화자와의 개념적 거리가 멀어짐에 따라 이것이 호칭어의 형태에 반영되어 있음을 알 수 있다.

'건너뛰다'는 거리적 도상성에 어긋나는 언어의 예이다.

① 참　　　　　　　　② 거짓　　　　　　　　③ 알 수 없다.

 '건너뛰다'는 순서적으로 볼 때 '뛰어서 건너다'가 자연스러우므로 순서적 도상성에 어긋나는 언어의 예이다.

Answer → 15.③　16.①　17.①　18.②

19

코스피 시장의 사이드카란 선물거래종목 중 거래량이 가장 많은 종목 가격이 5% 이상 상승 또는 하락한 상태가 1분 이상 지속될 경우 프로그램 매매의 매수(또는 매도)호가의 효력을 5분간 정지시키는 것을 말한다. 정규시장 개장 후 5분전, 마감 전 20분 후에는 발동되지 않는다. 코스피 시장은 사이드카 발동에 필요한 최대 변동폭을 5%로 규정하고 있지만, 코스닥 시장은 6%로 1% 가량 여유가 있다.

'사이드카'는 1일 1회에 한해서만 발동할 수 있다.

① 참   ② 거짓   ③ 알 수 없다.

(Tip) ③ 주어진 제시문을 통해서는 알 수 없는 내용이다.

20

공정거래위원회가 전국에 거주하는 대학생 1,126명을 대상으로 면접조사를 실시한 결과, 조사대상 중 13%가 다단계판매업체와 접촉한 경험이 있는 것으로 집계됐다. 접촉경로는 친구를 통한 접촉이 45%로 가장 높았고 선배(33.3%), 후배(2.1%), 기타(19.4%) 순으로 나타났다. 학년별로는 대학교 1학년(39%), 2학년(37%) 등 저학년 때 접촉 경험이 압도적으로 높은 것으로 조사됐다.

조사 대상 중 약 500여 명의 학생이 다단계판매업체와 접촉한 것으로 드러났다.

① 참   ② 거짓   ③ 알 수 없다.

(Tip) ② 1,126명의 13%는 약 146명이므로 옳지 않다.

21

치매를 좀 더 빨리 진단하면 완치는 되지 않더라도 진행 속도를 늦출 수 있다. 대부분의 초기 증상이 기억력 감퇴로 나타나는데, 건망증과는 구별된다. 건망증은 어떤 사실을 기억하지 못하다가도 힌트를 주면 대부분 금방 기억을 되살리지만, 치매의 기억 장애는 힌트를 줘도 기억을 못하는 경우가 많다.

치매는 앞으로도 완치가 불가능한 질병이다.

① 참   ② 거짓   ③ 알 수 없다.

 ③ 주어진 제시문은 치매와 건망증에 대한 비교를 하고 있다. 치매의 완치여부는 단정할 수 없다.

22

탐내는 바가 있어서 글을 읽는 자는 아무리 읽어도 깨우침이 없다. 그러므로 과거시험에 합격하기 위해 공부를 하는 자는 입술이 썩고 이빨이 문드러질 지경에 이르도록 글을 읽더라도 막상 글 읽기를 멈추면 마치 소경이 입으로는 희고 검은 것을 말하면서도 정작 희고 검은 것을 알지 못하는 것과 마찬가지의 상태가 된다. 그것은 뜻도 모른 채 귀로 듣고 입으로 좔좔 읊조려대는 것에 불과하다. 비유컨대 배가 터지도록 음식을 먹고 다시 토해내 버리는 것이 몸에 아무런 도움을 주지 못할 뿐 아니라 마음에도 해를 끼치는 것과 같다.

어떤 이유에서든 반복적으로 공부를 하는 것은 도움이 되는 일이다.

① 참   ② 거짓   ③ 알 수 없다.

 '탐내는 바가 있어서 글을 읽는 자는 아무리 읽어도 깨우침이 없다'는 첫 문장 및 문단의 전체적 내용으로 볼 때 옳지 않은 지문임을 알 수 있다.

Answer 19.③ 20.② 21.③ 22.②

23

인체 내의 물 중 대략 3분의 2는 세포 안의 공간에 있는 세포내액으로, 나머지는 세포 밖의 공간에 있는 세포외액으로 존재한다. 세포외액은 다시 세포 사이의 공간에 있는 세포간질액과 혈관 안에 있는 혈액으로 구성된다. 세포내액과 세포외액은 세포막이라는 장벽으로 구분되어 있고, 세포막은 물만 통과할 수 있을 뿐 어떤 삼투질도 통과하지 못한다.

인체 구성성분의 60%는 물이다.

① 참   ② 거짓   ③ 알 수 없다.

 주어진 글의 내용으로는 알 수 없는 내용이다.

24

'자연장'의 종류에는 화장한 유골가루를 나무 밑에 묻는 수목형이 대표적이며 화초, 잔디 밑에 묻는 화초형, 잔디형도 있다. 큰 관리가 필요하지 않아 후손들의 부담이 줄어들고 거주지 가까이 위치해 과거보다 자주 왕래할 수 있다는 장점 때문에 선진국에서는 이미 보편적인 장사문화로 자리매김 했다. 하지만 국내에서는 사회적 반대 움직임이나 인식부족 등의 이유로 호응을 얻지 못하고 있다.

우리나라는 '자연장'을 도입하지 않았으므로 선진국이 아니다.

① 참   ② 거짓   ③ 알 수 없다.

 ② '자연장'은 선진국의 보편적인 장례 형태일 뿐 모든 선진국이 이를 따르는 것은 아니다.

25

이효석은 초기 소위 '동반자 작가'라는 호칭으로 불렸다. 동반자 작가란 1920년대 한국 문단의 주류를 형성했던 카프(KAPF ; 조선프롤레타리아예술가동맹) 계열의 작가들이 유진오나 백신애 같은 작가들에게 붙여준 명칭인데, 카프에는 가담하지 않았으나 그 작품 성향이 식민지 민중의 비참함을 고발한다거나 일제의 폭압을 비판하는 등 자신들의 지향과 일치하는 작가들을 일컫는 용어였다. 실제로 이효석이 초창기에 발표한 도시와 유령, 행진곡, 기추 같은 작품들은 모두 강한 사회성을 띠고 있었다.

이효석은 카프에 가담하여 식민지 민중의 비참함을 고발하였다.

① 참 　　　　　　② 거짓 　　　　　　③ 알 수 없다.

(Tip) ② 이효석은 카프에는 가담하지 않았으나 그 작품 성향이 식민지 민중의 비참함을 고발하거나 일제의 폭압을 비판하는 등의 성향을 지니므로 '동반자 작가'라고 불렸다.

Answer ⇒ 23.③　24.②　25.②

▌26~42 ▌ 먼저 주어진 지문을 읽고, 그 다음에 주어진 글이 옳은지, 그른지, 아니면 주어진 지문으로는 알 수 없는지를 판단하시오.

지시　　① 옳다.　　② 옳지 않다.　　③ 주어진 지문으로는 옳고 그름을 알 수 없다.

26

　　시간이라는 것은 물리적 세계의 구성 요소로만 규정할 수는 없다. 인간은 누구나 살아가는 동안 자연적 현상으로서의 시간을 경험하며, 시간에 의해 자기 자신의 삶을 스스로 조절한다. 인간에게 있어서 시간에 대한 인식은 언제나 자아의 개념과 결합되어 나타난다. 모든 인간은 시간 속에서 자신의 육체적·정신적 성장을 의식한다. 육체적인 발달, 개성이나 인격의 형성은 모두 시간적 연속과 변화 속에서 경험되는 것들이다. 인간의 삶에 있어서 시간은 경험 속에 주어진 것으로서의 시간 요소들과 관련되어 있다. 우리가 인식하는 시간은 삶의 조직 속에 들어와 있는 시간이다.

　　시간은 자아의 개념에서 분리될 수 없기 때문에 인간에게 특별히 의미를 갖게 되며, 또 우리 자신의 유기적·심리적인 성장도 시간 속에서 비로소 의식될 수 있는 것이다. 이처럼 시간의 의식과 인간의 삶의 의미는 언제나 깊이 연관되어 있기 때문에 현대정신은 시간을 생의 보편적 조건으로, 그리고 인간과 사회에 관한 지식에서 끊을 수 없는 요인으로 심각하게 의식하는 것이다.

　　현대의식의 전경(前景)으로서 이 같은 시간의 출현은 문학에도 그대로 반영되고 있다. 그런데 문학의 시간은 항상 경험 속에 부여된 시간의 요소와 관련되어 있어서 개인적이고 주관적이다. 그래서 사적·주관적·유기적·심리적 시간의 한 계열과 관련된다. 토마스 만은 「마의 산」에서 '시간은 생의 매개인 것과 마찬가지로 서술의 매개'라고 하였거니와 이상의 문학작품에서도 이러한 시간의 의식이 현저하게 확산되고 있다. 근대적 자아의 고독한 내면공간에의 투시(透視)도 물론이지만, 공리(公理)적인 가치체계로서의 공적 시간의 규칙이 비산·붕괴됨으로써 그의 소설은 순차적인 시간구조의 공식을 공허하게 만든다. 이상의 문학은 이처럼 시간에 대한 의식에서 매우 충격적인 반역(叛逆)의 특이성을 현저하게 지닌다.

26-1 시간은 객관적인 기준이므로 문학 속에 나타나는 시간도 객관적일 수밖에 없다.　① ② ③

26-2 모든 인간의 인격형성이 시간의 연속과 변화 속에서 경험되는 것은 아니다.　① ② ③

26-3 시간은 물리적 세계의 구성 요소이며 밤과 낮이 반복되는 현상이나 계절의 변화를 통해 자연스럽게 인식된다.　① ② ③

26-4 이상의 문학작품 속의 시간은 순차적인 시간구조의 공식이 붕괴되어 있다.　① ② ③

26-1 문학에서의 시간은 경험 속에 부여된 시간의 요소와 관련되어 있어서 개인적이고 주관적이다.

26-2 모든 인간은 시간 속에서 자신의 육체적 · 정신적 성장을 의식한다. 육체적인 발달, 개성이나 인격의 형성은 모두 시간적 연속과 변화 속에서 경험되는 것들이다. 인간의 삶에 있어서 시간은 경험 속에 주어진 것으로서의 시간 요소들과 관련되어 있다.

26-3 주어진 글에서 알 수 없는 내용이다.

26-4 이상의 문학작품에서는 공리(公理)적인 가치체계로서의 공적 시간의 규칙이 비산 · 붕괴됨으로써 그의 소설은 순차적인 시간구조의 공식을 공허하게 만든다. 이상의 문학은 시간에 대한 의식에서 매우 충격적인 반역(叛逆)의 특이성을 현저하게 지닌다.

27

소비자들은 이제 광고계의 전문가가 되었다. 이런 그들의 전문성이 상표들로 하여금 자발적으로 그들의 잘못을 고백하게 만들었다. 몇몇의 상표들은 그들이 때때로 자사의 매상고를 올리기 위하여 마케팅 전략을 악용하였노라고 자인하면서 이제 이런 악용에 종말을 고했노라고 맹세하기도 했다. 이제 광고주들은 늘 그럴직한 진부함이나 광고계의 낡은 전략을 가지고는 더 이상 소비자들의 시선을 끌어들일 수 없다는 사실을 깨달은 것이다. 그래서 그들은 다른 방법을 찾기로 결정한다. 다수의 새로운 광고들이 상품 자체에 대한 장점을 자랑하는 광고형태를 멀리하고, 눈요깃거리가 되는 가치나 내포적인 의미를 가진 메시지를 선호하고 있다.

27-1 많은 광고들이 상품자체에 대한 장점을 자랑하는 광고형태를 중시한다. ① ② ③

27-2 광고주들은 진부함이나 광고계의 낡은 전략을 가지고는 더 이상 소비자들의 시선을 끌어들일 수 없다는 것을 안다. ① ② ③

 27-1 다수의 새로운 광고들이 상품 자체에 대한 장점을 자랑하는 광고형태를 멀리하고, 눈요깃거리가 되는 가치나 내포적인 의미를 가진 메시지를 선호하고 있다.

27-2 보기의 내용은 지문과 일치한다.

Answer┌→ 26-1.② 26-2.② 26-3.③ 26-4.① 27-1.② 27-2.①

28

'언어는 사고를 규정한다'고 주장하는 연구자들은 인간이 언어를 통해 사물을 인지한다고 말한다. 예를 들어, 우리나라 사람은 '벼'와 '쌀'과 '밥'을 서로 다른 것으로 범주화하여 인식하는 반면, 에스키모인은 하늘에서 내리는 눈, 땅에 쌓인 눈, 얼음처럼 굳어서 이글루를 지을 수 있는 눈을 서로 다른 것으로 범주화하여 파악한다. 이처럼 언어는 사물을 자의적으로 범주화한다. 그래서 인간이 언어를 통해 사물을 파악하는 방식도 다양할 수밖에 없다.

28-1 대부분의 학자들은 인간이 언어를 통해 사물을 인지한다고 말한다.   ① ② ③

28-2 인간이 언어를 통해 사물을 파악하는 방식은 다양하다.   ① ② ③

28-3 '언어는 사고를 규정한다'고 말하는 연구자들은 언어란 사물을 자의적으로 범주화한다고 주장한다.   ① ② ③

 28-1 '언어는 사고를 규정한다'고 주장하는 연구자들이 인간이 언어를 통해 사물을 인지한다고 말하고 있는 것이며, 대부분의 학자들은 어떤 생각을 가지고 있는지 알 수 없다.
28-2 보기의 내용은 지문과 일치한다.
28-3 보기의 내용은 지문과 일치한다.

29

훈민정음은 글자를 만든 원리가 매우 과학적이다. 말소리가 만들어지는 방식을 정확하게 글자의 모양으로 구현했다. 또한 훈민정음의 글자 모양은 현대 언어학에서 이야기하는 변별적 자질, 즉 음성적 특성을 형상화했다. 소리의 위치나 특성이 비슷한 글자들은 모양도 유사하다. 더불어 음소 문자를 음절적으로 운용할 수 있도록 설계된 문자 체계는 가독성에 있어 어느 문자보다 우수하다고 평가할 수 있다. 음소가 말소리의 기본 단위이며 음절은 언어 인식의 기본 단위가 된다는 점을 훈민정임은 글자의 제작과 운용에서 모두 충족시키고 있기 때문이다.

29-1 훈민정음의 창제 원리는 훈민정음 해례에 상세히 기술되어 있다.   ① ② ③

29-2 훈민정음은 글자의 모양이 말소리가 만들어지는 방식과 관련이 없다.   ① ② ③

29-3 훈민정음은 어느 문자보다도 가독성이 뛰어나다고 평가된다.   ① ② ③

29-4 음절은 말소리의 기본 단위이며 음소는 언어 인식의 기본 단위이다.   ① ② ③

 29-1 주어진 지문으로는 알 수 없다.
29-2 '말소리가 만들어지는 방식을 정확하게 글자의 모양으로 구현했다.'라고 제시하고 있다.
29-3 주어진 문장은 지문과 일치한다.
29-4 지문에 따르면 음소는 말소리의 기본 단위이며 음절은 언어 인식의 기본 단위이다.

30

국민연금법이 정한 급여의 종류에는 노령연금, 장애연금, 유족연금, 반환일시금이 있다. 그 중 노령연금은 국민연금에 10년 이상 가입하였던 자 또는 10년 이상 가입 중인 자에게 만 60세가 된 때부터 그가 생존하는 동안 지급하는 급여를 말한다. 노령연금을 받을 권리자(노령연금 수급권자)와 이혼한 사람도 일정한 요건을 충족하면 노령연금을 분할한 일정 금액의 연금을 받을 수 있는데, 이를 분할연금이라 한다. 분할연금은 혼인기간 동안 보험료를 내는 데 부부가 힘을 합쳤으니 이혼 후에도 연금을 나누는 것이 공평하다는 취지가 반영된 것이다. 분할연금을 받기 위해서는 혼인기간(배우자의 국민연금 가입기간 중의 혼인기간만 해당)이 5년 이상인 자로서, 배우자와 이혼하였고, 배우자였던 사람이 노령연금 수급권자이며, 만 60세 이상이 되어야 한다. 이러한 요건을 모두 갖추게 된 때부터 3년 이내에 분할연금을 청구하면, 분할연금 수급권자는 생존하는 동안 분할연금을 수령할 수 있다. 한편 공무원연금, 군인연금, 사학연금 등에서는 연금가입자와 이혼한 사람에게 분할연금을 인정하고 있지 않다.

30-1 국민연금 가입기간이 10년째인 남자와 결혼한 여자가 4년 만에 이혼한 경우 여자는 남자가 받는 노령연금의 분할연금을 받을 수 있다.　　① ② ③

30-2 모든 연금법에서 이혼자에 대한 분할연금을 인정하고 있지는 않다.　　① ② ③

　　30-1 여자는 지문에서 나타난 '혼인기간(배우자의 국민연금 가입기간 중의 혼인기간만 해당)이 5년 이상인 자'라는 요건을 갖추지 못했다.
　　30-2 지문 마지막에 '공무원연금, 군인연금, 사학연금 등에서는 연금가입자와 이혼한 사람에게 분할연금을 인정하고 있지 않다.'라는 말과 일치한다.

Answer ☞ 28-1.③　28-2.①　28-3.①　29-1.③　29-2.②　29-3.①　29-4.②　30-1.②　30-2.①

31

노장(老莊)은 인위적인 것을 규탄한다. 그것은 다름 아니라 인간이 자연을 도구로 삼는 태도, 자연과 지적 관계를 세우는 태도를 규탄한다는 의미가 된다. 그래서 노자는 '지부지상 부지지병(知不知上 不知之病)', 즉 "알면서도 알지 못하는 태도를 갖는 것이 제일이고, 알지 못하면서도 아는 체 한다는 것은 병(病)이다"라고 하였으며, 장자는 "자연과 합하면 언어의 유희를 초월한다. 즉 지언(至言)은 말을 버린다. 보통 지(知)로 연구하는 바는 천박한 것에 불과하다"라고 말한다. 왜냐하면 자연, 있는 그대로의 사물 현상은 인간의 지성으로 따질 수도 알 수도 없으며, 언어로써도 표현 될 수 없는, 언어 이전의 존재이기 때문이다.

31-1 노장은 인위적인 것을 규탄한다.   ① ② ③

31-2 노자는 '자연과 합하면 언어의 유희를 초월한다.'고 말한다.   ① ② ③

31-3 장자는 '알면서도 알지 못하는 태도를 갖는 것이 제일이고, 알지 못하면서도 아는 체 한다는 것은 병(病)이다'고 하였다.   ① ② ③

(Tip) 31-1 보기의 내용은 지문과 일치한다.
31-2 장자는 '자연과 합하면 언어의 유희를 초월한다.'고 말한다.
31-3 노자는 '알면서도 알지 못하는 태도를 갖는 것이 제일이고, 알지 못하면서도 아는 체 한다는 것은 병(病)이다'라고 하였다.

32

어떤 심리학자는 "언어가 없는 사고는 없다. 우리가 머릿속으로 생각하는 것은 소리 없는 언어일 뿐이다."라고 하여 언어가 없는 사고가 불가능하다는 이론을 폈으며, 많은 사람들이 이에 동조(同調)했다. 그러나 우리는 어떤 생각은 있으되 표현할 적당한 말이 없는 경우가 얼마든지 있으며, 생각만은 분명히 있지만 말을 잊어서 표현에 곤란을 느끼는 경우도 있는 것을 경험한다. 이런 사실로 미루어 볼 때 언어와 사고가 불가분의 관계에 있는 것은 아니다.

32-1 언어와 사고는 불가분의 관계이다.   ① ② ③

32-2 우리는 어떤 생각은 있으되 표현할 적당한 말이 없는 경우나, 생각만은 분명하지만 말을 잊어서 표현에 곤란을 느끼는 경우를 경험한다.   ① ② ③

(Tip) 32-1 언어와 사고가 불가분의 관계에 있는 것은 아니다.
32-2 보기의 내용은 지문과 일치한다.

33

일본은 일본의 영토였던 독도를 한국이 불법으로 점령했다는 내용을 포함한 초등학교 사회교과서 4종을 모두 합격처리했다. 새 교과서에는 한국의 독도 불법점령에 대한 주장과 함께 독도를 '다케시마(일본이 주장하는 독도의 명칭)'로 표기하고 국경선을 독도의 왼쪽에 그어 독도가 일본 영토에 포함된 것으로 표현된 지도를 실었다. 한국 정부는 일본의 교과서 검정결과에 강력하게 항의할 예정이다.

33-1 일본의 교과서에는 위안부 문제가 실려 있지 않다. ① ② ③

33-2 일본이 주장하는 독도의 명칭은 '다케시마'이다. ① ② ③

33-3 한국은 아무런 대응을 하지 않을 것이다. ① ② ③

33-4 한국과 일본의 원래의 국경선은 독도의 왼쪽이라고 한국정부는 주장한다. ① ② ③

Tip 33-1 주어진 지문으로는 알 수 없다.
33-2 지문의 내용과 일치한다.
33-3 한국 정부는 일본의 교과서 검정결과에 강력하게 항의할 예정이다.
33-4 국경선이 독도의 왼쪽인 것은 일본 교과서에 나와 있는 내용이다.

Answer╭→ 31-1.① 31-2.② 31-3.② 32-1.② 32-2.① 33-1.③ 33-2.① 33-3.② 33-4.②

34

정보기기는 인간을 잡노동에서 해방시켜 준다. 즉 '편하게' 해준다. 컴퓨터와 전화를 이용하여 쇼핑과 예약을 할 수 있으며, 은행을 직접 찾아가는 수고에서 벗어날 수 있다. 그러한 '해방'은 인간에게, 적어도 잠재적으로는, 좀 더 고차원적인 정신활동, 좀 더 심오한 지적 모험, 좀 더 수준 높은 예술적 탐구에 젖어 볼 수 있는 마음의 여유를 준다.

정보기기는 우리를 편하게 해줄 뿐만 아니라, 우리의 경험세계를 시간의 제약, 공간의 제약, 사회의 제약에서도 벗어나게 해준다. 미국에 있는 아들에게 거는 장거리 전화는 태평양이라는 공간을 초월하게 해주고, 그것은 배 또는 비행기를 타고 건너가야 할 시간을 초월하게 해준다. 컴퓨터는 수년 걸릴 계산을 그야말로 전광석화(電光石火)의 속도로 해치운다. 또, 세계 유명 도서관의 모든 정보를 자기 방의 개인 컴퓨터로 얻을 수 있게 되었다. 뿐만 아니라, 텔레비전은 사람들을 여러 가지 제약에서 벗어나게 한다. 텔레비전은 모든 것을 다른 사람들에게 공공연하게 헤쳐 놓는다. 가난한 사람들도 텔레비전을 통하여 재벌들의 생활을 볼 수 있다. 또, 남자에겐 여자의 신비가 깨지고, 여자에겐 남자의 신비가 허물어진다. 이 모든 정보는 텔레비전 이전에는 여러 사회집단이 각기의 벽 속에 깊이 감추어 두고 있던 것들이다.

34-1 정보기기는 인간을 잡노동에서 편하게 해준다. ① ② ③

34-2 정보기기는 우리의 경험세계를 시간의 제약, 공간의 제약, 사회의 제약에서도 벗어나게 해준다. ① ② ③

 34-1 보기의 내용은 지문과 일치한다.
34-2 보기의 내용은 지문과 일치한다.

35

법치주의는 법의 지배를 말한다. 권력자가 자기 마음대로 국민을 지배해서는 안 되고 국회에서 통과시킨 법률에 따라 권력을 행사해야 한다는 정치적 원칙이다. 절대군주제나 독재체제에서는 왕이나 권력자의 말이 곧 법이었다. 설사 법이 있다 하더라도 통치자의 의사에 따라 아무 쓸모가 없는 물건으로 되는 경우가 많았다. 우리나라에서도 1970년대에는 대통령이 헌법기능까지 중지시킬 수 있었다. 대통령은 헌법을 초월하는 최고기관이었던 것이다. 이것은 법 대신 사람이 지배하는 것이므로 법치주의라 부를 수 없다. 법치주의 국가에서는 어떤 경우든지 오직 법에 의해서만 국민을 통치할 수 있다.

35-1 1970년대 우리나라의 대통령은 헌법을 초월하는 최고기관이었다. ① ② ③

35-2 법치주의 국가에서는 경우에 따라서는 법 대신 사람이 지배할 수 있다. ① ② ③

 35-1 1970년대의 우리나라는 대통령이 헌법기능까지 중지시킬 수 있었는데, 이는 대통령이 헌법을 초월하는 최고기관임을 나타낸다.
　　　35-2 법치주의 국가에서는 어떤 경우든지 오직 법에 의해서만 국민을 통치할 수 있다.

36

우리나라 사람들이 도박형태의 유흥으로 여가를 보내는 경우가 많은 것은 여러 가지 이유가 있을 것이다. 먹고 마시고 노름하는 이외의 놀이방식이 다양하게 개발되지 않은 데에도 이유가 있을 것이고, 우리의 모임이 폐쇄적이어서 속속들이 아는 사람만이 모이기 때문에 더 이상의 화제가 빈곤하여 도박으로 시간을 보내는 경우도 많다.

36-1 우리의 모임은 폐쇄적이어서 아는 사람만이 모이기 때문에 더 이상의 화제가 빈곤하여 우리나라 사람들은 도박형태의 유흥으로 여가를 보내는 경우가 많다. ① ② ③

36-2 경제발전을 위해 몸과 마음을 지나치게 써서 그 스트레스를 풀려면 아무래도 도박과 같은 강한 놀이방식에 이끌린다. ① ② ③

 36-1 보기의 내용은 지문과 일치한다.
　　　36-2 보기의 내용은 지문에 나와 있지 않다.

Answer▸ 34-1.①　34-2.①　35-1.①　35-2.②　36-1.①　36-2.③

37

　　사람들은 대부분 자신만의 소중한 꿈을 추구하며 살아간다. 성공의 정점에서 사람들은 희열보다는 허탈감을 느끼는 경우가 많다. 더 이상 도전할 목표가 없을 때 삶의 정열과 보람도 사라진다. 가난하지만 하루하루 미래의 청사진을 마음에 품고 사는 가정은 행복하다.

37-1 사람들은 더 이상 도전할 목표가 없을 때 희열을 느낀다.　① ② ③

37-2 사람들은 현실만을 추구한다.　① ② ③

> **Tip**　37-1 성공의 정점에서 사람들은 희열보다는 허탈감을 느끼는 경우가 많다.
> 　　　37-2 사람들은 대부분 자신만의 소중한 꿈을 추구하며 살아간다.

38

　　새말은 그 구성 재료에 따라 완전히 새롭게 창조된 뿌리로 된 것과 이미 있던 말을 재료로 하여 만들어진 것이 있다. 또 새말의 상당부분을 차지하는 것으로서 외국어로부터의 차용어가 있다. 완전히 새로운 뿌리가 창조되는 일은 그리 흔하지 않다. 있다고 해도 의성어나 의태어 계통인 것이 많다. 6·25전쟁 때 처음으로 미군 제트전투기가 등장했다. 이 제트기는 당시에 어느 비행기보다도 빨랐으며, 눈 깜짝할 사이에 '쌕쌕' 소리를 내며 사라져 갔다. 그 때 사람들은 이 비행기를 '쌕쌕이'라고 했다. 예전에 노를 젓던 나룻배나 돛단배가 모터에 의해 추진되는 배로 바뀌고, 규모도 커졌다. 이 배가 움직일 때에 내는 소리를 본떠서 '똑딱이', '똑딱선' 혹은 '통통배'라는 말이 생겨났다. '깍두기'도 무를 써는 소리를 따서 만들어진 말일 것이다. '쌕쌕이', '똑딱이', '깍두기'의 '-이'는 예전부터 있던 접미사지만, '쌕쌕', '똑딱', '통통', '깍둑'은 의성어로서 새로 생긴 것이라 할 수 있을 것이다.

38-1 '쌕쌕이', '똑딱이', '깍두기'의 '쌕쌕', '똑딱', '통통', '깍둑'은 의태어로서 새로 생긴 것이라 할 수 있다.　① ② ③

38-2 새말은 그 구성 재료에 따라 완전히 새롭게 창조된 뿌리로 된 것과 이미 있던 말을 재료로 하여 만들어진 것이 있다.　① ② ③

38-3 새말의 상당부분을 차지하는 것으로서 외국어로부터의 차용어가 있다.　① ② ③

> **Tip**　38-1 '쌕쌕이', '똑딱이', '깍두기'의 '쌕쌕', '똑딱', '통통', '깍둑'은 의성어로서 새로 생긴 것이라 할 수 있다.
> 　　　38-2 보기의 내용은 지문과 일치한다.
> 　　　38-3 보기의 내용은 지문과 일치한다.

39

> 연간 외국인 관광객 1천만 시대가 이달 중 열린다. 관광공사 측은 "9~10월 관광객 수가 순조롭게 증가하고 있다."며 "이달 중 사상 첫 1천 만 명 돌파가 확실시되는 상황"이라고 설명했다. 관광공사가 최근 발표한 자료에 따르면 9월말까지 외국인 관광객의 수는 844만 명으로 지난해보다 19% 증가한 것으로 집계됐다. 이 추세라면 연간 관광객은 지난해 979만명보다 크게 늘어난 1천 130만 명을 기록할 전망이다. 특히 중국 관광객 수는 지난해보다 30.0%나 늘어났으며 일본 관광객도 19.5%의 높은 성장률을 유지하고 있다. 관광공사 측은 "케이팝(K-pop)을 중심으로 한 한류 붐이 관광객 증가에 큰 도움이 됐다."며 "국내 관광산업의 발전으로 다양한 상품 개발이 이뤄진 것도 중요한 요인"이라고 설명했다. 1천 만 관광객 돌파가 눈앞에 다가오자 주무 부서인 문화체육관광부와 한국관광공사는 기념행사 준비에 박차를 가하고 있다.

39-1 외국인 연간 관광객은 지난해 979만 명보다 크게 늘어난 1천 130만 명을 기록할 전망이다.
① ② ③

39-2 관광공사 측은 케이팝(K-pop)과 세계적 관광산업의 발전이 관광객 증가에 큰 도움이 되었다고 설명했다. ① ② ③

 39-1 보기의 내용은 지문과 일치한다.
39-2 관광공사 측은 "케이팝(K-pop)을 중심으로 한 한류 붐이 관광객 증가에 큰 도움이 됐다."며 "국내 관광산업의 발전으로 다양한 상품 개발이 이뤄진 것도 중요한 요인"이라고 설명했다.

Answer ☞ 37-1.② 37-2.② 38-1.② 38-2.① 38-3.① 39-1.① 39-2.②

40

　　극장무대에선 무용을 고급예술로 치는 반면, 텔레비전 화면의 가요제를 배경으로 나오는 군무(群舞)는 대중예술로 친다. 또한 연극공연부문에서 고전의 연극화를 두고 대중예술취향이라고 나무랄 사람은 없을 것이다. 그러면 고급예술과 대중예술을 분류하는 기준은 무엇인가? 이에 대해 벤야민(W. Benjamin)은 「복제기술시대의 예술」이라는 그의 저서에서 "전문성이 없는 모방은 말하자면 상업주의성향과 맞아떨어지는 복제(複製)의 다량생산 가능성을 뜻하는 것이고, 전문성은 하나밖에 생산할 수 없으므로 복제는 가짜라는 의미를 지니고 있으며, 따라서 희소가치에서 제외된다."라고 설파하였다. 벤야민의 말에 따르면 전문적 희소가치를 지니고 있는 것은 고급예술이고, 복제와 다량생산이 가능한 것은 대중예술인 것이다.

40-1 벤야민의 말에 따르면 전문적 희소가치를 지니고 있는 것은 대중예술이고, 복제와 다량생산이 가능한 것은 고급예술인 것이다.　① ② ③

40-2 전문성이 없는 모방은 복제(複製)의 다량생산 가능성을 뜻하는 것이다.　① ② ③

 40-1 벤야민의 말에 따르면 전문적 희소가치를 지니고 있는 것은 고급예술이고, 복제와 다량생산이 가능한 것은 대중예술인 것이다.
40-2 보기의 내용은 지문과 일치한다.

41

　　2013년 말 전 세계를 떠들썩하게 했던 아이손 혜성은 2012년 9월 21일에 처음 발견되어 시속 7만 7000km의 속도로 태양을 향해 접근했다. 아이손 혜성을 처음 발견한 사람은 러시아의 천문학자인 비탈리 넵스키, 아르티옴 노비쵸노크, 아이손 키슬로보스크 등이다. 아이손 혜성이 특히 과학자들에게 많은 관심을 받게 된 이유는 태양계를 벗어나 아주 먼 곳에서 발견되면서 굉장히 활동적인 천체였고 또한 혜성이 어디에서부터 시작되었고 지구에 어떤 영향을 끼치는지 등에 대한 근본적인 궁금증을 풀어줄 수 있기 때문이다.

41-1　아이손 혜성은 태양을 통과하여 아직도 소멸되지 않고 살아있다.　① ② ③

41-2　아이손 혜성은 혜성이 지구에 어떤 영향을 끼치는지 알려줄 것이다.　① ② ③

41-3　아이손 혜성을 처음 발견한 사람은 네덜란드 학자들이다.　① ② ③

 41-1 위 지문을 통해서는 알 수 없다.
41-2 과학자들이 아이손 혜성에 많은 관심을 갖는 이유는 혜성이 어디에서 시작되었고 지구에 어떤 영향을 주는지에 대한 궁금증을 풀어줄 수 있기 때문이다.
41-3 아이손 혜성을 처음 발견한 사람은 네덜란드 사람이 아닌 러시아 천문학자들이다.

42

　　우리나라가 국민소득 3만 달러 시대에 진입하려면 10년은 더 기다려야 한다는 분석이 나왔다. 2%대 저성장으로 2만 달러 함정에 빠진 탓이다. 28일 현대경제연구원에 따르면 우리나라 1인당 국민소득은 2007년 처음 2만 달러를 넘어선 뒤 5년간 2만 3,000달러를 벗어나지 못하고 있다. 연구원은 "이 기간 1인당 국내총생산(GDP) 증가율이 연평균 1.0%에 그쳐 앞으로 3% 미만 증가율이 계속된다면 3만 달러 도달에 10년이 더 소요될 것"이라고 추산했다. 국민소득 3만 달러를 넘긴 선진국 23곳은 2만 달러에서 3만 달러로 가는데 평균 8년이 걸렸다. 반면 우리나라는 2007부터 계산하면 선진국의 두 배인 15년 정도가 걸리는 것이다. 우리나라가 선진국 수준(8년)으로 맞추려면 올해부터 연평균 7.6%씩 성장해야 하지만, 올해 성장 전망치는 2.4%(한국은행)다. 연구원은 우리나라 경제의 구조적 문제점으로 잠재성장률 급락, 내수 위축, 양극화 심화, 빠른 고령화로 인한 생산가능인구 감소, 남북관계 악화 등 5가지(Down 5)를 들었다.

42-1 우리나라 1인당 국민소득은 2007년 처음 2만 달러를 넘어선 뒤 5년간 3만 3,000달러를 벗어나지 못하고 있다. ① ② ③

42-2 연구원은 우리나라 경제의 구조적 문제점으로 5가지를 들었다. ① ② ③

> **Tip** 42-1 1인당 국민소득은 2007년 이후 5년간 2만 3,000달러를 벗어나지 못하고 있다.
> 42-2 보기의 내용은 지문과 일치한다.

Answer ▶ 40-1.② 40-2.① 41-1.③ 41-2.① 41-3.② 42-1.② 42-2.①

43

> • 어떤 코끼리는 어떤 하마보다 작다.
> • 모든 하마는 모든 호랑이보다 크다.
> • 어떤 가젤도 어떤 호랑이보다 크지 않다.
> • 그러므로 ＿＿＿＿＿＿＿＿＿＿

① 모든 가젤은 모든 호랑이보다 작다.

② 모든 코끼리는 모든 호랑이보다 크다.

③ 어떤 가젤은 어떤 호랑이보다 크다.

④ 모든 하마는 모든 코끼리보다 크다.

> (Tip) ① 어떤 가젤도 어떤 호랑이보다 크지 않으므로 모든 가젤은 모든 호랑이보다 작다.

44

> • A기업의 팀장들은 모두 영어회화에 능통하다.
> • 문법실력이 좋지 않으면 A기업에 들어갈 수 없다.
> • 영어듣기 실력이 좋지 않으면 영어회화에 능통할 수 없다.
> • 은희는 영어회화에 약하다.
> • 창범이는 A기업의 팀장이다.
> • 그러므로 ＿＿＿＿＿＿＿＿＿＿

① 은희는 A기업에 들어갈 수 없다.

② A기업에 다니는 사람들은 모두 영어회화에 능통하다.

③ 은희는 영어듣기 실력이 좋지 않다.

④ 창범이는 영어듣기 실력이 좋다.

> (Tip) ④ 창범 → A기업 팀장 → 영어회화 능통 → 영어듣기 실력 좋음(두 번째 전제의 대우)

45

> • A와 C는 B의 부모이다.
> • E는 D의 남편이다.
> • C는 D의 딸이다.
> • 그러므로 ＿＿＿＿＿＿＿＿＿

① C는 E의 손녀이다.

② A는 D의 남편이다.

③ C는 외동딸이다.

④ D는 B의 외할머니이다.

 ④ B를 중심으로 정리하면 A는 아버지, C는 어머니, E는 외할아버지, D는 외할머니에 해당하며, B의 성별은 알 수 없다.

46

> • 지민이는 산하보다 더 많은 돈을 갖고 있었다.
> • 쇼핑 후 남은 돈을 계산해 보니 산하의 돈이 더 많았다.
> • 그러므로 ＿＿＿＿＿＿＿＿＿＿＿＿

① 산하가 지민이보다 계획적이다.

② 지민이와 산하는 같은 액수의 물건을 샀다.

③ 산하가 더 많은 돈을 쇼핑에 사용했다.

④ 지민이가 더 많은 돈을 쇼핑에 사용했다.

 원래는 산하보다 많은 돈을 갖고 있던 지민이가 쇼핑 후에는 산하보다 적은 돈을 갖고 있으므로 지민이는 산하보다 더 많은 돈을 쇼핑에 사용했음을 알 수 있다.

Answer ➔ 43.① 44.④ 45.④ 46.④

47

> • 모든 원숭이는 재주꾼이다.
> • 모든 재주꾼은 마술사다.
> • 어떤 재주꾼은 가난하다.
> • 모든 코끼리는 가난하다.
> • 마술사 중에 코끼리는 없다.
> • 그러므로 _____

① 어떤 마술사는 가난하다.

② 어떤 원숭이는 부자이다.

③ 어떤 코끼리는 재주꾼이다.

④ 모든 마술사는 원숭이다.

 어떤 재주꾼은 가난하다.
모든 재주꾼은 마술사다.
그러므로 어떤 마술사는 가난하다.

48

> • 토끼, 다람쥐, 거북이, 여우, 호랑이가 달리기 시합을 했다.
> • 여우는 토끼보다 빨리 도착했다.
> • 세 마리의 동물이 다람쥐보다 빨리 도착했다.
> • 거북이와 호랑이는 꼴찌가 아니다.
> • 그러므로 _____

① 1등은 호랑이이다.

② 2등은 여우이다.

③ 3등은 거북이이다.

④ 꼴찌는 토끼이다.

 다람쥐는 4등이고, 거북이와 호랑이는 꼴찌가 아니다. 따라서 여우보다 늦게 도착한 토끼가 꼴찌이다.

49

> • 오전에 반드시 눈이 오거나 비가 올 것이다.
> • 오전에 비가 오지 않았다.
> • 그러므로 _____

① 오전에 날씨가 개었다.

② 오전에 비가 왔다.

③ 오전에 눈이 왔다.

④ 날씨를 알 수 없다.

 ③ 오전에 반드시 눈이나 비가 온다고 했으나, 비가 오지 않았으므로 눈이 왔다가 맞다.

50

> • 어떤 육식동물은 춤을 잘 춘다.
> • 모든 호랑이는 노래를 잘한다.
> • 모든 늑대는 춤을 잘 춘다.
> • 호랑이와 늑대는 육식동물이다.
> • 그러므로 _____

① 모든 호랑이는 춤을 잘 추지 못한다.

② 어떤 육식동물은 노래를 잘한다.

③ 모든 호랑이는 춤도 잘 추고, 노래도 잘한다.

④ 모든 육식동물은 춤을 잘 춘다.

 ② 모든 호랑이는 어떤 육식동물에 포함되므로 '모든 호랑이는 노래를 잘한다.'라는 전제를 통해 참이 되는 것을 알 수 있다.

Answer ↱ 47.① 48.④ 49.③ 50.②

51

> - 토끼가 곤충이라면 매미는 곤충이 아니다.
> - 토끼는 곤충이다.
> - 그러므로 _____

① 매미는 곤충이다.

② 매미가 곤충인지 알 수 없다.

③ 매미는 곤충이 아니다.

④ 토끼는 동물이다.

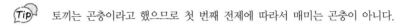 토끼는 곤충이라고 했으므로 첫 번째 전제에 따라서 매미는 곤충이 아니다.

┃52~60┃ 다음에 제시된 사실들이 모두 참일 때, 이를 통해 얻을 수 있는 결론의 참, 거짓, 알 수 없음을 판단하시오.

52

> **사실**
> - A, B, C, D는 독일인, 일본인, 중국인, 한국인으로 국적이 모두 다르다.
> - A는 일본인이다.
> - B는 한국인도 중국인도 아니다.
> - C는 독일인이거나 한국인이다.
>
> **결론**
> B는 독일인이다.

① 참   ② 거짓   ③ 알 수 없음

 A는 일본인이고, B는 한국인도 중국인도 아니므로 독일인이다.

53

사실

- 영은이는 네 명 중 국어에서 1등, 영어와 수학에서 3등을 했다.
- 재국이는 영어에서는 정희보다 잘했으나 다른 과목에서는 정희보다 잘하지 못했다.
- 세 과목의 합계에서 1등을 한 학생은 수학에서는 2등을 하였다.
- 유빈이는 영어에서 4등을 했고 수학에서는 4등을 하지 않았다.
- 모든 과목에서 1등은 100점, 2등은 90점, 3등은 80점, 그리고 4등은 70점을 받았다.
- 그 어떤 과목에서도 동점자가 발생하지 않았다.

결론

1등을 한 학생과 4등을 한 학생의 총점은 50점의 차이가 났다.

① 참   ② 거짓   ③ 알 수 없음

 영어에서는 재국이가 정희보다 잘했고, 영은이가 3등, 유빈이가 4등이므로 재국이가 1등, 정희가 2등을 하였다. 수학에서는 영은이가 3등이고 유빈이는 4등이 아니며 정희는 재국이보다 잘 하였으므로 재국이가 4등이다. 그런데 만약 유빈이가 2등을 하였으면 유빈이는 전체 1등인데, 국어에서 2등을 하여도(국어 1등은 영은이) 전체 점수가 영은이보다 좋을 수 없다. 그러므로 수학에서 1등은 유빈이, 2등은 정희이다. 그러므로 정희는 전체 1등인데 정희의 총점이 영은이보다 좋아지기 위해서는 국어에서 2등이어야 한다. (영은이는 수학에서 2등을 하지 않았으므로 전체 1등이 될 수 없다.) 이상을 표로 정리하면 다음과 같다.

	국어	영어	수학
1등	영은	재국	유빈
2등	정희	정희	정희
3등	재국 또는 유빈	영은	영은
4등	유빈 또는 재국	유빈	재국

그러므로 정희가 총점 270점으로 1등, 영은이가 총점 260점으로 2등, 그리고 재국이와 유빈이 중 한명이 총점 250점으로 3등, 나머지 한명이 총점 240점으로 4등을 하였다. 그러므로 1등과 4등의 총점은 30점의 차이가 나므로 위의 결론은 거짓이다.

Answer ↦ 51.③ 52.① 53.②

54

사실
- 김 대리보다 키가 큰 사람은 없다.
- 박 차장이 이 과장보다 키가 크다.
- 박 차장이 최 부장보다는 키가 크지 않다.

결론
박 차장은 세 번째로 크다.

① 참   ② 거짓   ③ 알 수 없음

 네 사람의 키 순서는 '김 대리 ≥ 최 부장 ≥ 박 차장 > 이 과장'이다. 김 대리와 최 부장, 박 차장은 키가 같을 수 있으므로 박 차장이 세 번째로 큰지 확실하지 않다.

55

사실
- 미국에 살고 있는 사람은 여유가 있다.
- 음악가는 미국에 살고 있다.

결론
음악가는 여유가 있다.

① 참   ② 거짓   ③ 알 수 없음

 '미국에 살고 있는 사람'을 p, '여유가 있다'를 q, '음악가'를 r이라고 하면
'미국에 살고 있는 사람'은 '여유가 있다' : p → q
'음악가'는 '미국에 살고 있다' : r → p
따라서 r → q : '음악가'는 '여유가 있다'가 되므로 결론은 참이다.

56

> **사실**
> • 성적이 4.0 이상이면 장학금을 받는다.
> • K의 이번 학기 성적이 L보다 0.5점 낮았다.
> • L은 이번 학기에 장학금을 받지 못했다.
>
> **결론**
> K는 성적이 3.5점 미만이다.

① 참   ② 거짓   ③ 알 수 없음

 L이 이번 학기에 장학금을 받지 못했으므로 L의 성적은 4.0미만이고 K는 L보다 성적이 0.5점 낮으므로 K의 성적은 3.5점 미만이다.

57

> **사실**
> • 철수는 영희의 남편이다.
> • 영희는 영수의 어머니이다.
> • 영철이는 영수의 동생이다.
>
> **결론**
> 철수는 영철이의 아버지이다.

① 참   ② 거짓   ③ 알 수 없음

 영희는 영수의 어머니이고 철수는 영희의 남편으로 영수의 아버지이다. 영철이는 영수의 동생이므로 철수가 영철이의 아버지라는 결론은 참이다.

Answer ⤷ 54.③ 55.① 56.① 57.①

58

사실
- 도서관이 없는 대학에는 매점이 없다.
- 매점이 있는 대학에는 주차장이 있다.
- 대형 편의점이 없는 대학에는 도서관도 없다.

결론
매점이 있는 대학에는 대형 편의점이 있다.

① 참   ② 거짓   ③ 알 수 없음

 매점이 있는 대학에는 도서관이 있고(첫 번째 사실의 대우), 도서관이 있는 대학에는 대형 편의점이 있으므로 결론은 참이다.

59

사실
- 사람은 남자 또는 여자이다.
- 모든 여자는 커피를 좋아한다.
- 어떤 남자는 커피를 좋아하는 사람을 싫어한다.

결론
어떤 사람은 모든 여자를 싫어한다.

① 참   ② 거짓   ③ 알 수 없음

 어떤 남자는 커피를 좋아하는 사람을 싫어하고, 모든 여자는 커피를 좋아하므로 어떤 남자는 모든 여자를 싫어하고, '사람 ⊃ 남자'이므로 어떤 사람은 모든 여자를 싫어한다는 결론은 참이다.

60

> **사실**
> • A는 B를 싫어한다.
> • A는 C를 싫어하지만 B보다는 좋아한다.
> • C는 사람을 싫어하지 않는다.
>
> **결론**
> B는 A를 싫어한다.

① 참   ② 거짓   ③ 알 수 없음

 제시된 사실로는 B가 누구를 좋아하고 싫어하는지 알 수 없다.

06 상황판단능력

┃1~30┃ 주어진 상황에서 자신이라면 어떻게 행동할지 가장 가까운 번호를 고르시오.

1 회사에서 직원들이 함께 도시락을 먹는데 한 직원이 맨밥만 싸오고 자신은 조금만 먹어도 되니 반찬을 나누어달라고 한다. 이런 상황이 6개월째 반복되어서 반찬을 가져오는 것이 어떻겠냐고 말을 해봤더니 그 직원이 갑자기 울면서 뛰쳐나갔다. 이런 경우에는 어떻게 하겠는가?

① 내가 심했으니 다음부터는 이 일에 대해서는 언급하지 않는다.

② 이런 일이 반복적으로 발생하고 있다고 상부에 보고한다.

③ 다른 직원들에게 말해서 그 직원을 욕한다.

④ 지금까지 먹은 반찬의 금액을 수치화해서 돈을 청구한다.

2 회계장부를 검토하다가 오류사항을 발견하고 상부에 보고를 하였다. 그런데 다른 직원이 지나가다가 그걸 듣고 "○○씨 잘못이네!" 하고 큰소리로 모두가 들으란 듯 말하였다. 이러한 상황에서 어떻게 행동하겠는가?

① 이것은 나의 잘못이 아니라며 정색하면서 크게 말하고 정정한다.

② 일단 상부에 보고했으니 옆에서 뭐라고 하건 개의치 않는다.

③ 나중에 그 직원을 불러서 어떻게 그럴 수 있냐고 멱살잡이를 한다.

④ 내 잘못은 없으니 나는 떳떳하므로 해명하지 않고 아무 일도 없는 듯이 행동한다.

3 할머니의 팔순잔치와 회사의 중요한 미팅이 겹쳤다. 당신의 행동은?

① 잔치에 참석해 인사만 하고 바로 미팅에 참석한다.

② 미팅에 참석하여 간단하게 보고 후, 잔치에 참석한다.

③ 미팅을 다른 동료에게 부탁하고 팔순잔치에 참석한다.

④ 할머니께 전화로 사정을 설명하고 미팅에 참석한다.

4. 마감기한이 급한 업무를 처리하다가 오류를 발견했다. 상사가 빨리 업무를 마무리 지으라고 재촉하는 상황에서 어떠한 행동을 취하겠는가?

① 정해진 시간이 중요하기 때문에 무시하고 일단 마무리를 짓는다.
② 상사에게 상황을 설명하고 마감시간을 연장해달라고 부탁한다.
③ 마감시간보다 일의 완성도가 중요하므로 대대적으로 수정을 감행한다.
④ 다른 동료에게 문제가 생겼으니 자신을 도와달라고 요청한다.

5. 출근길에 떨어진 만 원을 발견했다. 경찰서에 가기엔 빠듯한 시간인데 어떻게 처리할 것인가?

① 근처의 가게에 돈이 떨어져 있었다며 설명하고 맡긴다.
② 상사에게 전화해 사정을 설명하고 경찰서에 돈을 맡긴다.
③ 출근시간과 양심을 모두 지키기 위해 무시하고 지나간다.
④ 액수가 크지 않으므로 가까운 편의점에 들려 전부 써버린다.

6. 상사가 항상 작게 음악을 틀어놓거나 흥얼거리면서 일을 한다. 조용한 환경에서 효율이 올라가는 당신은 그 소리가 매우 신경 쓰인다. 당신의 행동은?

① 상사에게 직접 시끄럽다고 건의한다.
② 상사에게 이어폰과 마스크를 선물한다.
③ 동료들에게 상사의 험담을 하여 소문이 퍼지게 한다.
④ 상사의 상사에게 상담한다.

7. 당신은 후배 B를 많이 아끼고 키워주고 싶다. 그래서 업무를 많이 맡겼다. 하루는 지나가다가 B가 동료들에게 당신이 자기만 일을 시킨다고 불평하는 것을 우연히 듣게 되었다. 이에 대한 당신의 반응은?

① 일을 더 많이 시킨다.
② 일을 시키지 않는다.
③ 불러서 혼낸다.
④ 아예 무시한다.

8   당신은 오늘 해야 할 업무를 다 끝마쳤다. 그런데 퇴근시간이 지나도 대부분의 동료들과 상사가 퇴근을 하지 않고 있다. 그렇다면 당신은?

① 그냥 말없이 퇴근한다.

② 인터넷 등을 하며 상사가 퇴근할 때까지 기다린다.

③ 상사나 동료들에게 도와줄 업무가 있는지 물어보고 없다면 먼저 퇴근한다.

④ 퇴근시간이 되었다고 크게 말한 후 동료들을 이끌고 함께 퇴근하도록 한다.

9   당신은 신입사원이다. 신입사원 교육의 일환으로 간부회의에 참석하게 되었다. 회의 중 간부 A가 설명하고 있는 내용이 틀렸다. 그 어떤 누구도 그것이 틀린 내용인지 모르는 것 같다. 당신은 그 것이 명백히 틀렸다는 것을 알고 있다. 그렇다면 당신은?

① 그냥 모르는 척 한다.

② 나중에 간부를 찾아가 아까 말한 내용이 틀렸다고 말해준다.

③ 옆에 있는 동료에게 틀렸다고 귓속말을 해준다.

④ 회의 도중 손을 들고 그 내용이 틀렸다고 말한다.

10   당신의 동료 A가 당신에게 또 다른 동료인 B의 업무처리 능력에 관하여 불만을 토로하였다. 속도도 느리고 정보 역시 정확하지 않아 일을 진행하는데 문제가 많다고 하소연을 하는데 이 상황에서 당신은 어떻게 하겠는가?

① 상사에게 말한다.

② A와 같이 험담한다.

③ B에게 가서 객관적으로 말을 전달한다.

④ A에게 직접 가서 이야기 하라고 한다.

11 유능한 인재였던 후배가 집안의 사정으로 점점 회사 일에 집중을 못하고 있는 상태이다. 주변사람들에게 알리는 것을 싫어하여 그 후배의 사정을 알고 있는 사람은 당신뿐, 점점 사람들이 안좋게 평가를 내리고 있는 상황이다. 이때 당신은 어떻게 하겠는가?

① 사람들에게 알린다.
② 조용히 혼자 방법을 연구한다.
③ 후배를 설득하여 마음을 바꾸도록 한다.
④ 사람들과 이야기하여 방법을 연구한다.

12 평상시 일과 결혼한 사람처럼 일을 해오던 상사가 있다. 당신은 능력 있는 그 사람의 모습에 이성적인 매력보다는 일처리 능력을 존경하고 친하게 지내길 원했다. 여느 때와 다름없이 회식이 끝나고 같은 방향이라 동행하던 중 그 상사가 갑자기 고백을 해온다면 당신은 어떻게 할 것인가?

① 정중하게 거절한다.
② 상관이므로 어쩔 수 없이 만난다.
③ 거절 후 다른 부서로 이동한다.
④ 퇴사한다.

13 중요한 회의를 하고 있다. 그런데 점심에 먹은 것이 잘못되었는지 배에서 요동이 친다. 배가 아파화장실이 너무 급한 상황이다. 당신은 어떻게 하겠는가?

① 회의가 끝날 때까지 최대한 참기 위해 노력한다.
② 잠시 회의의 중단을 요구하고 화장실을 다녀온다.
③ 회의의 진행에 방해가 되지 않게 조용히 화장실을 다녀온다.
④ 옆의 동료에게 말하고 화장실을 다녀온다.

14 성실하고 모든 일에 열심이라 생각했던 후배의 행동이 이상해졌다. 업무시간에도 눈치를 살피는가 하며 부르면 화들짝 놀라기도 한다. 회의시간엔 멍하니 있다가 혼나기도 여러 번. 이 상황에서 당신은 어떻게 할 것인가?

① 따끔하게 혼을 낸다.

② 조용하게 불러서 사정을 물어본다.

③ 모르는척한다.

④ 상사에게 알린다.

15 당신이 입사한 기업이 새로운 경영전략으로 해외시장진출을 목표로 하고 있다. 이 해외시장진출 목표의 일환으로 중국 회사와의 합작 사업추진을 위한 프로젝트팀을 구성하게 되었다. 당신은 이 팀의 리더로 선발 되었으며, 2년 이상 중국에서 근무를 해야만 한다. 그러나 당신은 집안 사정 및 자신의 경력 계획 실현을 위하여 중국 발령을 원하지 않고 있다. 당신의 상사는 당신이 꼭 가야만 한다고 당신을 밤낮으로 설득하고 있다. 당신은 어떻게 하였는가?

① 중국에 가고 싶지 않은 이유를 설명한 후 발령을 취소해 줄 것을 끝까지 요구한다.

② 회사를 그만둔다.

③ 해외발령을 가는 대신 그에 상응하는 대가를 요구한다.

④ 가기 싫지만 모든 것을 받아들이고 간다.

16 당신이 존경하는 상사가 회사를 위한 일이라며 회계장부의 조작 및 회사 자료의 허위조작 등을 요구한다면 당신은 어떻게 하겠는가?

① 회사를 위한 것이므로 따르도록 한다.

② 일 자체가 불법적이므로 할 수 없다고 한다.

③ 불법적 행위에 대하여 경찰에 고소하고 회사를 그만 둔다.

④ 존경하는 상사의 지시이므로 일단 하고 대가를 요구한다.

17 당신은 입사한 지 일주일도 안 된 신입사원이다. 당신이 속해 있는 팀과 팀원들은 현재 진행중인 프로젝트의 마무리로 인하여 매우 바쁜 상태에 있다. 그러나 신입사원인 당신은 자신이 해야 할 업무가 불명확하여 무엇을 해야 할지 모르고, 자신만 아무 일을 하지 않는 것 같아 다른 사람들에게 미안함을 느끼고 있다. 이런 경우 당신은 어떻게 하겠는가?

① 명확한 업무가 책정될 때까지 기다린다.

② 내가 해야 할 일이 무엇인지 스스로 찾아 한다.

③ 현재의 팀에는 내가 할 일이 없으므로 다른 부서로 옮겨줄 것을 요구한다.

④ 팀장에게 요구하여 빠른 시간 내에 자신의 역할이 할당되도록 한다.

18 당신은 현재 공장에서 근무를 하고 있다. 오랜 기간 동안 일을 하면서 생산비를 절감할 수 있는 좋은 아이디어 몇 가지를 생각하게 되었다. 그러나 이 공장에는 제안제도라는 것이 없고 당신의 직속상관은 당신의 제안을 하찮게 생각하고 있다. 당신은 막연히 회사의 발전을 위하여 여러 제안들을 생각한 것이지만 아무도 당신의 진심을 알지 못한다. 그렇다면 당신은 어떻게 행동할 것인가?

① 나의 제안을 알아주는 사람도 없고 이 제안을 알리기 위해 이리저리 뛰어 다녀봤자 심신만 피곤할 뿐이니 그냥 앞으로 제안을 생각하지도 않는다.

② 제안제도를 만들 것을 회사에 건의한다.

③ 좋은 제안을 받아들일 줄 모르는 회사는 발전 가능성이 없으므로 이번 기회에 회사를 그만 둔다.

④ 제안이 받아들여지지 않더라도 내가 할 수 있는 한도 내에서 제안할 내용을 일에 적용한다.

19 당신은 현재 부서에서 약 2년간 근무를 하였다. 그런데 이번 인사를 통하여 기획실로 발령이 났다. 그런데 기획실은 지금까지 일해오던 부서와는 달리 부서원들이 아주 공격적이며 타인에게 무관심하고 부서원들 간 인간적 교류도 거의 없다. 또한 새로운 사람들에게 대단히 배타적이라 당신이 새로운 부서에 적응하는 것을 어렵게 하고 있다. 그렇다면 당신은 어떻게 행동할 것인가?

① 기획실의 분위기를 바꾸기 위해 노력한다.

② 다소 힘이 들더라도 기획실의 분위기에 적응하도록 노력한다.

③ 회사를 그만 둔다.

④ 다른 부서로 바꿔 줄 것을 강력하게 상사에게 요구한다.

20 친하게 지내던 동기가 갑자기 당신의 인사를 무시하기 시작하였다. 뿐만 아니라 회사의 사람들이 당신을 보고 수군거리거나 자리를 피하는 것 같다. 이 상황에서 당신은 어떻게 할 것인가?

① 친하게 지내던 동기에게 먼저 다가가 인사한다.

② 적극적으로 무슨 일인지 알아본다.

③ 아무렇지 않은 척 태연하게 회사를 다닌다.

④ 평소보다 더 잘 웃으며 즐겁게 회사를 다닌다.

21 당신은 입사한지 세 달이 되어가는 신입사원이다. 어느 날 상사가 일을 맡기고는 알아서하라는 말만 남기고 가버렸다. 당신은 아직 업무에 익숙하지도 않은 상태이다. 이럴 때 당신은 어떻게 하겠는가?

① 시험이라고 생각하면서 지금까지 배운 것을 총동원하여 스스로 해결해본다.

② 평소 친하게 지냈던 선배들에게 물어본다.

③ 상사에게 모르는 것을 질문하면서 도와달라고 요청한다.

④ 더 높은 상사에게 알린다.

22 당신은 서울본사에서 10년째 근무를 하고 있다. 그런데 이번 인사에서 전혀 연고가 없는 지방으로 발령이 났다. 이번의 발령은 좌천식 발령이 아닌 회사에서 당신의 능력을 인정하여 그 지방의 시장 확보를 위하여 가는 것이다. 그러나 가족 및 친구들과 떨어져 생활한다는 것이 쉽지 않고 가족 전체가 지방으로 가는 것도 아이들의 학교 때문에 만만치가 않다. 이 경우 당신은 어떻게 할 것인가?

① 가족들과 모두 지방으로 이사 간다.

② 가족들의 양해를 구하고 힘들더라도 지방으로 혼자 옮겨 생활한다.

③ 회사 측에 나의 사정을 이야기하고 인사발령의 취소를 권유한다.

④ 현재의 회사를 그만두고 계속 서울에서 근무할 수 있는 다른 회사를 찾아본다.

23 당신은 이제 갓 일주일이 된 신입사원이다. 이 회사에 들어오기 위해 열심히 공부하였지만 영어 만큼은 잘 되지 않아 주변의 도움으로 간신히 평균을 넘어서 입사를 하게 되었다. 그런데 갑자기 당신의 상사가 영어로 된 보고서를 주며 내일까지 정리해 오라고 하였다. 여기서 못한다고 하면 영어실력이 허위인 것이 발각되어 입사가 취소될 지도 모를 상황이다. 그렇다면 당신은 어떻게 할 것인가?

① 솔직히 영어를 못한다고 말한다.

② 동료에게 도움을 요청하여 일을 하도록 한다.

③ 아르바이트를 고용하여 보고서를 정리하도록 한다.

④ 회사를 그만둔다.

24 어제 오랜만에 동창들과의 모임에서 과음을 한 당신, 회사에서 힘든 몸을 이끌고 해장을 할 점심 시간까지 잘 견디고 있다. 그런데 갑자기 당신의 상사가 오늘 점심시간에 모든 팀원들과 함께 자신의 친구가 회사 앞에 개업한 피자집에서 피자를 먹자고 한다. 당신은 어떻게 하겠는가?

① 그냥 상사의 말에 따른다.

② 상사에게 자신의 사정을 이야기하고 혼자 해장국집으로 간다.

③ 상사에게 오늘은 약속이 있어서 안 되므로 다음에 가자고 한다.

④ 동료에게 말하고 몰래 해장하러 간다.

25 당신은 기획부의 막내이자 신입사원이다. 그런데 갑자기 여자 친구가 아프다는 연락이 왔다. 하지만 엎친 데 덮친 격으로 상사의 부모님 부고소식이 들린다. 당신이 사랑하는 여자 친구에게 안가면 여자 친구와 헤어질 수 있으며, 상사의 부모님 장례식장에 안가면 회사일이 고단해 질 것이다. 당신은 어떻게 하겠는가?

① 여자 친구에게 전화를 걸어 사정을 이야기한 후 장례식장에 간다.

② 상사에게 사정을 이야기한 후 여자 친구에게 간다.

③ 여자 친구에게 잠깐 들렸다가 장례식장으로 간다.

④ 장례식장에 잠깐 들렸다가 여자 친구에게 간다.

26   당신은 휴가를 맞아 가족들과 여행을 나왔다. 숙소도 예약하고 일정도 다 짜놓은 상태이다. 그런데 휴가지에서 직상상사를 만나게 되었다. 인사를 하고 헤어지려는데 상사가 같이 다닐 것을 제안한다. 이럴 때 당신은 어떻게 하겠는가?

① 사정을 잘 말씀드리고 양해를 구한다.

② 그냥 상사의 말에 따른다.

③ 이곳은 경유지일 뿐이라며 거절한 후 상사를 피해 다닌다.

④ 숙소와 일정을 이야기하며 합의를 한다.

27   당신은 친하게 지내는 입사동기가 있다. 승진의 기회가 달린 업무를 두고 선의의 경쟁을 하는데 주변에서 라이벌관계라며 부추긴다. 결국 당신이 승진을 하였고 둘 사이는 서먹해졌다. 이때 당신은 어떻게 하겠는가?

① 동기와 식사라도 하면서 속마음을 털어 놓는다.

② 경쟁사회이기 때문에 어쩔 수 없다고 생각한다.

③ 묵묵히 일에만 더 열중한다.

④ 또 다른 친한 동료를 만든다.

28   당신은 애인이 없는 상태이다. 직장상사가 지인을 소개시켜주고 싶다며 자꾸 권유한다. 적극적인 권유로 만나보았으나 당신하고 너무 맞지 않는 성격의 사람이었다. 소개팅 이후 한 번 더 만나보라며 상사가 자꾸 물어본다. 이럴 때 당신은 어떻게 하겠는가?

① 정중하게 자신의 의견을 말씀드린 후 양해를 구한다.

② 어쩔 수 없이 만난다.

③ 다른 부서로 간다.

④ 사생활과 회사생활은 다르므로 입을 꾹 다문다.

29 당신이 가장 자신 있는 분야를 당신과 사이가 좋지 않은 사람이 맡게 되었다. 소문을 들어보니 그 분야에서 문제가 생겨 일의 진척이 매우 더디다는 얘기를 들었다. 그러나 그 사람은 당신에게 조언을 구하러 오지 않았다. 이럴 때 당신은 어떻게 하겠는가?

① 그 분야의 문제점을 알아본 후 그 사람에게 넌지시 해결방법을 알려준다.

② 회사에 건의하여 그 일을 맡는다.

③ 무시한다.

④ 그 사람의 험담을 하고 다닌다.

30 당신은 새로운 기획 프로젝트를 맡아 팀을 이끌어 가고 있다. 그런데 아이디어 회의를 하는 도중 부하 직원이 모호한 말과 표현으로 회의진행을 일관하고 있다. 당신은 어떻게 할 것인가?

① 구체적인 아이디어 주제로 전환한다.

② 부하 직원에게 구체적으로 전개하라고 명령한다.

③ 회의 후 자신의 구체적인 생각을 서면으로 제출하라고 한다.

④ 회의 후 개인적으로 불러 부하의 정확한 아이디어 내용을 듣는다.

호텔 예절에 대한 설명으로 옳지 않은 것은?

① 사전에 객실을 예약하는 것이 기본이다.

② 호텔 구조, 비상구, 대피경로 등의 위치를 알아둔다.

③ 예약을 할 때에는 당사자가 필요한 방을 확실히 지정하여 두도록 한다.

④ 호텔에 도착하면 프런트에 가서 등록카드를 꼭 작성하지 않아도 된다.

 ④ 호텔에 도착하면 프런트에 가서 등록카드를 작성한다. 소정의 카드에 주소, 성명, 투숙할 날짜 등을 적고 사인을 하도록 되어 있다. 자신의 성명을 기입할 때에는 반드시 남녀별, 미혼과 기혼의 여부를 밝혀서 Mr. Mrs, Miss를 붙이도록 한다.

2 다음 중 사무실내 호칭 예절에 대한 설명으로 옳은 것은?

① 상사에게 자기를 지칭할 경우 '저' 또는 성과직위나 직무명을 사용한다.

② 상사에 대한 존칭은 문서에도 쓰는 것이 원칙이다.

③ 차상급자에게 상급자의 지시나 결과를 보고할 때에도 성과 직위 다음에 '님'의 존칭을 생략해서는 안 된다.

④ 본인이 임석 하에 지시를 전달할 때는 '님'을 생략한다.

 ② 문서에는 상사의 존칭을 생략하는 것이 원칙이다. 즉, 상사에 대한 존칭은 호칭에만 쓴다.
③ 차상위자에게 상급자의 지시나 결과를 보고할 때는 직책과 직위만 사용한다.
④ 본인이 임석 하에 지시를 전달할 때는 '님'을 붙인다.

3 명함 교환 예절에 대한 설명으로 옳지 않은 것은?

① 한 쪽 손으로는 자기의 명함을 주고 다른 한 쪽 손으로 상대의 명함을 받는다.

② 상대에게 받은 명함에 모르는 글자가 있으면 정중하게 물어보고 헤어진 다음에 정리
한다.

③ 자기를 먼저 소개하는 사람이 자기의 명함을 정중하게 건넨다.

④ 상대에게 받은 명함은 공손히 받쳐 들고 상세히 살핀 다음 정중하게 간수한다.

> **Tip** ① 한쪽 손으로는 자기의 명함을 주면서 다른 한 쪽 손으로는 상대의 명함을 받는 동시교
> 환은 부득이한 경우가 아니면 실례이다. 만일 상대가 먼저 명함을 주면 그것을 받은 다음
> 에 자기의 명함을 준다.

4 문상 시의 예절에 대한 설명 중 옳지 않은 것은?

① 여자는 왼손을 위로 하고 두 번 절한다.

② 고인에게 재배하고 상주에게 절한 후 극진히 위로의 말을 건넨다.

③ 유가족을 붙잡고 계속해서 말을 시키는 것은 실례가 된다.

④ 반가운 친지를 만났을 때에는 조문이 끝난 뒤 밖에서 따로 이야기 하도록 한다.

> **Tip** ② 문상 할 때에는 고인에게 재배하고 상주에게 절한 후 아무 말도 하지 않고 물러나오는
> 것이 전통적인 예의이다. 상을 당한 사람을 극진히 위로해야 할 자리이지만 그 어떤 말도
> 상을 당한 사람에게는 위로가 될 수 없다는 뜻이며 아무 말도 하지 않는 것이 더 깊은 조의
> 를 표하는 것이다.

5 다음 중 인사 예절에서 소개 순서로 옳지 않은 것은?

① 남성을 여성에게 소개한다.

② 소개를 받는 경우 일어서는 것이 원칙이다.

③ 연장자를 연하자에게 소개한다.

④ 여성의 경우 소개를 받을 때 일어서지 않을 수 있다.

> **Tip** 소개 순서는 남성을 여성에게, 연하자를 연장자에게, 하위자를 상위자에게 소개한다. 단,
> 남성이 대통령, 외국 원수, 왕족, 성직자, 고위직 인사인 경우는 예외로 한다.

Answer ↦ 1.④ 2.① 3.① 4.② 5.③

6 전화 예절에 관한 설명으로 옳지 않은 것은?

① 가급적이면 이른 아침, 식사 시간, 늦은 밤에는 전화를 하지 않는 것이 좋다.

② 끊을 때는 원칙적으로 받은 쪽에서 먼저 끊는다. 다만 상대방이 윗사람일 경우는 나중에 조용히 끊는다.

③ 통화할 상대가 부재중일 때는 언제쯤 통화가 가능한지를 정중히 확인하고, 다시 전화를 하겠다든지 또는 메모를 부탁한다.

④ 전화 수신이 늦었을 경우 양해의 표현을 한다.

Tip ② 끊을 때는 원칙적으로 전화를 건 쪽에서 먼저 끊는다. 다만 상대방이 윗사람일 경우는 나중에 조용히 끊는다.

7 승강기 탑승 예절로 옳지 않은 것은?

① 안내원이 있는 승강기 탑승 시는 상위자가 먼저 타고 내리는 것이 원칙이다.

② 승강기 내의 상석은 들어가서 돌아선 방향에서 좌측 안쪽이다.

③ 이미 닫히기 시작한 승강기는 포기하고 다음 승강기를 이용토록 한다.

④ 내릴 때는 상위자가 먼저 내리고 하위자가 나중에 내린다.

Tip ② 승강기 내의 상석은 들어가서 돌아선 방향에서 우측 안쪽이다.

8 음주 예절에 대한 설명으로 옳지 않은 것은?

① 서양에서는 술을 따를 때 잔을 들고 받아야 한다.

② 우리나라에서는 좌석이 먼 경우에는 왼손을 가슴에 살짝 대고 따른다.

③ 일본에서는 상대의 술잔에 술이 조금 남아 있을 때 술을 채워주는 것이 예의이다.

④ 서양의 술은 글라스의 7부 정도로 따른다.

Tip ① 서양에서는 술을 따를 때 잔을 들고 받지 않음을 주의한다.

9 다음 대화에서 두 사람이 대화하는 장소는?

> A : Which floor do you want?
> B : The twenty-first. Thank you.
> A : You're welcome.
> B : Are you the operator?
> A : No, I'm just here on business.

① in a taxi
② in an office
③ in an elevator
④ in a subway

 floor 마루, 바닥, 층 operator 조작자, 기술자, 기사 on business 사업상, 업무상
「A : 몇 층에 가시나요?
 B : 21층이요. 감사합니다.
 A : 천만에요.
 B : (엘리베이터) 기사이신가요?
 A : 아닙니다. 나는 업무(사업)상 방금 왔답니다.」

10 다음 문장의 빈칸에 공통적으로 들어갈 단어를 고르면?

> • She is at _____ in Korean.
> • His sermon came _____ to my heart.
> • She don't feel at _____ with that man.

① home
② country
③ house
④ place

 be at home in ~에 능통하다, 익숙하다 come home to ~에 사무치다, 절실히 느끼다 feel at home with 편안하다
「• 그녀는 한국어에 능통하다(익숙하다).
 • 그의 설교는 나의 마음에 사무쳤다.
 • 그녀는 그 남자가 편안하지 않았다.」

Answer ┌→ 6.② 7.② 8.① 9.③ 10.①

11 다음 중 두 사람이 나눈 대화의 내용이 어색한 것은?

① A : I'm going out for a walk. Can I do anything for you while I'm out?

B : Could you pick up some toothpaste at the drugstore?

② A : I'd like to make a reservation for two people for the second week of February.

B : I'm sorry, but there's nothing available that week.

③ A : Have you decided what you're going to major in?

B : Yes, I have. I'm planning to go to Australia during holidays.

④ A : What are you going to do after you graduate, Mr. Anderson?

B : I'm going to start my own business in my hometown.

 ① A : 밖으로 산책하러 나갈건데, 외출하는 동안 뭐 시킬 것 있어?
B : 약국에서 치약 좀 사다줄 수 있니?
② A : 2월 둘째 주에 2인용으로 예약하고 싶습니다.
B : 죄송합니다만, 그 주에는 이용할 수가 없습니다(예약분이 남아있지 않습니다).
③ A : 무엇을 전공할 것인지 결정했니?
B : 응, 나는 휴가 동안 호주에 갈 계획이야.
④ A : Anderson씨, 졸업 후에 무엇을 할 예정입니까?
B : 고향에서 사업을 시작해 보려고요.

12 다음은 인터뷰의 일부이다. 빈칸에 들어갈 질문으로 가장 적절한 것은?

> Mike : _____
>
> Jane : Well, when I graduated from drama school. I moved to L.A. to look for work as an actress. I was going to auditions every day, but I never got any parts. And I was running out of money. So I got a job as a waitress in a restaurant. While I was working there, a customer offered me some work as model. Within a few weeks, I was modeling full time.

① 당신은 처음에 모델(일)을 어떻게 구했나요?

② 당신의 직업은 어떻습니까?

③ 당신은 모델(일)을 어렵게 구했나요?

④ 당신은 졸업 후에 어떤 종류의 일자리(직업)를 구하고 싶습니까?

13 다음 설명을 읽고 해당하는 단어를 고르면?

> a room or building used for scientific experiments especially in chemistry.

① laundry
② laboratory
③ cellar
④ factory

② 실험실
「특히 화학에서 과학적 실험을 위해 사용되는 방이나 건물」

14 주어진 문장에 이어질 글의 순서가 가장 적합한 것은?

> When one person teaches another through speech or writing, this process is called learning by instruction.

> (A) As we all know, however, we can gain knowledge without being taught.
> (B) Simply stated, discovery is learning without a teacher, and instruction is learning through the help of one.
> (C) This is discovery, the process of learning something by observation, examination, or searching for facts, without being taught.

① (A) − (B) − (C)
② (A) − (C) − (B)
③ (B) − (A) − (C)
④ (B) − (C) − (A)

「사람이 말이나 글을 통해서 다른 사람을 가르칠 때 이 과정은 교수에 의한 학습이라고 불리어진다. (A) 그러나 우리 모두가 알고 있듯이 우리는 가르침을 받지 않고도 지식을 얻을 수 있다. (C) 이것이 가르침을 받지 않고 관찰, 조사 또는 사실들의 추구에 의해 어떤 것을 배우는 과정인 발견이다. (B) 간단히 말해서 발견이란 교사 없이 배우는 것이고 교수란 교사의 도움을 통해 배우는 것이다.」

Answer ▸ 11.③ 12.① 13.② 14.②

15 다음 글의 목적으로 적절한 것은?

> Developing your listening skills is an important part of your English course. Here in the Listening Center you can develop many different skills. There are hundreds of videotapes for you. You will find it very helpful to use these materials.

① 거절   ② 감사

③ 항의   ④ 광고

 「당신의 영어코스에서 듣기기술을 발전시키는 것은 중요한 부분이다. 여기 듣기센터 내에서는 많은 다른 기술들을 발전시킬 수 있다. 당신을 위한 수많은 비디오테이프가 있다. 당신은 이러한 재료들을 사용하는 것이 매우 유용하다는 것을 발견하게 될 것이다.」

16 다음 대화에서 빈칸에 들어가기에 가장 적절한 것은?

> A : How can I get to the bus station?
> B : _____.

① You have worked very hard.

② I'm sorry. I'm a stranger here, too.

③ I'm sure that we'll have a nice time.

④ You have already arrived at the fire station.

 버스정류장을 물어보는 질문이다.
　① 당신은 열심히 일해 왔다.
　② 미안해요. 저도 역시 여기가 처음이어서요.
　③ 나는 우리가 즐거운 시간을 보낼 것이라고 확신한다.
　④ 당신은 이미 소방서에 도착했어요.

17 다음 시트처럼 한 셀에 두 줄 이상 입력하려는 경우 줄을 바꿀 때 사용하는 키는?

① ⟨F1⟩ + ⟨Enter⟩   ② ⟨Alt⟩ + ⟨Enter⟩

③ ⟨Alt⟩ + ⟨Shift⟩ + ⟨Enter⟩   ④ ⟨Shift⟩ + ⟨Enter⟩

> (Tip) 한 셀에 두 줄 이상 입력하려고 하는 경우 줄을 바꿀 때는 ⟨Alt⟩ + ⟨Enter⟩를 눌러야 한다.

18 다음 워크시트에서 [A1:B2] 영역을 선택한 후 채우기 핸들을 사용하여 드래그 했을 때 [A6:B6]영역 값으로 바르게 짝지은 것은?

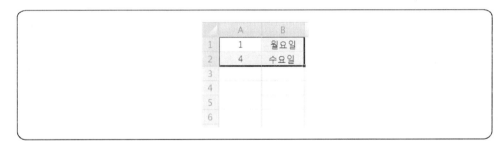

     A6   B6

① 15   목요일

② 16   목요일

③ 15   수요일

④ 16   수요일

> (Tip) 숫자는 1, 4, 7, 10, 13, 16으로 채워지고 요일은 월, 수, 금, 일, 화, 목으로 채워지고 있다. 따라서 A6값은 16이고 B6값은 목요일이다.

Answer → 15.④ 16.② 17.② 18.②

19 한글에서 사용할 수 있는 단축키에 대한 기능이 옳지 않은 것은?

① Ctrl+N,T − 표 만들기　　② Ctrl+Z − 되돌리기

③ Ctrl+P − 쪽 나눔　　④ Ctrl+N,M − 수식 입력하기

> **Tip** Ctrl+P는 인쇄하기 기능이다. 쪽 나눔의 단축키는 Ctrl+Enter이다.

20 윈도우에서 현재 활성화된 창과 동일한 창을 새로 띄우려고 한다. 어떤 단축키를 사용해야 하는가?

① Ctrl+N　　② Alt+N

③ Shift+N　　④ Tab+N

> **Tip** Ctrl+N 단축키는 현재 열려있는 프로그램과 같은 프로그램을 새롭게 실행시킨다. 현재 사용하는 인터넷 브라우저 혹은 폴더를 하나 더 열 때 사용한다.

21 엑셀에서 잘못된 인수나 피연산자를 사용하거나 수식 자동고침 기능으로 수식을 고칠 수 없을 때 나타나는 오류 메시지는?

① #NAME?　　② #REF!

③ #VALUE!　　④ #DIV/0

> **Tip** ① #NAME? : 인식할 수 없는 텍스트를 수식에 사용했을 때
> ② #REF! : 수식이 있는 셀에 셀 참조가 유효하지 않을 때
> ④ #DIV/0 : 나누는 수가 빈 셀이나 0이 있는 셀을 참조하였을 때

22 다음 중에서 가장 큰 인쇄용지는?

① B4　　② A4

③ B3　　④ A3

> **Tip** B3〉A3〉B4〉A4

23 한글 Windows의 [보조 프로그램]에 있는 [그림판] 프로그램에서 작업할 수 있는 파일 형식이 아닌 것은?

① *.BMP

② *.GIF

③ *.JPG

④ *.TXT

> (Tip) ④ TXT 파일은 텍스트 파일로 메모장에서 작업 가능하다.

24 다음 ( ) 안에 들어갈 말로 올바른 것은?

> 아직 기술 표준이 정해지지 않은 ( )는 2020년 상용화를 목표로 표준화 작업 추진 중에 있으며, 2017년이 향후 ( )국제 표준의 토대가 형성되는 해다. 한국 정부는 2018년 평창 올림픽을 '( ) 올림픽'으로 만들 계획을 가지고 표준 선점을 위해 질주하고 있다. 표준 규격을 제정하는 국제전기통신연합(ITU)의 ( ) 요건은 '데이터 전송 속도 초당 20Gbps이상, 지연 속도 0.001초 이하'다.

① Hi-Fi

② LTE Advanced

③ Wi-Fi

④ 5G

> (Tip) 5G는 2GHz 이하의 주파수를 사용하는 4G 롱텀에볼루션(LTE)과 달리 28GHz의 초고대역 주파수를 사용한다. 이로 인해 LTE보다 빠른 속도로 초고선명 영화를 1초 만에 전달할 수 있다. 저대역 주파수는 도달거리가 길고 속도는 느린 반면 고대역 주파수는 직진성이 강해 도달거리는 짧지만 속도는 빠르다.

25 다음 중 가정 식품·일용 잡화품 등을 중심으로 하여 브랜드명을 전혀 붙이지 않고, 포장비를 줄이고 광고비를 없앰으로써 제품의 원가를 낮추는 것이 목적인 것은?

① 미투 브랜드

② 세컨드 브랜드

③ 제네릭 브랜드

④ 카피캣

> (Tip) ① 시장에서 가장 인기를 끌고 있는 브랜드 또는 경쟁 브랜드를 모방한 상품을 말한다.
> ② 디자이너 브랜드의 보급판으로 개발한 브랜드의 상품 라인을 말한다.
> ④ 잘 나가는 제품을 그대로 모방해 만든 제품을 비하하는 용어이다.

Answer ↦ 19.③ 20.① 21.③ 22.③ 23.④ 24.④ 25.③

26 다음 빈칸에 들어갈 숫자를 모두 더한 값은?

- 팔만대장경은 국보 제( )호이다.
- ( )표법 : BC451년에 제정된 로마 최초의 성문법으로 후대 로마인에 의하여 전로마법체제라고 불렸으며, 후대 법률의 기초를 이루었다.
- ( )시그마 : GE의 전 회장 잭 웰치에 의해 알려진 품질 혁신과 고객 만족을 달성하기 위한 과학적이고 합리적인 문제 해결 방법으로, 100만 개의 제품 중 발생하는 불량품을 평균 3.4개 이하로 한다는 목표를 설정한다.

---

① 48
② 50
③ 52
④ 54

- 팔만대장경은 국보 제32호이다.
- 12표법 : BC451년에 제정된 로마 최초의 성문법으로 후대 로마인에 의하여 전로마법체제라고 불렸으며, 후대 법률의 기초를 이루었다.
- 6시그마 : GE의 전 회장 잭 웰치에 의해 알려진 품질 혁신과 고객 만족을 달성하기 위한 과학적이고 합리적인 문제 해결 방법으로, 100만 개의 제품 중 발생하는 불량품을 평균 3.4개 이하로 한다는 목표를 설정한다.

27 다음은 기업의 윤리적 사업이다. 이를 모두 포괄하는 것은?

- L출판사는 식목일을 맞이하여 일정 기간 동안 '착한 책'이 판매되는 수익금의 1%를 숲을 조성하는 기금으로 적립하였다.
- G사는 경기 침체의 영향으로 후원금이 줄어 경영난을 겪고 있는 식량·주거지원기관에 지원금을 전달했다.

---

① CI
② CSR
③ CRM
④ EPR

기업의 사회적 책임(Corporation Social Responsibility, CSR) … 이윤추구 활동 이외에 법령과 윤리를 준수하고, 이해 관계자의 요구에 적절히 대응함으로써 사회에 긍정적인 영향을 미치는 책임 있는 활동을 말한다. 이는 기업 경영방침의 윤리적 적정, 제품 생산 과정에서 환경파괴, 인권유린 등과 같은 비윤리적 행위의 여부, 국가와 지역사회에 대한 공헌 정도, 제품 결함에 대한 잘못의 인정과 보상 등을 내용으로 한다.

28 다음 ( )에 들어갈 말을 순서대로 바르게 나열한 것은?

> 사람들이 그 나라의 화폐를 많이 사용하면 돈의 가치는 (   )하고, 수출업체는 (   )
> 되고 관광객의 부담은 (   )된다.

① 상승 – 감소 – 증가 ② 상승 – 증가 – 증가

③ 하락 – 감소 – 증가 ④ 하락 – 증가 – 증가

 ① 원화가치가 높아지면 수출할 때 수익이 줄어들게 되므로 수출업체는 감소하게 되고, 수입은 증가한다. 관광객의 지출비용이 증가하게 되므로 관광객의 부담은 증가된다.

29 다음 지문의 내용과 관련 있는 법칙은?

> 甲은 친구들과 함께 농장을 시작하였으나 생각했던 것만큼 이익이 생기지 않아 더 많은 노동력을 투입하기로 했다. 노동력이 한명씩 늘어날 때 마다 농장의 총 수확량이 증가하여 계속해서 노동력을 늘렸더니 어느 시점부터 1인당 수확량이 감소하여 노동력 추가투입을 중단하였다.

① 수확체증의 법칙 ② 수확체감의 법칙

③ 한계효용균등의 법칙 ④ 한계효용체감의 법칙

 수확체감의 법칙 … 어떤 생산요소의 투입을 고정시키고 다른 생산요소의 투입을 증가시킬 경우 산출량이 점진적으로 증가하다가 투입량이 일정수준을 넘게 되면 산출량의 증가율이 점차적으로 감소하게 되는 현상을 말한다. 반대로 생산요소의 투입이 증가할수록 산출량이 기하급수적으로 증가하는 현상을 수확체증의 법칙이라 한다.
③ 소비자나 기업 등의 경제주체가 한정된 자본이나 소득으로 여러 가지 재화를 구입하는 경우, 최대효용을 얻고자 한다면 그 재화에 의하여 얻어지는 한계효용이 같아야 한다는 경제학상의 법칙이다.
④ 배가 고픈 사람이 음식을 섭취하면 배가 불러와 처음 느꼈던 만족감을 계속해서 느끼지 못하듯 소비자가 재화나 서비스를 1단위 더 소비할 때 느끼는 만족감인 한계효용은 소비량이 늘수록 작아지는 것을 의미한다.

Answer ↦ 26.② 27.② 28.① 29.②

30 다음 설명에 해당하는 기술은?

> 사물인터넷(IoT)의 핵심 기술 중 하나로 소비 전력을 낮춘 저전력 블루투스를 통해 스마트 기기에 맞춤 정보를 제공하는 기술이다. 이전 기술과 달리 단말기를 접촉해야하는 번거로움이 없는 이 기술은 70~90m 거리 안에 있는 스마트폰에 바로 서비스가 가능하다. 최근 국내의 한 휴대폰 모바일 멤버십 지갑 어플리케이션에서는 가게에 들어가면 해당 가게에서 사용할 수 있는 쿠폰을 바로 스마트폰으로 발급해주는 시스템을 도입하여 눈길을 끌고 있고, 명동성당에서는 입구에 도착하면 성당의 역사, 미사 시간 등을 알수 있는 웹페이지를 스마트폰에 전송해준다.

① NFC   ② Beacon

③ kiosk   ④ DSRC

① NFC 기능이 있는 스마트기기를 리더기에 접촉하기만 하면 자동으로 블루투스 페어링이 되어 복잡한 과정 없이 쉽고 빠르게 스마트기기와 블루투스기기를 연결한다.
③ 공공장소에 설치된 터치스크린 방식의 정보전달 시스템으로, 카드판독기, 스피커, 카메라 등의 주변기기들을 장착하여 사용자 애플리케이션을 제공한다.
④ 지능형 교통 시스템(ITS)을 구현하기 위한 단거리 전용 통신 시스템으로, 톨게이트나 도로변에 설치하여 자동차에 탑재한 단말 장치와 수~수십m의 거리에서 양방향 무선 통신을 통하여 다량의 정보를 순간적으로 교환한다.

31 다음 ( ) 안에 들어갈 알맞은 말은?

> 니콜라스 탈레브는 그의 책에서 ( )을/를 '과거의 경험으로 확인할 수 없는 기대 영역 바깥쪽의 관측 값으로, 극단적으로 예외적이고 알려지지 않아 발생가능성에 대한 예측이 불가능하지만 일단 발생하면 엄청난 충격과 파장을 가져오고, 발생 후에야 적절한 설명을 시도하여 설명과 예견이 가능해지는 사건'이라고 정의하였다. 이것의 예로 20세기 초에 미국에서 일어난 경제대공황이나 9 · 11 테러, 구글(Google)의 성공 같은 사건을 들 수 있다. 전 세계를 강타한 미국 발 세계금융위기도 포함된다.

① 블랙스완   ② 화이트스완

③ 그레이스완   ④ 더블딥

② 끊임없이 반복되어 오는 위기임에도 명확한 해결책이 없는 현상을 말한다.
③ 예측은 되지만 마땅한 해결책이 존재하지 않는 현상을 말한다.
④ 경기침체 후 잠시 회복기를 보이다가 다시 침체에 빠지는 이중침체 현상을 말한다.

32 다음 (   ) 안에 들어갈 용어로 옳은 것은?

> (   )은(는) 카드 대금을 매달 고객이 정한 비율(5~100%)만큼 결제하는 제도로 자금 부담을 줄이는 장점이 있지만 나중에 결제해야 하는 대금에 대한 높은 수수료가 문제되고 있다.

① 모빙
② 리볼빙
③ 그린 · 옐로우카드제
④ 몬덱스카드

 리볼빙(Revolving)이란 일시불 및 현금서비스 이용액에 대해 매월 대금결제시 카드사와 회원이 미리 약정한 청구율이나 청구액 만큼만 결제하고, 결제된 금액만큼만 사용이 가능하도록 하는 제도이다.

33 다음 기사에서 설명하고 있는 '이것'은?

> 야당의원들이 테러방지법을 저지하기 위해 2월 23일부터 시작됐던 '이것'이 3월 2일 막을 내렸다. 이는 국회에서 법안의 통과 · 의결 등을 함에 있어 다수파의 독주를 막기 위해 소수파 의원들이 합법적인 방법을 동원하여 고의로 의사진행을 방해하는 행위를 말한다. 야당의원 38명이 참여했으며 8박 9일, 약 192시간 동안 릴레이 토론을 벌였다. 이는 기존 캐나다 새민주당이 세운 58시간보다 약 3.3배 긴 시간으로 세계 최장의 '이것'으로 기록되었다. 마지막 주자였던 이종걸 원내대표는 12시간 31분 동안 발언을 이어가 한국 최장 기록을 세웠다.

① 캐스팅보트
② 게리맨더링
③ 로그롤링
④ 필리버스터

 필리버스터 … 국회에서 법안의 통과 · 의결 등을 함에 있어 다수파의 독주를 막기 위해 소수파 의원들이 합법적인 방법을 동원하여 고의로 의사진행을 방해하는 행위를 말한다. 장시간의 의견진술, 규칙발언 연발, 연속적인 제의, 신상발언 등이 필리버스터라고 볼 수 있다. 이런 의사진행의 방해는 법규상 문제가 없지만, 무제한으로 용납된다면 국회 기능이 마비되는 등 문제점이 발생한다.
① 의회에서 상정된 안건에 대해 찬성과 반대의 의결수가 동일한 경우 의장이 행사하는 결정권
② 특정 정당이나 특정 후보자에게 유리하도록 자의적으로 부자연스럽게 선거구를 정하는 일
③ 정치세력들이 투표거래나 투표담합을 통해 상호지원을 하는 행위

Answer ⟿ 30.② 31.① 32.② 33.④

34 다음 중 환경문제와 직접적인 관련이 없는 것은?

① BANANA현상
② 테마파크(theme park)
③ 가우디의 바다
④ BIG4(big four)

> (Tip) ② 넓은 지역에 특정한 주제를 정해 놓고 그에 알맞은 오락시설 등을 배치하는 위락단지를 말한다.
> ① 'Build Absolutely Nothing Anywhere Near Anybody'의 약자로 지역이기주의 현상이다.
> ③ 오염된 바다라는 환경문제를 다룬 동화이다.
> ④ 그린피스, 제3세계 네트워크, 이 땅의 친구들, 세계자연보호기금 등 세계민간환경단체를 말한다.

35 중국의 스모그 오염 경보 중 2급 단계이다. 2015년 12월 1일 중국 베이징시가 사상 처음으로 이 경보를 발령하였는데, 이 경보가 발령되면 건설 현장에서 먼지를 발생시키는 모든 활동이 금지되며 노인과 어린이들의 외출이 제한된다. 이 경보를 나타내는 색은?

① 청색
② 황색
③ 적색
④ 오렌지색

> (Tip) 중국 스모그 오염 경보 … 1급(적색), 2급(오렌지색), 3급(황색)

36 출퇴근 시간이나 점심시간 등에 10~15분 내외로 시간과 장소에 구애받지 않고 간편하게 문화생활을 즐기는 라이프스타일 또는 문화 컨텐츠를 일컫는 말은?

① 스낵컬처
② 모노컬처
③ 하이퍼컬처
④ 블루컬처

> (Tip) 스낵컬처(snack culture) … 부담 없이 즐기는 스낵처럼 짧은 시간 동안 간편하게 무언가를 즐기는 문화로서 패션, 음식, 방송 등 사회 여러 분야에서 나타나는 현상이다. 항상 새로운 것을 열망하는 소비자들이 많은 것을 소비할 수 있도록 하는 하나의 문화 트렌드이다.

37 자본주의의 독점화·고도화에 따라 생기는 실업형태는?

① 경기적 실업

② 구조적 실업

③ 마찰적 실업

④ 계절적 실업

 ① 자본주의 경제에 특유한 경기순환에 따라 총수요 부족으로 발생하는 실업으로 수요부족실업이라고도 한다.

② 경기파동에 따른 일시적인 실업이 아닌, 자본주의 경제구조의 특수성과 모순에 의해 필연적으로 나타나는 실업이다.

③ 노동의 수요과 공급에 있어서 일시적 불일치에 의해 일어나는 실업이다.

④ 어떤 산업의 생산이 계절적으로 변동하기 때문에 일어나는 단기적인 실업이다.

38 다음 〈보기〉에 있는 헌법기관의 임기를 모두 합하면 얼마인가?

> 〈보기〉
> 대통령 국회의원 감사원장 대법원장 헌법재판소장

① 21

② 23

③ 24

④ 25

 대통령 5년, 국회의원 4년, 감사원장 4년, 대법원장 6년, 헌법재판소장 6년

39 유네스코가 세계 각국의 문맹퇴치사업에 공이 많은 개인이나 단체를 뽑아 시상하는 문맹퇴치 공로상은?

① 만델라 상

② 에디슨 상

③ 세종대왕 상

④ 프레이리 상

 세종대왕 상…1989년 6월 한국정부의 제의에 따라 유네스코에서 제정한 상으로 문맹퇴치의 날인 매년 9월 8일에 수상한다. 유네스코 사무총장이 위촉한 심사위원들의 심사로 본상과 장려상으로 나누어 수여되며, 상금 3만 달러는 한국정부가 출연한다.

Answer ⟶ 34.② 35.④ 36.① 37.② 38.④ 39.③

40 정치·경제·문화뿐만 아니라 예술까지 섭렵한 다양한 경험을 가진 사람으로 컴퓨터를 다루는 데에도 뛰어나 정보화 시대에 새로운 지배계급으로 떠오른 사람들을 일컫는 말로 화이트칼라와 골드칼라를 뒤이은 인터넷 경제사회의 새로운 주역으로 자리매김하고 있는 이들을 뜻하는 용어는?

① 실리콘 칼라 ② 네오블루 칼라
③ 르네상스 칼라 ④ 퍼플 칼라

 ① 정보화에 대한 개념이 뚜렷하고 사업성만 있다면 첨단 기술력을 바탕으로 언제든지 창업에 뛰어들 수 있는 정보화 시대의 새로운 노동자 계급
② 고소득을 올리며 대도시의 화이트칼라 노동자보다 더 나은 삶의 질을 누리는 블루칼라 (생산직 노동자)
④ 일과 가정의 조화를 위해 여건에 따라 근로시간과 장소를 탄력적으로 조정해서 일하는 노동자

41 정치적 담론을 다룬 TV 프로그램을 시청하면서 SNS를 통해 실시간으로 의견을 표출하는 사람들을 일컫는 말은?

① 뷰어태리어트 ② 웨비소드
③ 클릭티비즘 ④ 폴리터리안

 ① 뷰어태리어트(Viewertariat) : 미디어 환경의 변화로 기존 수동적인 시청자 집단과는 구별되는 적극적인 시청자 집단이 등장하고 있는데 뷰어태리어트는 시청자(Viewer)와 독일어로 무산 계급을 뜻하는 프롤레타리아트(Proletariat)의 합성어이다.
② 웨비소드(Webisode) : 웹(Web)과 에피소드(Episode)의 합성어로, 스토리는 짧지만 속도감 있는 여러 개의 에피소드로 구성된 온라인 전용 드라마를 말한다.
③ 클릭티비즘 : 클릭(Click)과 행동주의(Activism)의 합성어로, SNS를 통한 참여와 행동을 말한다.
④ 폴리터리안(Politterian) : '정치적인(Political)' 혹은 '정치인(Politician)'과 트위터 사용자(Twitterian)의 합성어로, 트위터 등 SNS에서 정치 현안이나 정치인 등에 대해 적극적으로 의견을 개진하며 영향력을 행사하는 네티즌을 말한다.

42 신문·잡지·텔레비전 등의 보도기관에서 경쟁사보다 앞서 독점으로 보도하는 특종기사를 이르는 말로 보도보다는 기획·논평·오락 등이 중시되는 오늘날에도 여전히 속보경쟁의 꽃으로 기대와 흥미를 모으고 있는 것은?

① 프레이밍 ② 스쿠프
③ 플러시 ④ 엠바고

 ① 뉴스 미디어가 어떤 사건이나 이슈를 보도할 때 특정한 프레임을 이용해 보도하는 것
③ 통신사가 큰 뉴스의 한 포인트를 계약된 신문사·방송국에 속보하는 것

④ 일정 시점까지 보도금지를 뜻하는 매스컴 용어

43 실제로는 은행의 건전성에 큰 문제가 없지만 예금주들이 은행 건전성의 의문을 갖고 비관적으로 생각하는 경우 발생하는 현상을 일컫는 용어는?

① 전대차관   ② 뱅크런

③ 워크아웃   ④ 빅딜

 뱅크런 … 예금주들이 은행에 맡긴 돈을 제대로 받을 수 없을지도 모른다는 공포감에서 발생하는 예금주들의 예금인출사태를 말한다. 이러한 예금자들의 불안감을 해소하기 위해 금융당국은 은행이 예금지급불능사태가 되더라도 일정규모의 예금은 금융당국이 보호해주는 예금보험제도를 시행하고 있다.

44 다음 중 세계 3대 영화제가 아닌 것은?

① 베니스(Venice) 영화제   ② 모스크바(Moscow)영화제

③ 칸(Cannes) 영화제   ④ 베를린(Berlin) 영화제

 모스크바 영화제는 베니스, 칸, 베를린 영화제와 더불어 세계 4대 영화제에 해당한다.

45 다음 중 베르디의 오페라 작품이 아닌 것은 무엇인가?

① 운명의 힘   ② 멕베스

③ 라보엠   ④ 오텔로

 ③ 이탈리아의 작곡가 G.푸치니의 오페라 작품이다.

Answer 40.③ 41.① 42.② 43.② 44.② 45.③

46 다음에서 설명하는 용어는 무엇인가?

> 색채, 크기, 모양 등 상품이나 서비스의 고유한 이미지를 나타내기 위해 사용된 복합적인 무형 요소를 뜻하는 것으로 여성의 몸매와 유사한 잘록한 허리 모양과 표면에 있는 웨이브 문양 등을 코카콜라 병만의 독특한 특징으로 생각하는 것이 대표적인 예이다.

① 상업디자인　　　　　　　　　② 지적소유권
③ 디자인라이트　　　　　　　　　④ 트레이드 드레스

④ 트레이드 드레스(Trade Dress)에 대한 설명이다. 트레이드 드레스의 대표적인 예는 코카콜라의 콜라병 모양과 아이폰을 만든 애플의 사과 모양을 들 수 있다.

① **상업디자인** : 상품·기업 정보를 주로 시지각(視知覺)을 통해 소비대중에게 전달하고자 하는 조형표현

② **지적소유권** : 소위 지적 무체(무형)재산에 대한 보호권으로서 인간의 지적 활동의 성과로 얻어진 정신적·무형적 재화에 대한 소유권에 유사한 재산권

③ **디자인라이트**(design right) : 우리말로는 디자인권이라고 하는데 공업 소유권의 일종으로서 디자인을 등록한 자가 그 등록디자인에 대하여 향유하는 독점적·배타적 권리

47 뉴스 요약 앱으로 스마트폰과 태블릿피시 등 모바일 기기의 스크린 안에 뉴스가 전부 들어갈 수 있도록 자동으로 축약해 한눈에 볼 수 있게 해주는 서비스를 말하는 용어는?

① 웨이보　　　　　　　　　　　② 핀터레스트
③ 섬리　　　　　　　　　　　　④ 스마트 에이징

③ **섬리**(Summly)는 인공지능을 이용해 세계 주요 언론사 수백 곳의 인터넷 사이트를 검색한 후 자연어 처리 방식으로 각 뉴스를 400~800자 정도로 순식간에 요약하는데, 관심 있는 분야와 매체를 지정해놓으면 중요한 기사를 알아서 보여준다.

① **웨이보** : 글자 수 140개 이하의 단문을 올릴 수 있고 다른 회원을 팔로우할 수 있는 것으로 ‘작다(Micro)’는 뜻의 웨이(微)와 블로그를 뜻하는 보커(博客)의 첫 글자를 합친 중국판 트위터이다.

② **핀터레스트**(Pinterest) : 벽에 물건을 고정할 때 쓰는 핀(Pin)과 ‘관심사’를 뜻하는 인터레스트(Interest)의 합성어인 핀터레스트는 온라인에서 자신이 관심 있는 이미지를 핀으로 콕 집어서 포스팅하고, 이를 페이스북이나 트위터 등 다른 소셜네트워크(SNS) 사이트와 연계해 지인들과 공유하는 이미지 기반 소셜네트워크 서비스다.

④ **스마트 에이징**(Smart Aging) : 똑똑하게 늙는다는 뜻으로 육체적·정신적으로 건강한 노년을 보낼 수 있도록 하는 것을 말한다.

48 다음의 사건을 연대순으로 바르게 나열한 것은?

> ㉠ 민족자존과 통일번영에 관한 특별선언(7.7선언)
> ㉡ 7.4 남북공동성명 발표
> ㉢ 6.15 남북공동선언

① ㉢→㉡→㉠　　　　　　　　② ㉡→㉢→㉠

③ ㉡→㉠→㉢　　　　　　　　④ ㉠→㉡→㉢

㉠ 1988. 7. 7.
㉡ 1972. 7. 4.
㉢ 2000. 6. 15.

49 시민들의 자발적인 모금이나 기부·증여를 통해 보존가치가 있는 자연자원과 문화자산을 확보하여 시민주도로 영구히 보전·관리하는 시민환경운동은?

① 레드존　　　　　　　　　② 내셔널 트러스트

③ 그린피스　　　　　　　　④ 그린마케팅

내셔널 트러스트(national trust) … 시민들의 자발적인 모금이나 기부·증여를 통해 보존가치가 있는 자연자원과 문화자산을 확보하여 무분별한 개발로부터 보전·관리하자는 취지의 시민환경운동이다. 우리말로는 자연신탁 국민운동이라 불린다. 일반적인 신탁은 개인이나 기업의 이익을 위한 것이지만 내셔널 트러스트는 아름다운 자연환경과 문화자원을 보존하여 미래세대에 물려주자는 의미이다. 산업혁명으로 인해 유적파괴와 자연 훼손이 심각했던 1895년 영국에서 변호사 로버트 헌터, 여류 사회활동가 옥타비아 힐, 목사 캐논 하드웍 론즐리 세 사람이 주축이 되어 처음 시작되었다.

Answer ⟶ 46.④　47.③　48.③　49.②

50 다음에서 설명하는 용어는 무엇인가?

> 프로그램에 따라 차이는 있지만 일반적으로 근력 운동과 유산소 운동을 섞어 체력, 근력, 민첩성, 심폐지구력, 유연성, 속도, 균형감각, 정확성 등 전신을 발달시킬 수 있도록 고안한 여러 종목을 섞어서 하는 운동

① 필라테스   ② 크로스핏

③ 인터벌트레이닝   ④ 익스팬더

 크로스핏(cross-fit) … 여러 종목의 운동을 섞어서 한다는 뜻의 크로스 트레이닝(cross training)과 신체의 활동을 뜻하는 피트니스(fitness)의 합성어
① 필라테스(pilates) : 동양의 요가와 선(禪), 고대 로마 및 그리스에서 행해지던 양생법 등을 접목하여 만든 것으로 반복된 동작을 중심으로 이루어지는 신체 단련 운동
③ 인터벌트레이닝(interval training) : 높은 강도의 운동 사이에 불완전 휴식을 넣어 일련의 운동을 반복하는 신체 훈련 방법
④ 익스팬더(expander) : 근(筋)의 트레이닝에 사용되는 기구

51 타인이나 금융기관으로부터 빌린 자본을 지렛대 삼아 자기 자본 이익률을 높이는 효과는?

① 래칫효과   ② 레버리지 효과

③ 핀볼효과   ④ 디드로효과

 ① 래칫효과 : 한번 올라간 소비수준은 소득이 떨어진 후에도 쉽게 내려가지 않는 현상
③ 핀볼효과 : 사소한 사건들이 연결되고 증폭되면서 역사를 뒤바꾸는 커다란 사건을 일으키는 현상
④ 디드로효과 : 하나의 제품을 구입하면 그 제품과 연관된 제품을 연속적으로 구입하게 되는 현상

52 빛의 성질 중 비슷한 것 두 가지로 짝지어진 것은?

① 굴절 – 반사   ② 직진 – 굴절

③ 반사 – 분산   ④ 굴절 – 분산

 빛의 성질에는 직진, 반사, 굴절 등이 있으며 직진은 광원으로부터 나온 빛이 같은 물질 내에서 직선으로 나가는 현상을 말하며 반사는 서로 다른 매질의 경계면에서 일부 또는 전부가 원래의 매질로 되돌아 나오는 현상이고 빛이 꺾이는 현상을 굴절이라 한다. 분산은 빛의 파장의 차이에 따라서 여러 가지 색의 띠로 나누어지는 것이고 빛이 분산되는 이유는 빛의 색깔마다 굴절률이 다르기 때문이다.

53 근대 시민정치의 3대 선언에 해당하지 않는 것은?

① 미국 독립선언
② 영국 권리장전
③ 프랑스 인권선언
④ 독일 재군비선언

Tip 독일 재군비선언은 1935년 히틀러가 베르사유조약을 폐지하면서 선언한 것이다.

54 앨빈 토플러가 말한 권력의 원천에 해당하지 않는 것은?

① 폭력
② 권위
③ 지식
④ 부(富)

Tip 앨빈 토플러는 그의 저서 '권력 이동'에서 폭력을 저품질 권력, 부를 중품질 권력, 지식을 고품질 권력이라 표현하였다.

55 헌법상 탄핵소추의 대상이 아닌 직책은?

① 대통령
② 국무총리
③ 대법원장
④ 국회의장

Tip 탄핵소추권(彈劾訴追權) … 헌법이나 법률규정에 의한 일반적인 징계절차로, 파면시키거나 일반사법기관에서 소추하기 곤란한 대통령을 비롯한 특정고급공무원의 위법행위에 대하여 탄핵의 소추를 의결할 수 있는 국회의 권리이다. 탄핵의 대상은 대통령, 국무총리, 국무위원, 행정각부의 장, 헌법재판소 재판관, 법관, 감사원장, 감사위원, 중앙선거관리위원회 위원, 기타 법률이 정하는 공무원이다.

56 다음 중 가족이 대신해서 권리를 주장할 수 있는 권리는?

① 신원권
② 청원권
③ 항변권
④ 참정권

Tip 가족 중 한 사람이 중대한 인권을 침해받은 경우 그 가족이 진실을 규명할 수 있도록 보장하는 권리를 신원권이라 한다.

Answer ↪ 50.② 51.② 52.④ 53.④ 54.② 55.④ 56.①

57 다음 중 은행이나 보험사가 다른 금융부문의 판매채널을 이용하여 자사상품을 판매하는 마케팅 전략을 무엇이라 하는가?

① 방카슈랑스　　　　　　　　　② 헤지펀드

③ 랩 어카운트　　　　　　　　　④ 벤더파이낸싱

　② 헤지펀드 : 국제증권 및 외환시장에 투자해 단기 이익을 올리는 민간투자기금
　③ 랩 어카운트 : 증권사에서 운용하는 자산종합관리계좌
　④ 벤더파이낸싱 : 고가의 장비를 기업이 장비공급업체에게 빌린 뒤 장기 저리로 분할 납부
　　하게 해주는 제도

58 어느 한쪽이 양보하지 않을 경우 양쪽이 모두 파국으로 치닫게 되는 극단적인 이론은?

① 휘슬블로잉　　　　　　　　　② 란체스터 법칙

③ 치킨게임　　　　　　　　　　④ 깨진 유리창의 법칙

　치킨게임 … 국제정치학에서 사용하는 게임이론 가운데 하나이다. 1950년대 미국 젊은이들 사이에서 유행하던 자동차 게임의 이름이었다. 이 게임은 한밤중에 도로의 양쪽에서 두 명의 경쟁자가 자신의 차를 몰고 정면으로 돌진하다가 충돌 직전에 핸들을 꺾는 사람이 지는 경기이다. 핸들을 꺾은 사람은 겁쟁이, 즉 치킨으로 몰려 명예롭지 못한 사람으로 취급받는다. 그러나 어느 한 쪽도 핸들을 꺾지 않을 경우 게임에서는 둘 다 승자가 되지만, 결국 충돌함으로써 양쪽 모두 자멸하게 된다. 즉, 어느 한 쪽도 양보하지 않고 극단적으로 치닫는 게임이 바로 치킨게임이다. 이 용어가 1950~1970년대 미국과 소련 사이의 극심한 군비경쟁을 꼬집는 용어로 차용되면서 국제정치학 용어로 굳어졌다. 그러나 오늘날에는 정치학뿐 아니라 여러 극단적인 경쟁으로 치닫는 상황을 가리킬 때도 인용된다.

59 공무원징계의 종류가 아닌 것은?

① 해임　　　　　　　　　　　　② 파면

③ 직위해제　　　　　　　　　　④ 강등

　공무원 징계의 종류
　㉠ 파면 : 퇴직급여가 제한되고 5년간 임용에 금지되는 강제퇴직이다.
　㉡ 해임 : 퇴직급여에 영향이 없고 3년간 공직임용에 제한되는 강제퇴직이다.
　㉢ 강등 : 1계급 아래로 직급을 내리고 공무원 신분은 보유하나 3개월간 직무에 종사하지
　　못하며 그 기간 중 보수는 전액을 감한다.
　㉣ 정직 : 1개월 이상 3개월 이하의 기간동안 신분은 보유하나 직무에 종사하지 못하며 보
　　수는 전액을 감한다.
　㉤ 감봉 : 1개월 이상 3개월 이하의 기간동안 보수의 3분의 1을 감한다.
　㉥ 견책 : 전과에 대하여 훈계하고 회개하게 한다.

60 유권자의 다양한 분포로 인하여 선거구를 어떻게 나누느냐에 따라 선거에 영향을 미치기 때문에 어느 한 정당 혹은 특정 후보에게 유리하도록 부당하게 선거구를 획정하는 것을 무엇이라고 하는가?

① 필리버스터 ② 브래들리 효과

③ 게리맨더링 ④ 밴드왜건 효과

 ① 국회에서 소수파 의원들이 다수파의 독주를 막거나 기타 필요에 따라 합법적인 방법과 수단을 이용하여 의사진행을 고의로 방해하는 행위를 말한다.
② 선거 전의 여론조사에서는 지지율이 우세하였던 비(非) 백인 후보가 실제 선거에서는 여론조사와 달리 득표율이 낮게 나오는 현상을 가리키는 용어이다.
③ 특정 정당이나 특정 후보자에게 유리하도록 자의적으로 부자연스럽게 선거구를 정하는 일을 말하며 미국 매사추세츠 주의 주지사인 E.게리가 상원선거법 개정법의 강행을 위하여 자기당인 공화당에 유리하도록 선거구를 분할하였는데, 그 모양이 샐러맨더(salamander ; 도롱뇽)와 같다고 하여 반대당에서 샐러 대신에 게리의 이름을 붙여 게리맨더라고 야유하고 비난한 데서 유래한 말이다.
④ 선거에서 우세를 보이는 후보 쪽으로 투표자가 가담하는 현상을 말한다.

61 다음 중 황금처럼 반짝반짝하는 기발한 아이디어와 창조적 사고로 새로운 질서를 주도하는 사람들을 일컫는 말은?

① 화이트칼라 ② 그레이칼라

③ 블루칼라 ④ 골드칼라

 ① 샐러리맨이나 사무직 노동자를 말한다.
② 화이트칼라(사무직)와 블루칼라(노동자)와의 중간층이다.
③ 작업현장에서 주로 청색 작업복을 입고 일하는 데서 생긴 말로, 노동자 등이 해당한다. 화이트칼라와 대응된다.
④ 두뇌와 정보로 새로운 가치를 창조하여 정보화시대를 이끌어가는 능력 위주의 전문직 종사자로 정보통신, 금융, 광고, 서비스, 첨단기술 관련 분야에서 최근 들어 급부상하고 있는 신직업인들이 바로 골드칼라에 해당된다고 할 수 있다.

Answer ▸ 57.① 58.③ 59.③ 60.③ 61.④

62 급속히 발전하는 기술문화에 비해 비교적 완만하게 변하는 정신문화가 따라가지 못해 변동속도의 차이에서 생겨나는 사회적 부조화를 무엇이라고 하는가?

① 문화충돌 ② 문화접변

③ 문화전파 ④ 문화지체

 ① 사회의 서로 다른 두 문화가 서로 갈등을 일으키는 것이다.
② 서로 다른 두 문화체계의 접촉으로 문화요소가 전파되어 새로운 양식의 문화로 변화되는 과정이나 그 결과를 말한다.
③ 한 사회의 문화요소가 다른 사회로 전해져서 그 사회의 문화과정에 정착되는 현상이다.

63 선정적이고 자극적인 기사 등으로 가득한 신문을 뜻하는 용어는?

① 레드페이퍼 ② 옐로우페이퍼

③ 블루페이퍼 ④ 블랙페이퍼

 옐로우페이퍼 … 인간의 불건전한 감정을 자극하는 범죄 · 괴기사건 · 성적 추문 등을 과대하게 취재 · 보도하는 신문의 경향을 뜻한다.

64 다음 중 프랑스의 사회학자 에밀 뒤르켐(E.Durkheim)이 그의 저서 「자살론」에서 사회 구성원의 행위를 구제하는 공통된 가치나 도덕적 규범이 상실된 혼돈상태를 나타내는 개념으로 규정한 것은 무엇인가?

① 상대적 박탈감 ② 님비현상

③ 아노미현상 ④ 핌피현상

 아노미(Anomie) … 사회적 혼란으로 인해 규범이 사라지고 가치관이 붕괴되면서 나타나는 사회적, 개인적 불안정 상태를 뜻하는 말이다.

65 구석기 유적으로 옳지 않은 것은?

① 양양 오산리 유적   ② 연천 전곡리 유적

③ 공주 석장리 유적   ④ 상원 검은모루 유적

 양양 오산리 유적 … 강원도 양양군 손양면 오산리에 있는 한반도 최고(最古)의 신석기 시대 집터 유적
②③④ 구석기 시대 유적이다.

66 ( )에 들어갈 내용을 옳게 나열한 것은?

> • 신석기 시대에는 대자연의 모든 만물에 영혼이 있다고 믿는 (㉠)이 등장하였다.
> • 청동기 시대의 (㉡)은 중국 요령성 지역에서 집중적으로 출토되고 있지만, 한반도 남부에서도 많이 확인되었다.

① ㉠ – 토테미즘, ㉡ – 세형 동검

② ㉠ – 애니미즘, ㉡ – 비파형 동검

③ ㉠ – 샤머니즘, ㉡ – 반달돌칼

④ ㉠ – 토테미즘, ㉡ – 명도전

 • 신석기 시대에는 대자연의 모든 만물에 영혼이 있다고 믿는 애니미즘이 등장하였다.
• 청동기 시대의 비파형 동검은 중국 요령성 지역에서 집중적으로 출토되고 있지만, 한반도 남부에서도 많이 확인되었다.
※ 원시신앙
　㉠ 토테미즘 : 혈연적 집단이 자연물이나 동·식물과 공통의 기원을 갖는다고 믿어 그것을 집단의 상징으로 삼고 숭배하는 원시신앙
　㉡ 애니미즘 : 자연계의 모든 사물에 생명이 있다고 보아 자연 현상을 그 생명의 작용으로 보는 원시신앙
　㉢ 샤머니즘 : 조상신 같은 초자연적 존재와 직접적인 교류를 할 수 있는 샤먼을 매개로 하여 길흉화복을 점치는 원시신앙

67 2015년 7월 세계유산위원회(World Heritage Committee)가 유네스코 세계유산목록에 등재하기로 결정한 '백제역사유적지구'에 포함되지 않는 것은?

① 공주 수촌리 고분군　　　　　② 공주 공산성

③ 부여 부소산성　　　　　　　　④ 익산 미륵사지

 백제역사유적지구 … 백제역사유적지구는 공주시, 부여군, 익산시 3개 지역에 분포된 8개 고고학 유적지로 이루어져 있다.
ㄱ 공주 웅진성과 연관된 공산성과 송산리 고분군
ㄴ 부여 사비성과 관련된 관북리 유적(관북리 왕궁지) 및 부소산성, 정림사지, 능산리 고분군, 부여 나성
ㄷ 익산시 지역의 왕궁리 유적, 미륵사지

68 삼국과 일본의 문화 교류 내용으로 옳지 않은 것은?

① 백제의 노리사치계는 불교를 전해주었다.

② 신라는 조선술과 축제술 등을 전해주었다.

③ 백제의 왕인은 천자문과 논어를 전해주었다.

④ 고구려의 담징은 천문학과 역법을 전해주었다.

 ④ 담징은 고구려의 승려이자 화가로, 일본에 건너가 불법을 가르치고 채화 및 맷돌·종이·먹 등의 제조법을 가르쳤다. 일본에 천문학과 역법을 전해준 사람은 백제의 승려인 관륵이다.

69 삼국 시대 금석문 자료에 관한 설명으로 옳은 것은?

① 사택지적비를 통해 백제인들의 유학 사상을 알 수 있다.

② 단양 적성비를 통해 진흥왕 대의 정복 사업을 알 수 있다.

③ 임신서기석을 통해 신라인들이 도교를 숭배했음을 알 수 있다.

④ 광개토왕릉비를 통해 장수왕의 평양 천도사실을 알 수 있다.

 ② 단양 적성비는 신라 진흥왕 때 고구려 영토인 적성 지역을 점령한 후에 세운 비석이다.
① 사택지적비는 백제 의자왕 때 활약했던 사택지적이 남긴 비석으로, 비문의 내용은 늙어가는 것을 탄식하여, 불교에 귀의하고 원찰을 건립했다는 것이다.
③ 임신서기석은 신라시대의 비석으로 두 사람이 하느님 앞에 충성을 맹세하는 내용을 담고 있다.
④ 광개토대왕릉비는 중국 지린성 지방에 있는 고구려 제19대 광개토대왕의 능비로, 비문의 내용은 고구려의 건국신화와 광개토대왕 시기 이루어진 정복활동 및 영토관리 등이다. 장수왕의 평양 천도과 관련 있는 것은 중원고구려비이다.

70 고려시대의 토지 종류와 그 대상을 연결한 것으로 옳은 것은?

① 과전 – 농민

② 민전 – 향리

③ 공해전 – 관청

④ 내장전 – 군인

 고려시대의 토지 종류
 ⊙ 공전
  • 내장전 : 왕실의 경비 충당을 위해 지급하였다.
  • 공해전 : 중앙과 지방의 관청 운영을 위해 지급하였다.
  • 학전 : 관학의 유지로 배당되는 토지였다.
  • 둔전 : 변경지대나 군사상 요지에 둔 토지였다.
 ⓛ 사전
  • 과전 : 관직 복무의 대가로 지급한 수조권으로 사망 · 퇴직 시 반납하였다.
  • 공음전 : 5품 이상의 고위 관리에게 지급하였고 세습이 가능하였다.
  • 한인전 : 관직에 오르지 못한 6품 이하 하급 관료의 자제에게 지급하였다.
  • 구분전 : 하급 관료, 군인의 유가족에게 지급하였다.
  • 군인전 : 군역의 대가로 지급하는 것으로 군역이 세습 가능하였다.
  • 사원전 : 사원의 운영을 위해 지급하였다.
  • 별사전 : 승려 개인에게 지급한 토지이다.
  • 외역전 : 향리에게 분급되는 토지로, 향리직이 계승되면 세습되었다.
  • 공신전 : 전시과 규정에 따라 문무 관리에게 차등 있게 분급되던 토지로 세습되었다.
 ⓒ 민전 : 조상으로부터 세습된 땅으로 매매, 상속, 기증, 임대가 가능한 농민의 사유지이다.

71 호족에 대한 고려 태조의 정책으로 옳지 않은 것은?

① 귀순한 호족에게 왕씨 성을 주었다.

② 유력한 호족의 딸을 왕비로 맞이하였다.

③ 공을 세운 호족들을 공신으로 책봉하였다.

④ 향리의 자제를 개경에 불러 사심관으로 삼았다.

 사심관 제도 … 고려 태조 때 지방 호족 세력을 약화시키려고 실시한 왕권 강화책으로, 해당 지방 출신의 관리를 그 지방의 사심관으로 임명하여 지방에서 반역의 일이 발생하면 연대 책임을 지게 함으로써 지방 세력을 약화시키는 것이다.

Answer ↱ 67.① 68.④ 69.② 70.③ 71.④

72 신진 사대부에 관한 설명으로 옳지 않은 것은?

① 조선 왕조 건국의 주역이 되었다.

② 성리학을 수용하여 학문적 기반으로 삼았다.

③ 최고의 정치 기구로 교정도감을 설치하였다.

④ 공민왕의 개혁정치 과정에서 정계진출이 확대되었다.

 신진사대부 … 고려 말 새롭게 등장한 정치세력으로, 충선왕과 공민왕의 개혁정치를 통해 본격적으로 정계에 진출하였다. 성리학을 수용하여 학문적 기반으로 삼았으며 조선 건국의 주역이 되었다.
③ 교정도감은 고려시대 무신정권의 최고 권력기관으로, 최충헌이 반대파를 숙청하기 위해 설치하였던 것이 관리 감찰은 물론 인사 행정 및 지방의 공부(貢賦)와 조세(租稅) 징수권까지 장악하면서 최고의 정치기관이 되었다.

73 조선시대 관리 등용제도에 관한 설명으로 옳지 않은 것은?

① 무과 예비 시험으로 소과가 있었다.

② 잡과는 분야별로 합격 정원이 있었다.

③ 과거, 음서, 천거를 통해 관리를 선발하였다.

④ 권력의 집중과 부정을 막기 위해 상피제를 실시하였다.

 ① 과거는 문과와 무과로 나뉘었으며, 문과는 다시 대과(大科)와 소과(생진과시)로 나뉘었다. 소과에는 초시와 복시의 두 단계가 있어 합격한 자는 대과에 응할 자격을 얻었다.

74 조선 후기 사회모습에 관한 설명으로 옳은 것을 모두 고른 것은?

> ㉠ 경제적으로 몰락한 양반들은 잔반이 되었다.
> ㉡ 혼인 후 남자가 여자 집에서 생활하는 경우가 많았다.
> ㉢ 부농층이 공명첩을 구매하여 신분 상승을 꾀하였다.
> ㉣ 서얼 출신들이 규장각 검서관으로 등용되기도 하였다.

① ㉠

② ㉡, ㉢

③ ㉡, ㉣

④ ㉠, ㉢, ㉣

 ㉡ 조선 전기에는 고려시대의 영향으로 혼인 후 남자가 여자 집에서 생활하는 남귀여가혼의 풍습이 그대로 전해졌지만, 조선 후기에는 부계 중심의 가족제도가 확립되면서 신랑이 처갓집으로 신부를 맞으러 가서 데려오는 제도인 친영제도가 정착되었다.

75 조선 후기 경제상황에 관한 설명으로 옳지 않은 것은?

① 대규모 경작의 성행

② 타조제에서 도조제로 변화

③ 직파법에서 이앙법으로 변화

④ 해동통보의 보급과 성행

 ④ 해동통보는 고려시대 금속화폐(동전)로, 화폐 유통에 적극적인 경제정책을 추진하였던 숙종 7년(1102)에 주조되었다.

76 독립협회에 관한 설명으로 옳지 않은 것은?

① 개화파 지식인들이 중심이 되어 설립하였다.

② 회원자격에 제한을 두지 않아 사회적으로 천대받던 계층도 참여하였다.

③ 지방에도 지회가 조직되어 전국적인 단체로 발전하였다.

④ 황국협회와 협력하여 개혁을 추구하였다.

 ④ 황국협회는 독립협회에 대항하고 황권을 강화하기 위해 1898년 조직된 어용단체로 친일적 성격의 단체이다.

77 다음의 내용과 관련된 사건으로 옳은 것은?

> • 청과의 의례적 사대 관계를 폐지하고 입헌 군주제적 정치 구조를 지향하였다.
> • 혜상공국을 폐지하여 자유로운 상업의 발전을 꾀하였다.
> • 지조법을 실시하고 호조로 재정을 일원화 하였다.

① 갑신정변

② 갑오개혁

③ 임오군란

④ 105인 사건

 ② 갑오개혁 : 1894년(고종 31) 7월부터 1896년 2월까지 약 19개월간 3차에 걸쳐 추진된 우리나라 최초의 근대적 개혁
③ 임오군란 : 1882년(고종 19) 6월 일본식 군제 도입과 민씨정권에 대한 불만으로 일어난 구식군대의 정변
④ 105인 사건 : 1911년 일본총독부가 조선의 독립운동을 탄압하기 위하여 데라우치 마사타케 총독의 암살미수사건을 조작하여 105인의 독립운동가를 감옥에 가둔 사건

Answer 72.③ 73.① 74.④ 75.④ 76.④ 77.①

78 다음에서 설명하는 책을 저술한 인물은?

> 1895년 간행된 책으로 서양의 여러 나라를 돌아보면서 듣고 본 역사, 지리, 산업, 정치, 풍속 등을 기록하였다.

① 김윤식   ② 박은식

③ 유길준   ④ 최남선

 제시된 내용은 조선 후기의 정치가 유길준이 저술한 서양 기행문인 「서유견문」에 대한 설명이다.

79 ( )에 들어갈 내용으로 옳은 것은?

> 일제는 근대적 토지 소유 관계 확립을 명분으로 ( )을/를 실시하여 식민지 경제 정책의 기반을 마련하였다.

① 방곡령

② 회사령

③ 국가 총동원법

④ 토지 조사 사업

 ④ **토지 조사 사업**: 1910~1918년 일본이 우리나라의 식민지적 토지관계를 확립하기 위하여 시행한 대규모의 국토조사사업
① **방곡령**: 조선 고종 때 식량난을 해소하기 위해 일본에 대한 곡물의 수출을 금지한 명령
② **회사령**: 조선에서 회사를 설립할 경우에 조선총독부의 허가를 받도록 규정한 조령
③ **국가 총동원법**: 1938년 4월에 일제가 전쟁 수행을 위한 인적·물적 자원의 총동원을 위해 제정·공포한 전시통제의 기본법

80 조선 전기 정치상황에 관한 설명으로 옳은 것을 모두 고른 것은?

> ㉠ 정도전은 민본적 통치규범을 마련하여 재상 권한을 축소시켰다.
> ㉡ 성종은 사병을 혁파하고 호패법을 실시하였다.
> ㉢ 세종은 의정부 서사제를 채택하여 왕의 권한을 분산시켰다.
> ㉣ 태종은 6조 직계제를 채택하고 사간원을 독립시켜 대신들을 견제하였다.

① ㉠, ㉡   ② ㉠, ㉣
③ ㉡, ㉢   ④ ㉢, ㉣

 ㉠ 정도전은 민본적 통치 규범을 마련하고 재상 중심의 정치를 주장하였다.
㉡ 사병을 혁파하고 호패법을 실시한 것은 태종이다.

PART

III

한자

01 한자어와 한자성어

1 필수 한자어

(1) 24절기

① 봄(春)
- **立春**(입춘) : 2월 4일경. 새해를 맞이함
- **雨水**(우수) : 2월 19일경. 단비가 내려 대지를 적시고 얼었던 대지가 녹아 물이 많아짐
- **驚蟄**(경칩) : 3월 6일경. 초목의 싹이 돋고 동면하던 동물이 깨어 꿈틀대기 시작함
- **春分**(춘분) : 3월 21일경. 제비가 날아오고 번개 소리가 들림
- **淸明**(청명) : 4월 5일경. 날씨가 맑고 깨끗함
- **穀雨**(곡우) : 4월 20일경. 봄비가 내려 백곡이 윤택해지며 한 해 농사 준비가 시작됨

② 여름(夏)
- **立夏**(입하) : 5월 6일경. 여름에 들어섬
- **小滿**(소만) : 5월 21일경. 모내기가 시작되고 보리 수확이 이루어짐
- **芒種**(망종) : 6월 6일경. 까끄라기 종자를 뿌려야 할 시기. 모내기와 보리 베기가 끝남
- **夏至**(하지) : 6월 22일경. 낮의 길이가 1년 중 가장 긴 날
- **小暑**(소서) : 7월 7일경. 더위와 함께 장마전선의 정체로 습도가 높아 장마철이 시작됨
- **大暑**(대서) : 7월 23일경. 폭염의 더위가 심한 시기

③ 가을(秋)
- **立秋**(입추) : 8월 8일경. 서늘한 바람이 불고, 이슬이 진하게 내림
- **處暑**(처서) : 8월 23일경. 더위가 물러가는 시기로 천지가 쓸쓸해지며, 벼가 익어감
- **白露**(백로) : 9월 8일경. 이슬이 맺히고 제비가 돌아가며 새들이 먹이를 저장하기 시작함
- **秋分**(추분) : 9월 23일경. 추수가 시작되고 백곡이 풍성해짐
- **寒露**(한로) : 10월 9일경. 단풍이 짙어지는 시기로 오곡백과를 수확함
- **霜降**(상강) : 10월 24일경. 맑은 날씨가 계속되고 서리가 내림

④ 겨울(冬)
- 立冬(입동) : 11월 8일경. 물과 땅이 얼기 시작함
- 小雪(소설) : 11월 23일경. 겨울의 증후가 보이기 시작하며 눈이 내림
- 大雪(대설) : 12월 7일경. 눈이 내리는 시기
- 冬至(동지) : 12월 22일경. 붉은 팥으로 죽을 쑤어 먹고 국물을 뿌려 역귀를 쫓음
- 小寒(소한) : 1월 6일경. 매우 추움
- 大寒(대한) : 1월 21일경. 겨울 추위의 매듭을 지음

(2) 유교

① 사서(四書)
- 論語(논어) : 공자의 언행을 직접 인용한 책
- 孟子(맹자) : 맹자의 가르침을 기술한 책
- 大學(대학) : 어진 정치와 군주의 덕을 연결시킨 정치윤리학에 관한 짧은 글
- 中庸(중용) : 天道(천도) · 忠恕(충서) · 德(덕) · 性(성) 등을 논하며 禮記(예기)에서 발췌

② 오경(五經)
- 詩經(시경) : 춘추 시대의 민요 등이 수록된 중국 최초의 시가 총집
- 書經(서경) : 중국의 가장 오래된 역사서
- 易經(역경) : 주나라의 易(역)을 기술한 책
- 禮記(예기) : 공자가 지었으며 정치제도, 행사의식, 예의, 학술 등을 총체적으로 기술
- 春秋(춘추) : 공자가 쓴 중국 최초의 기전체 역사서

③ 오륜(五倫)
- 君臣有義(군신유의) : 임금과 신하 사이에는 의리가 있어야 한다.
- 父子有親(부자유친) : 어버이와 자식 사이에는 친함이 있어야 한다.
- 夫婦有別(부부유별) : 부부간에는 서로 구별이 있어야 한다.
- 長幼有序(장유유서) : 어른과 아이 사이에는 차례와 질서가 있어야 한다.
- 朋友有信(붕우유신) : 친구 사이에는 신의가 있어야 한다.

④ 향약(鄕約)
- 德業相勸(덕업상권) : 선행을 권장하고 잘못은 고쳐준다.
- 過失相規(과실상규) : 나쁜 행실은 서로 규제한다.
- 禮俗相交(예속상교) : 서로 사귀는 예의를 지킨다.
- 患難相恤(환난상휼) : 어려운 일에 직면하였을 때 서로 돕는다.

(3) 나이

- **志學**(지학) : 15세. 학문에 뜻을 두다(논어)
- **弱冠**(약관) : 20세. 갓을 쓰는 나이(예기)
- **而立**(이립) : 30세. 마음이 확고하게 도덕 위에 서서 움직이지 않는다(논어)
- **不惑**(불혹) : 40세. 세상일에 정신을 빼앗겨 판단을 흐리는 일이 없다(논어)
- **桑壽**(상수) : 48세. 상(桑)자를 십(十) 네 개와 팔(八) 하나로 파자하여 일컬음
- **知命**(지명) : 50세. 천명을 알게 되었다(논어). 知天命(지천명)
- **耳順**(이순) : 60세. 남의 말을 순순히 받아들일 수 있었다(논어)
- **華甲**(화갑) : 61세. 화(華)자를 십(十) 여섯 개와 일(一) 하나로 파자하여 일컬음
- **還甲**(환갑) : 61세. 태어난 간지의 해가 다시 돌아옴
- **進甲**(진갑) : 62세. 환갑보다 한 해 더 나아감
- **古稀**(고희) : 70세. 두보의 시 '人生七十古來稀'에서 온 말
- **從心**(종심) : 70세. 뜻대로 행하여도 도에 어긋나지 않았다(논어)
- **喜壽**(희수) : 77세. 희(喜)자를 '칠'로도 썼음
- **傘壽**(산수) : 80세. 산(傘)자를 파자하면 팔(八)과 십(十)이 나타남
- **米壽**(미수) : 88세. 미(米)자를 파자하면 팔(八)이 두 개 나타남
- **卒壽**(졸수) : 90세. 졸(卒)자를 초서로 쓰면 九十이라 써지는 데서 유래
- **望百**(망백) : 91세. 100살까지 살 것을 바라본다는 뜻
- **白壽**(백수) : 99세. 백(百)에서 일(一)을 빼면 백(白)이 됨
- **上壽**(상수) : 100세. 사람의 수명 중 최상이란 뜻. 左傳(좌전)에서는 120세를 상수로 봄

(4) 임금

- **國舅**(국구) : 왕비의 친정아버지. 임금의 장인
- **蒙塵**(몽진) : 임금이 난리를 피해 다른 곳으로 자리를 옮김
- **崩御**(붕어) : 임금이 세상을 떠남
- **水刺**(수라) : 임금의 끼니음식
- **御用**(어용) : ① 임금이 씀 ② 정부의 정치적 앞잡이 노릇을 함
- **至尊**(지존) : 임금을 높여 이르는 말. 極尊(극존)

(5) 편지

- **本第入納**(본제입납) : 자기 집으로 보내는 편지 겉봉의 자기 이름 아래에 쓰는 말
- **封緘**(봉함) : 편지나 문서 따위를 봉투에 넣고 봉하는 일
- **訃音**(부음) : 사람의 죽음을 알리는 일이나 글
- **雁書**(안서) : 편지를 일컫는 말
- **追伸**(추신) : 편지 등에서 글을 추가할 때 그 글머리에 쓰는 말

(6) 불교

- **奈落**(나락) : ① 지옥 ② 구원할 수 없는 마음의 구렁텅이
- **冥福**(명복) : 죽은 뒤 받는 복덕
- **布施**(보시) : 깨끗한 마음으로 남을 위해 돈이나 물품을 베푸는 것
- **娑婆**(사바) : 중생이 여러 가지 고통을 견뎌야 하는 세상
- **涅槃**(열반) : ① 중의 죽음 ② 도를 이루어 모든 번뇌와 고통이 끊어진 해탈의 경지
- **此岸**(차안) : 이 세상을 뜻하는 말
- **刹那**(찰나) : 매우 짧은 시간
- **幀畫**(탱화) : 그림으로 그려서 벽에 거는 불상
- **被岸**(피안) : 이승의 번뇌를 해탈하여 열반의 세계에 달하는 것, 또는 그 경지

2 자주 출제되는 한자어

- **干戈**(간과) : ① 창과 방패 ② 무기 ③ 전쟁
- **感傷**(감상) : 어떤 일이나 현상을 슬프게 느껴 마음이 아픔
- **感想**(감상) : 마음속에 느껴 일어나는 생각
- **鑑賞**(감상) : 예술작품을 음미하며, 이해하고 즐김
- **改閣**(개각) : 내각의 구성원을 교체하는 것
- **改悛**(개전) : 잘못을 뉘우치고 마음을 바르게 고쳐먹음
- **乾坤**(건곤) : 하늘과 땅의 상징적인 말
- **缺乏**(결핍) : 있어야 할 것이 없거나 모자람
- **謙虛**(겸허) : 아는 체 하지 않고 겸손하고 삼가함
- **更迭**(경질) : 어떤 직위에 있는 사람을 갈아내고 다른 사람으로 바꿈
- **固陋**(고루) : 낡은 사상이나 풍습에 젖어 고집이 세고 변통성이 없음
- **鼓舞**(고무) : ① 북을 치며 춤을 춤 ② 용기를 북돋게 해줌
- **枯死**(고사) : 나무나 풀이 말라 죽음
- **痼疾**(고질) : 오래되어 고치기 어려운 병
- **膏肓**(고황) : 사람의 몸에서 가장 깊은 곳을 이르는 말
- **誇張**(과장) : 사실보다 지나치게 떠벌려 나타냄
- **觀照**(관조) : 대상의 본질을 주관을 떠나서 냉정하고 객관적으로 응시함
- **乖離**(괴리) : 서로 어긋나 떨어짐
- **乖愎**(괴팍) : 성미가 괴상하고 별남
- **敎唆**(교사) : 남을 선동하여 못된 일을 하게 함
- **膠着**(교착) : ① 아주 단단히 달라붙음 ② 변동이 없음
- **救恤**(구휼) : 빈민이나 이재민 등 어려운 사람들을 돕고 보살핌
- **國粹**(국수) : 나라와 겨레의 고유한 정신상, 물질상의 장점

- 槿域(근역) : 무궁화나무가 많은 땅이라는 뜻으로, 우리나라를 일컫는 말
- 禽獸(금수) : 날짐승과 길짐승
- 琴瑟(금슬) : ① 거문고와 비파 ② 부부 사이의 다정하고 화목함을 이르는 말
- 杞憂(기우) : 앞일에 대한 쓸데없는 걱정
- 旗幟(기치) : ① 군대에서 쓰는 기 ② 어떤 목적을 위하여 표명하는 태도나 주장
- 喫煙(끽연) : 담배를 피움. 吸煙(흡연)
- 懶怠(나태) : 게으르고 느림
- 落款(낙관) : 글씨나 그림을 완성한 뒤 호나 이름을 쓰는 것, 또는 그 도장
- 落魄(낙백) : 뜻을 얻지 못한 처지에 있는 사람
- 捏造(날조) : 어떤 일을 허위로 조작함
- 濫觴(남상) : 사물의 시초. 큰 강도 잔을 띄울 만한 세류에서 시작한다는 것에서 유래
- 狼藉(낭자) : 물건 따위가 마구 흩어져 있어 어지러움
- 賂物(뇌물) : 매수할 목적으로 주는 부정한 돈이나 물건
- 惱殺(뇌쇄) : 애가 타도록 몹시 괴롭힘. 아름다운 여인이 남자를 매혹시켜 괴롭힘
- 漏泄(누설) : 비밀이 새어나감, 또는 새어나가게 함
- 訥辯(눌변) : 더듬거리며 하는 서투른 말솜씨
- 撞着(당착) : 앞뒤가 서로 맞지 아니함
- 對蹠(대척) : 정반대되는 일
- 跳躍(도약) : 어떤 상태가 급격한 진보·발전의 단계로 접어듦
- 塗炭(도탄) : 진구렁이나 숯불과 같은 데 빠졌다는 뜻으로, 몹시 고통스러운 지경
- 桐梓(동재) : ① 오동나무와 가래나무 ② 좋은 재목
- 罵倒(매도) : 몹시 욕하며 몰아세움
- 綿延(면연) : 끊임없이 이어짐
- 酩酊(명정) : 술에 몹시 취함
- 摸索(모색) : 더듬어 찾음
- 矛盾(모순) : ① 창과 방패 ② 말이나 행동의 앞뒤가 서로 맞지 않음
- 問候(문후) : 편지로 문안드림
- 物故(물고) : ① 명사(名士)가 죽음 ② 죄지은 사람을 죽임
- 彌縫策(미봉책) : 잘못된 일을 근본적으로 고치지 않고 임시방편으로 처리하는 방도
- 未曾有(미증유) : 아직까지 있어 본 적이 없음
- 剝奪(박탈) : 지위나 자격 따위를 권력이나 힘으로 빼앗음
- 跋文(발문) : 책 끝에 본문 내용의 줄거리나 그에 관련된 사항을 간략하게 적은 글
- 跋扈(발호) : 제멋대로 날뜀
- 拜謁(배알) : 존경하는 사람이나 대상을 일부러 만나 뵘
- 白眉(백미) : ① 흰 눈썹 ② 여러 사람 가운데 가장 뛰어난 사람
- 伯仲(백중) : ① 맏형과 둘째형 ② 실력이 서로 엇비슷하여 우월을 가리기 어려움
- 併呑(병탄) : 아울러 삼킨다는 뜻으로, 남의 재물·영토 등을 강제로 제 것으로 삼음

- 範疇(범주) : 같은 성질의 것이 속해야 할 부류
- 補塡(보전) : 부족을 메워 보충함
- 頻數(빈삭) : 횟수가 매우 잦음
- 私淑(사숙) : 마음속으로 그 사람을 본받아 도나 학문을 배우거나 따름
- 相殺(상쇄) : 양쪽의 셈을 서로 비김
- 色讀(색독) : 문장의 원뜻을 돌보지 않고 글을 읽음.
- 先塋(선영) : 조상의 무덤. 先山(선산)
- 涉獵(섭렵) : ① 널리 이곳저곳을 다니면서 찾음 ② 온갖 책을 널리 읽음
- 收斂(수렴) : 돈이나 물건 따위를 추렴하여 모아 거두거나 조세를 징수함
- 菽麥(숙맥) : 어리석고 못난 사람
- 諡號(시호) : 현신이나 유현들의 생전의 공덕을 칭송하여 追贈(추증)하던 이름
- 食言(식언) : 약속한 것을 지키지 아니함
- 訊問(신문) : ① 캐어물음 ② 법원·수사기관 등에서 참고인에게 물어서 조사하는 일
- 辛酸(신산) : ① 맛이 맵고 심 ② 세상살이의 쓰리고 고된 일
- 伸張(신장) : 물체의 크기나 세력 따위가 늘어나고 펼쳐짐
- 十長生(십장생) : 장생불사를 표상한 10가지 물상. 해·산·물·돌·구름·소나무·불로초·거북·학·사슴
- 軋轢(알력) : ① 수레바퀴가 삐걱거림 ② 한 집단의 내부에서 서로 사이가 벌어져 다툼
- 謁見(알현) : 지체 높은 사람을 찾아 뵘
- 壓卷(압권) : ① 여러 책 가운데서 가장 잘된 책 ② 한 책 가운데서 가장 잘된 글
- 黎明(여명) : ① 희미하게 밝아오는 새벽 ② 희망의 빛, 상서로운 빛
- 閭閻(여염) : 백성들의 살림집이 많이 모여 있는 곳
- 連雀(연작) : ① 제비와 참새 ② 도량이 좁은 사람
- 獵官(엽관) : 온갖 방법으로 서로 관직을 얻으려고 야심적으로 경쟁함
- 囹圄(영어) : 감옥, 또는 감옥에 갇혀 있는 상태
- 誤謬(오류) : 생각이나 지식 등이 이치에 어긋나 그릇됨
- 訛傳(와전) : 그릇되게 전함
- 瓦解(와해) : 기와가 깨어지듯 계획이나 조직 등이 무너짐
- 夭折(요절) : 젊은 나이에 죽음
- 庸劣(용렬) : 평범하고 재주가 남보다 못함
- 元旦(원단) : 설날 아침
- 蹂躪(유린) : 함부로 짓밟음. 폭력으로 남의 권리를 침해함
- 罹災(이재) : 재해나 재앙을 당함
- 逸脫(일탈) : ① 어떤 사상이나 조직, 규범 등에서 벗어남 ② 잘못하여 빠뜨림
- 雌雄(자웅) : ① 암컷과 수컷 ② 승부나 우열을 비유
- 箴言(잠언) : 훈계나 경계가 되는 짧은 말
- 這間(저간) : 요즈음

- 前轍(전철) : 앞서 지나간 수레바퀴의 자국이라는 뜻으로, 앞사람의 실패경험을 이름
- 正鵠(정곡) : 과녁의 한가운데 점으로, 목표·핵심을 뜻함
- 造詣(조예) : 어떤 분야에 대한 깊은 지식이나 이해
- 尊銜(존함) : 상대방의 이름을 높여 이르는 말
- 珠簾(주렴) : 구슬을 꿰어 만든 발
- 咫尺(지척) : 아주 가까운 거리
- 塵埃(진애) : ① 티끌, 먼지 ② 세상의 속된 것
- 桎梏(질곡) : 자유를 몹시 속박함
- 叱咤(질타) : ① 성내어 큰 소리로 꾸짖음 ② 큰 소리로 지휘함
- 採根(채근) : ① 식물의 뿌리를 캠 ② 일의 근원을 캐어 밝힘 ③ 어떤 일을 따져 독촉함
- 剔抉(척결) : 살을 긁어내고 뼈를 발라냄
- 穿鑿(천착) : ① 구멍을 뚫음 ② 학문을 깊이 연구함 ③ 이치에 닿지 않는 말을 함
- 尖銳(첨예) : ① 끝이 뾰족하고 서슬이 날카로움 ② 사상이나 행동이 급진적이고 과격함
- 靑孀(청상) : 젊었을 때 남편을 여읜 여자
- 靑雲(청운) : ① 푸른빛의 구름 ② 높은 벼슬을 가리키는 말
- 推薦(추천) : 알맞은 사람을 천거함
- 秋毫(추호) : ① 가을철에 가늘어진 짐승의 털 ② 몹시 적음
- 贅辭(췌사) : 필요 없는 군더더기 말
- 蟄居(칩거) : 나가지 않고 거처에 틀어박혀 있음
- 墮落(타락) : 품행이 바르지 못하여 나쁜 길로 빠짐
- 惰性(타성) : 오래되어 굳어진 버릇
- 琢磨(탁마) : ① 옥석을 쪼고 갊 ② 학문이나 덕행을 갈고 닦음
- 坦懷(탄회) : 조금도 거리낌이 없는 마음
- 耽溺(탐닉) : 어떤 일을 지나치게 즐겨 거기에 빠짐
- 宅號(택호) : 집주인의 벼슬·처가·고향 이름 따위를 붙여서 그 집을 부르는 말
- 撑天(탱천) : 하늘을 찌를 듯이 높이 솟음
- 吐露(토로) : 속마음을 죄다 드러내어 말함
- 偸安(투안) : 눈앞의 안락만을 꾀함
- 罷漏(파루) : 五更三點(오경삼점)에 큰 쇠북을 서른 세 번 치던 일
- 稗官(패관) : 민간의 가설항담을 모아 기록하는 일을 하던 벼슬아치
- 悖倫(패륜) : 사람으로서 마땅히 지켜야 할 도리에 어긋남
- 澎湃(팽배) : 기세나 사조 따위가 세차게 일어 넘침
- 遍歷(편력) : 이곳저곳 두루 돌아다님
- 片鱗(편린) : 한 조각의 비늘이란 뜻으로, 사물의 아주 작은 부분을 비유
- 貶辭(폄사) : 남을 헐뜯는 말
- 弊社(폐사) : 자기회사를 겸손히 이르는 말
- 布衣(포의) : ① 베로 지은 옷 ② 벼슬이 없는 선비나 평민이 이르는 말

- 輻輳(폭주) : 한 곳으로 많이 몰려듦
- 剽竊(표절) : 글을 지을 때 남의 작품 일부를 몰래 따다 씀
- 諷刺(풍자) : 무엇에 빗대어 재치 있게 비판하거나 경계하게 함
- 風塵(풍진) : ① 바람에 날리는 티끌 ② 더럽혀진 속세
- 筆誅(필주) : 허물이나 죄를 글로 써서 비난함
- 筆禍(필화) : 발표한 글이 말썽이 되어 받는 고통
- 瑕玉(하옥) : 옥의 티, 공연한 짓을 하여 사태를 악화시키는 것
- 瑕疵(하자) : 흠
- 靑史(청사) : 대나무의 푸른 껍질을 불에 구워서 사실을 기록함. 歷史(역사)
- 巷間(항간) : 일반 민중들 사이
- 偕老(해로) : 부부가 일생을 함께 하며 늙음
- 糊口(호구) : 입에 풀칠이나 한다는 뜻으로, 겨우 끼니를 이어가는 것을 비유
- 胡蝶(호접) : 나비
- 忽待(홀대) : 소홀이 대접함
- 鴻鵠(홍곡) : ① 큰 기러기와 고니 ② 포부가 원대한 인물을 비유
- 會同(회동) : 같은 목적으로 여럿이 모임
- 膾炙(회자) : 널리 사람들의 입에 오르내림. 화제에 자주 오름
- 嚆矢(효시) : 우는 화살. 어떤 사물이나 현상이 시작되어 나온 맨 처음을 비유
- 詰責(힐책) : 잘못을 따져서 꾸짖음

3 유사한 개념의 사자성어

(1) 자기의 속마음까지 알아주는 진정한 친구 또는 그 사귐
- 肝膽相照(간담상조) : 간과 담이 서로 비춤. 곧 서로 생각하는 바가 통함
- 管鮑之交(관포지교) : 관중과 포숙의 사귐과 같이 허물없는 사귐
- 金蘭之契(금란지계) : 금이나 난초와 같이 귀하고 향기로움을 풍기는 친구 사이의 맺음
- 斷金之交(단금지교) : 쇠라도 자를 수 있을 정도로 굳고 단단한 우정
- 莫逆之友(막역지우) : 서로 거역하지 아니하는 친구
- 刎頸之交(문경지교) : 대신 목을 내주어도 좋을 정도로 친한 친구 사이의 사귐
- 水魚之交(수어지교) : 물과 물고기의 관계와 같이 뗄래야 뗄 수 없는 사이
- 竹馬故友(죽마고우) : 어릴 때부터 같이 놀며 자란 친구

(2) 매우 가까운 거리나 근소한 차

- 大同小異(대동소이) : 거의 같고 조금 다름. 비슷비슷함
- 咫尺之間(지척지간) : 매우 가까운 거리
- 咫尺之地(지척지지) : 매우 가까운 곳
- 指呼之間(지호지간) : 손짓하여 부를만한 가까운 거리
- 五十步百步(오십보백보) : 피차의 차이는 있으나 본질적으로는 같다는 뜻

(3) 말이나 글로써는 전하지 못할 것을 마음에서 마음으로 전함

- 敎外別傳(교외별전) : 석가가 마음으로써 따로 심원한 뜻을 전하여 준 일에서 유래
- 不立文字(불립문자) : 문자나 말로써 도를 전하지 아니함
- 拈華微笑(염화미소) : 이심전심의 묘처(妙處). 拈華市衆(염화시중)
- 以心傳心(이심전심) : 마음에서 마음으로 전함
- 心心相印(심심상인) : 마음과 마음에 서로를 새김

(4) 무척 위태로운 일의 형태

- 累卵之勢(누란지세) : 알을 쌓아 놓은 듯한 형세
- 百尺竿頭(백척간두) : 백척 높이 장대의 끝
- 危機一髮(위기일발) : 위급함이 매우 절박한 순간
- 一觸卽發(일촉즉발) : 작은 원인으로도 크게 터질 듯 아슬아슬한 긴장상태
- 焦眉之急(초미지급) : 눈썹이 타는 것 같이 매우 위급함
- 風前燈火(풍전등화) : 바람 앞의 등불
- 四面楚歌(사면초가) : 적에게 사면이 포위되어 고립된 상태

(5) 대세의 흐름에 적응하지 못하고 융통성 없이 고지식함

- 刻舟求劍(각주구검) : 뱃전에 새겨 칼을 찾는다는 말로 어리석음을 이름
- 膠柱鼓瑟(교주고슬) : 아교로 붙이고 거문고를 탐
- 尾生之信(미생지신) : 미련하고 우직하게 지키는 약속
- 守株待兎(수주대토) : 구습을 고수하여 변통할 줄 모른다는 뜻으로, 진보가 없음을 비유

(6) 부모님께 효도를 다함

- 冬溫夏淸(동온하청) : 추운 겨울에는 따뜻하게, 더운 여름에는 시원하게 해 드림
- 班衣之戲(반의지희) : 부모를 위로하려고 색동저고리를 입고 기어가 보임
- 反哺報恩(반포보은) : 자식이 부모가 길러 준 은혜를 갚음
- 風樹之嘆(풍수지탄) : 효도를 다하지 못하고 어버이를 여읜 자식의 슬픔을 비유
- 昏定晨省(혼정신성) : 아침 · 저녁으로 부모의 안녕과 잠자리를 살핌

(7) 은혜에 감사함

- 刻骨難忘(각골난망) : 고마운 마음이 뼈에 새겨져 잊혀지지 않음
- 白骨難忘(백골난망) : 죽어 백골이 되어서도 잊지 못할 큰 은혜
- 結草報恩(결초보은) : 풀을 맺어 은혜를 갚음. 곧 죽어서도 은혜를 잊지 않음
- 難忘之恩(난망지은) : 잊을 수 없는 은혜

(8) 겉 다르고 속 다름

- 敬而遠之(경이원지) : 겉으로는 존경하는 체하면서 속으로는 멀리함
- 口蜜腹劍(구밀복검) : 겉으로는 친절하나 속으로는 해할 생각을 품었음을 비유
- 勸上搖木(권상요목) : 나무 위에 오르라 권하고는 오르자마자 아래서 흔들어 댐
- 面從腹背(면종복배) : 면전에서는 따르나 뒤에서는 배반함
- 羊頭狗肉(양두구육) : 겉으로는 그럴 듯하게 내세우나 속으로는 음흉한 딴생각을 함

(9) 화합할 수 없는 원수지간

- 犬猿之間(견원지간) : 개와 원숭이의 사이. 서로 사이가 나쁜 두 사람을 비유
- 不俱戴天之讐(불구대천지수) : 하늘을 함께 이고 살아갈 수 없는 원수
- 氷炭不相容(빙탄불상용) : 얼음과 숯불은 서로 용납되지 아니함
- 氷炭之間(빙탄지간) : 얼음과 숯불의 사이

(10) 후배나 제자가 선배나 스승보다 더 뛰어남

- 靑出於藍(청출어람) : 靑出於藍靑於藍(청출어람청어람)에서 나온 말
- 後生可畏(후생가외) : 후배가 선배보다 더 뛰어나 오히려 두렵게 여겨진다는 의미
- 後生角屼(후생각올) : 뒤에 난 송아지 뿔이 더 우뚝함

(11) 학문에 전념함

- 發憤忘食(발분망식) : 발분하여 끼니를 잊고 노력함
- 手不釋卷(수불석권) : 손에서 책을 놓을 사이 없이 열심히 공부함
- 自强不息(자강불식) : 스스로 힘써 행하여 쉬지 않음
- 切磋琢磨(절차탁마) : 옥돌을 쪼고 갈아서 빛을 내듯 학문이나 인격을 연마함
- 晝耕夜讀(주경야독) : 낮에는 일하고 밤에는 공부한다. 바쁜 틈을 타서 어렵게 공부함
- 螢窓雪案(형창설안) : 어려운 가운데서도 학문에 힘씀을 비유

(12) 견문이 좁아 세상 형편을 모르는 사람

- 管中之天(관중지천) : 대통구멍으로 하늘을 본다. 소견이 좁음을 이르는 말
- 井底之蛙(정저지와) : 우물 안 개구리
- 坐井觀天(좌정관천) : 우물에 누워 하늘을 보듯 시야가 좁음

⑬ 큰 것을 위해서 작은 것을 희생함

- 見危致命(견위치명) : 나라의 위태로움을 보고 목숨을 버림
- 大義滅親(대의멸친) : 대의를 위해서 사사로운 정을 버림
- 先公後私(선공후사) : 공적인 것을 앞세우고 사적인 것은 뒤로 함
- 泣斬馬謖(읍참마속) : 제갈량이 전투에서 패배한 책임을 물어 마속의 목을 벤 데서 유래

⑭ 시절이 무척 태평함

- 康衢煙月(강구연월) : 강구의 평화로운 거리풍경
- 擊壤老人(격양노인) : 태평한 생활을 즐거워하여 노인이 땅을 치며 노래함
- 比屋可封(비옥가봉) : 요순시절 사람이 다 착하여 집집마다 표창할 만하였다는 말
- 太平盛代(태평성대) : 태평스런 시절
- 含哺鼓腹(함포고복) : 배불리 먹고 배를 두드린다. 먹을 것을 쌓아두고 즐겁게 지냄
- 鼓腹擊壤(고복격양) : 배를 두드리며 흙덩이를 친다. 옷과 음식이 풍족한 상황을 의미

⑮ 그 순간만 모면하겠다는 얄팍한 계책

- 姑息之計(고식지계) : 임시방편인 계책
- 凍足放尿(동족방뇨) : 언 발에 오줌 누기. 한때 도움이 될 뿐 곧 효력이 없어짐을 의미
- 彌縫策(미봉책) : 임시로 꾸며대어 눈가림만 하는 일시적인 대책
- 掩耳盜鈴(엄이도령) : 제 귀를 가리고 방울을 훔친다. 나쁜 짓을 하면서 가책을 피함
- 臨機應變(임기응변) : 그때그때의 시기에 임하여 적당히 일을 처리함
- 下石上臺(하석상대) : 임시변통으로 이리저리 둘러맞춤을 이르는 말

---

4 자주 출제되는 사자성어

- 甘呑苦吐(감탄고토) : 달면 삼키고 쓰면 뱉듯 자기의 이익만 꾀함
- 去頭截尾(거두절미) : 머리와 꼬리는 다 버리고 중심이 되는 부분만 말함
- 乾坤一擲(건곤일척) : 모든 운명을 걸고 한판에 승부를 가림
- 牽强附會(견강부회) : 이치에 맞지 않는 말을 억지로 끌어다 붙여서 주장함
- 經國濟世(경국제세) : 나라를 경륜하고 세상을 구함. '경제(經濟)'의 원말
- 股肱之臣(고굉지신) : 자신의 수족과 같이 믿고 중히 여기는 신하
- 膏粱珍味(고량진미) : 살찐 고기와 기름진 음식
- 孤掌難鳴(고장난명) : 손바닥도 마주쳐야 소리 난다. 혼자 힘으로 일하기 어려움을 비유
- 曲學阿世(곡학아세) : 학문을 그릇되게 하여 세상과 타협함
- 刮目相對(괄목상대) : 다른 사람의 학식이나 재주가 부쩍 늘어난 것을 일컫는 말

- 矯角殺牛(교각살우) : '뿔을 바로잡으려다 소를 죽인다'는 뜻으로, 조그마한 일을 하려다 큰 일을 그르친다는 말
- 巧言令色(교언영색) : 남에게 꾸미는 말을 하고 얼굴빛을 좋게 하여 아첨함
- 拘飯橡實(구반상실) : 따로 돌리어 함께 어울리지 못함
- 群鷄一鶴(군계일학) : 많은 평범한 사람 가운데 가장 뛰어난 사람
- 錦上添花(금상첨화) : 좋은 것 위에 더 좋은 것을 첨가함
- 難兄難弟(난형난제) : 사물의 우열이 없다는 말. 매우 비슷함
- 囊中之錐(낭중지추) : 재주가 뛰어난 사람은 나타내지 않아도 저절로 알게 됨
- 簞食瓢飮(단사표음) : 변변치 못한 음식. 매우 가난한 살림
- 同價紅裳(동가홍상) : 같은 값이면 다홍치마. 이왕이면 좋고 예쁜 것을 취함
- 同病相憐(동병상련) : 같은 병을 앓고 있는 사람끼리 서로 불쌍히 여김
- 同床異夢(동상이몽) : 같은 처지에 있는 듯하면서도 서로의 이상이 다름
- 得隴望蜀(득롱망촉) : '한(漢)의 광무제가 농(隴)땅을 얻고 또 蜀(촉)나라를 탐낸다'는 뜻으로, 인간의 욕심이 무한함을 일컫는 말
- 登高自卑(등고자비) : 천리길도 한 걸음부터. 모든 일은 순서를 밟아야 이루어짐
- 燈火可親(등화가친) : 등불을 밝히고 독서에 힘쓸만 하다는 뜻
- 磨斧爲針(마부위침) : '도끼를 갈면 바늘이 된다'는 뜻으로, 아무리 어렵고 험난한 일도 계속 정진하면 꼭 이룰 수가 있다는 말
- 馬耳東風(마이동풍) : 남의 말을 조금도 귀담아 듣지 않고 흘려버림
- 滿身瘡痍(만신창이) : 온몸이 흠집투성이가 됨. 어떤 사물이 엉망진창이 됨
- 萬壑千峰(만학천봉) : 첩첩이 겹쳐진 많은 골짜기와 산봉우리
- 亡羊補牢(망양보뢰) : 일이 다 틀린 뒤에 때늦게 손을 씀
- 明鏡止水(명경지수) : 잡념이나 허욕이 없이 맑고 조용한 마음
- 命也福也(명야복야) : 잇달아 발생하는 행복을 나타냄
- 毛骨竦然(모골송연) : 끔찍한 일을 당하였거나 볼 때 두려워 몸이나 털끝이 오싹해 진다는 말
- 目不識丁(목불식정) : 낫 놓고 기역자도 모름. 아주 무식함을 뜻하는 말
- 猫頭縣鈴(묘두현령) : 고양이 목에 방울 달기. 실현가능성이 없는 일을 계획함
- 博而不精(박이부정) : 여러 방면으로 널리 아나 정통하지는 못함. 숲은 보되 나무를 보지 못함
- 拔本塞源(발본색원) : 잘못된 부분을 뽑아서 근원을 없애버림
- 百年河淸(백년하청) : 아무리 긴 세월이 지나더라도 될 가망이 없음
- 附和雷同(부화뇌동) : 남이 하는 대로 무턱대고 따라함. 주견이 없음
- 事必歸正(사필귀정) : 모든 일은 결과적으로 반드시 바른 길로 돌아가게 마련임
- 三旬九食(삼순구식) : 매우 가난하여 먹을 양식이 없음
- 桑田碧海(상전벽해) : 뽕나무 밭이 푸른 바다가 됨
- 雪上加霜(설상가상) : 곤란한 일이 겹쳐서 생김
- 纖纖玉手(섬섬옥수) : 아름답고 가냘픈 여자의 손을 비유
- 誰怨誰咎(수원수구) : 남을 원망하거나 탓할 것이 없음

- 十伐之木(십벌지목) : 열 번 찍어 안 넘어가는 나무 없다. 노력해서 안 되는 일이 없음
- 十匙一飯(십시일반) : 열 술이면 한 끼의 밥. 여러 사람이 힘을 합쳐 한 사람을 구함
- 阿鼻叫喚(아비규환) : 계속되는 고통으로 울부짖는 참상
- 我田引水(아전인수) : 내 논에 물 대기. 자기에게만 유리하도록 함
- 於異阿異(어이아이) : 아 다르고 어 다르다. 같은 말이라도 잘 골라 써야 함
- 緣木求魚(연목구어) : 불가능한 일을 하고자 할 때를 비유한 말
- 吾鼻三尺(오비삼척) : 내 사정이 급해서 남을 돌볼 여유가 없음
- 烏飛梨落(오비이락) : 까마귀 날자 배 떨어진다. 어떤 일이 공교롭게 동시에 일어나 남의 오해를 받게 됨
- 臥薪嘗膽(와신상담) : 원수를 갚고자 괴로움과 어려움을 참고 견딤
- 牛耳讀經(우이독경) : 소 귀에 경 읽기. 아무리 이야기해도 소용없음
- 流言蜚語(유언비어) : 아무런 근거 없이 떠도는 소문
- 類類相從(유유상종) : 가재는 게 편. 같은 것끼리 서로 왕래하며 사귐
- 易如反掌(이여반장) : 손바닥 뒤집듯 쉽다는 말
- 一石二鳥(일석이조) : 한 가지 일로써 두 가지 이익을 얻음. 一擧兩得(일거양득)
- 一魚濁水(일어탁수) : 한 사람의 잘못으로 여러 사람이 해를 입음
- 日就月將(일취월장) : 나날이 다달이 진전함. 계속 진취되어 감
- 自家撞着(자가당착) : 같은 사람의 글이나 언행이 맞지 않아 어그러짐
- 自繩自縛(자승자박) : 자신의 행동으로 인하여 자기가 해를 입음
- 轉禍爲福(전화위복) : 화를 당하였으나 오히려 복이 됨
- 漸入佳境(점입가경) : 점점 아름다운 경치 속으로 들어감. 일이 점점 더 재미있는 방향으로 흘러감
- 鳥足之血(조족지혈) : 새 발의 피. 극히 적은 분량
- 左雇右眄(좌고우면) : 좌우를 자꾸 둘러 봄. 무슨 일에 결정을 내리지 못함
- 坐不安席(좌불안석) : 마음이 불안하여 한자리에 편안히 앉아 있지 못함
- 主客顚倒(주객전도) : 주인과 손님의 입장이 뒤바뀐 상태
- 走馬加鞭(주마가편) : 달리는 말에 채찍질 하듯 잘하고 있음에도 더 부추기거나 몰아침
- 走馬看山(주마간산) : 달리는 말 위에서 산천을 구경함. 대강대강 보고 지나침
- 竹杖芒鞋(죽장망혜) : 대나무지팡이와 짚신. 매우 간단한 여행차림
- 指鹿爲馬(지록위마) : 윗사람을 농락하여 권세를 마음대로 함
- 支離滅裂(지리멸렬) : 갈래갈래 찢어지고 흩어짐
- 滄海一粟(창해일속) : 크고 넓은 바다에 한 알의 좁쌀처럼 보잘것 없는 작은 물건
- 天衣無縫(천의무봉) : 천사의 옷은 기울 데가 없음. 완벽한 문장을 가리킴
- 七縱七擒(칠종칠금) : 마음대로 잡았다 놓아 주었다 함
- 針小棒大(침소봉대) : 바늘을 몽둥이로 말하듯 매우 과장된 말

- **他山之石**(타산지석) : 다른 사람의 하찮은 언행도 자기에게 도움이 됨
- **卓上空論**(탁상공론) : 실현가능성이 없는 허황된 이론
- **抱腹絕倒**(포복절도) : 배를 안고 넘어질 정도로 몹시 웃음
- **狐假虎威**(호가호위) : 높은 사람의 권세를 등에 업고 위세를 부림
- **好事多魔**(호사다마) : 좋은 일에는 방해가 되는 일이 많음
- **畵中之餅**(화중지병) : 그림의 떡. 아무리 마음에 들더라도 차지할 수 없는 경우

출제예상문제

|1~15| 다음 독음에 해당하는 한자어를 고르시오.

1

계약

① 沈着   ② 契約
③ 統合   ④ 照準

> **Tip** ① 침착 ② 계약 ③ 통합 ④ 조준

2

간단

① 簡單   ② 成功
③ 的中   ④ 疾病

> **Tip** ① 간단 ② 성공 ③ 적중 ④ 질병

3

시공

① 時效   ② 便利
③ 施工   ④ 別世

> **Tip** ① 시효 ② 편리 ③ 시공 ④ 별세

4

> 승부

① 報償　　　　　　② 貸與
③ 逝去　　　　　　④ 勝負

> Tip　① 보상　② 대여　③ 서거　④ 승부

5

> 명예

① 加熱　　　　　　② 現實
③ 感情　　　　　　④ 名譽

> Tip　① 가열　② 현실　③ 감정　④ 명예

6

> 세월

① 歲月　　　　　　② 時間
③ 世相　　　　　　④ 季節

> Tip　① 세월　② 시간　③ 세상　④ 계절

7

> 고독

① 靑春　　　　　　② 孤獨
③ 老年　　　　　　④ 幼兒

> Tip　① 청춘　② 고독　③ 노년　④ 유아

Answer ↠ 1.② 2.① 3.③ 4.④ 5.④ 6.① 7.②

8

전화

① 汽車　　　　　　　　② 電球
③ 電話　　　　　　　　④ 郵便

> **Tip** ① 기차 ② 전구 ③ 전화 ④ 우편

9

연필

① 硯滴　　　　　　　　② 寫眞
③ 鉛筆　　　　　　　　④ 詩畵

> **Tip** ① 연적 ② 사진 ③ 연필 ④ 시화

10

입학

① 試驗　　　　　　　　② 入學
③ 入試　　　　　　　　④ 卒業

> **Tip** ① 시험 ② 입학 ③ 입시 ④ 졸업

11

화초

① 梅花　　　　　　　　② 花草
③ 蘭草　　　　　　　　④ 昆蟲

> **Tip** ① 매화 ② 화초 ③ 난초 ④ 곤충

12

이상

① 空想   ② 理想

③ 虛想   ④ 想像

(Tip) ① 공상 ② 이상 ③ 허상 ④ 상상

13

약물

① 藥物   ② 樂器

③ 藥局   ④ 藥草

(Tip) ① 약물 ② 악기 ③ 약국 ④ 약초

14

회담

① 頂上   ② 問答

③ 民譚   ④ 會談

(Tip) ① 정상 ② 문답 ③ 민담 ④ 회담

15

온도

① 道路   ② 溫度

③ 溫暖   ④ 法道

(Tip) ① 도로 ② 온도 ③ 온난 ④ 법도

Answer ⌐ 8.③ 9.③ 10.② 11.② 12.② 13.① 14.④ 15.②

▌16~20 ▌ 다음 뜻에 해당하는 사자성어를 고르시오.

16

> 편안한 마음으로 제 분수를 지키며 만족할 줄을 앎

① 結草報恩   ② 安分知足
③ 吉凶禍福   ④ 桑田碧海

① 결초보은 : 죽은 뒤에라도 은혜를 잊지 않고 갚음을 이르는 말
② 안분지족 : 편안한 마음으로 제 분수를 지키며 만족할 줄을 앎
③ 길흉화복 : 길흉과 화복을 아울러 이르는 말
④ 상전벽해 : 세상일의 변천이 심함을 비유적으로 이르는 말

17

> 곱게 차려입은 젊은 여자의 옷차림

① 綠衣紅裳   ② 獨也靑靑
③ 矯角殺牛   ④ 兒童走卒

① 녹의홍상 : 곱게 차려입은 젊은 여자의 옷차림
② 독야청청 : 남들이 모두 절개를 꺾는 상황 속에서도 홀로 절개를 굳세게 지키고 있음을
  비유적으로 이르는 말
③ 교각살우 : 잘못된 점을 고치려다가 그 방법이나 정도가 지나쳐 오히려 일을 그르침을 이
  르는 말
④ 아동주졸 : 철없는 아이들과 어리석은 사람들을 아울러 이르는 말

18

> 같은 사람의 말이나 행동이 앞뒤가 서로 맞지 아니하고 모순됨

① 多事多難   ② 難忘之恩
③ 自家撞着   ④ 下厚上薄

① 다사다단 : 여러 가지 일도 많고 어려움이나 탈도 많음
② 난망지은 : 잊을 수 없는 은혜
③ 자가당착 : 같은 사람의 말이나 행동이 앞뒤가 서로 맞지 아니하고 모순됨
④ 하후상박 : 아랫사람에게 후하고 윗사람에게는 박함

19

> 여러 사람이 모여서 충분히 의논함

① 爛商公論　　　　　　② 馬耳東風

③ 此日彼日　　　　　　④ 四顧無親

① 난상공론 : 여러 사람이 모여서 충분히 의논함
② 마이동풍 : 남의 말을 귀담아듣지 아니하고 지나쳐 흘려버림을 이르는 말
③ 차일피일 : 이 날 저 날 하고 자꾸 기한을 미루는 모양
④ 사고무친 : 의지할 만한 사람이 아무도 없음

20

> 이익을 적게 보고 많이 파는 것

① 杜門不出　　　　　　② 天高馬肥

③ 薄利多賣　　　　　　④ 無道莫甚

① 두문불출 : 집에만 있고 바깥출입을 아니함
② 천고마비 : 하늘이 맑아 높푸르게 보이고 온갖 곡식이 익는 가을철을 이르는 말
③ 박리다매 : 이익을 적게 보고 많이 파는 것
④ 무도막심 : 말이나 행동이 더할 나위 없이 도리에 어긋나서 막됨

Answer↳ 16.② 17.① 18.③ 19.① 20.③

｜21~25｜ 다음 독음에 해당하는 사자성어를 고르시오.

21

> (추풍삭막) : 예전의 권세는 간 곳이 없고 초라해진 모양

① 難兄難弟   ② 累卵之危

③ 秋風索莫   ④ 簞瓢陋巷

① 난형난제 : 두 사물이 비슷하여 낫고 못함을 정하기 어려움
② 누란지위 : 몹시 아슬아슬한 위기
④ 단표누항 : 선비의 청빈한 생활

22

> (거두절미) : 어떤 일의 요점만 간단히 말함

① 去頭截尾   ② 能小能大

③ 滄海一粟   ④ 三顧草廬

② 능소능대 : 모든 일에 두루 능함
③ 창해일속 : 아주 많거나 넓은 것 가운데 있는 매우 하찮고 작은 것을 이르는 말
④ 삼고초려 : 인재를 맞아들이기 위하여 참을성 있게 노력함

23

> (용두사미) : 처음은 왕성하나 끝이 부진한 현상

① 初志一貫   ② 無爲自然

③ 謀略中傷   ④ 龍頭蛇尾

① 초지일관 : 처음에 세운 뜻을 끝까지 밀고 나감
② 무위자연 : 사람의 힘을 더하지 않은 그대로의 자연. 또는 그런 이상적인 경지
③ 모략중상 : 남을 모략하여 명예를 손상시킴

24

(우문현답):어리석은 질문에 대한 현명한 대답

① 厚顔無恥　　　　　　　② 愚問賢答

③ 朝三暮四　　　　　　　④ 見物生心

 ① 후안무치 : 뻔뻔스러워 부끄러움이 없음

③ 조삼모사 : 간사한 꾀로 남을 속여 희롱함을 이르는 말

④ 견물생심 : 어떠한 실물을 보게 되면 그것을 가지고 싶은 욕심이 생김

25

(남가일몽):꿈과 같이 헛된 한때의 부귀영화

① 鳥足之血　　　　　　　② 吳越同舟

③ 南柯一夢　　　　　　　④ 走馬看山

 ① 조족지혈 : 매우 적은 분량

② 오월동주 : 서로 적의를 품은 사람들이 한자리에 있게 된 경우나 서로 협력하여야 하는 상황

④ 주마간산 : 자세히 살피지 아니하고 대충대충 보고 지나감

Answer ↱ 21.③　22.①　23.④　24.②　25.③

| 26~30 | 다음 중 독음이 다른 한자를 고르시오.

26 ① 比 ② 飛
③ 步 ④ 非

(Tip) ① 견줄 비 ② 날 비 ③ 걸음 보 ④ 아닐 비

27 ① 家 ② 何
③ 加 ④ 嘉

(Tip) ① 집 가 ② 어찌 하 ③ 더할 가 ④ 아름다울 가

28 ① 安 ② 岸
③ 顔 ④ 彦

(Tip) ① 편안할 안 ② 언덕 안 ③ 얼굴 안 ④ 선비 언

29 ① 地 ② 知
③ 示 ④ 志

(Tip) ① 땅 지 ② 알 지 ③ 보일 시 ④ 뜻 지

30 ① 訃 ② 婦
③ 膏 ④ 付

(Tip) ① 부고 부 ② 며느리 부 ③ 살찔 고 ④ 줄 부

31

> 父

① 綠   ② 母

③ 夫   ④ 善

> **Tip** 父 아비 부 – 母 어미 모
> ① 초록빛 녹 ③ 아비 부 ④ 착할 선

32

> 甘

① 兎   ② 高

③ 苦   ④ 味

> **Tip** 甘 달 감 – 苦 쓸 고
> ① 토끼 토 ② 높을 고 ④ 맛 미

33

> 速

① 思   ② 全

③ 手   ④ 緩

> **Tip** 速 빠를 속 – 緩 느릴 완
> ① 생각할 사 ② 온전할 전 ③ 손 수

Answer ↱ 26.③ 27.② 28.④ 29.③ 30.③ 31.② 32.③ 33.④

34

善

① 美　　　　　　　　② 烏
③ 眞　　　　　　　　④ 惡

Tip 善 착할 선 – 惡 악할 악
① 아름다울 미　② 까마귀 오　③ 참 진

35

難

① 暖　　　　　　　　② 句
③ 勤　　　　　　　　④ 易

Tip 難 어려울 난 – 易 쉬울 이
① 따뜻할 난　② 글귀 구　③ 부지런할 근

▌36~40▐ 다음 사자성어를 완성할 수 있도록 (　)에 알맞은 한자를 고르시오.

36

(구)死一生 : 죽을 고비를 여러 차례 넘기고 겨우 살아남을 이르는 말

① 究　　　　　　　　② 求
③ 具　　　　　　　　④ 九

Tip ① 궁구할 구　② 구할 구　③ 갖출 구　④ 아홉 구

37

進退(양)難 : 이러지도 저러지도 못하는 어려운 처지

① 陽 　　　　　　　　② 洋

③ 兩 　　　　　　　　④ 良

 ① 볕 양　② 바다 양　③ 두 양　④ 좋을 양

38

東奔西(주) : 사방으로 이리저리 몹시 바쁘게 돌아다님

① 主 　　　　　　　　② 朱

③ 走 　　　　　　　　④ 舟

 ① 주인 주　② 붉을 주　③ 달릴 주　④ 배 주

39

美人薄(명) : 미인은 불행하거나 병약하여 요절하는 일이 많음

① 明 　　　　　　　　② 命

③ 皿 　　　　　　　　④ 名

 ① 밝을 명　② 목숨 명　③ 그릇 명　④ 이름 명

Answer ↱ 34.④　35.④　36.④　37.③　38.③　39.②

40

目不(식)丁 : 아주 까막눈임을 이르는 말

① 識   ② 式

③ 植   ④ 食

> **Tip** ① 알 식 ② 법 식 ③ 심을 식 ④ 밥 식

┃41~45┃ 다음 뜻에 해당하는 한자를 고르시오.

41

(공급) : 요구나 필요에 따라 물품 따위를 제공함

① 需要   ② 慾望

③ 所願   ④ 供給

> **Tip** ① 수요 ② 욕망 ③ 소원

42

(참여) : 어떤 일에 끼어들어 관계함

① 選擧   ② 參與

③ 表式   ④ 修習

> **Tip** ① 선거 ③ 표식 ④ 수습

43

(과학) : 보편적인 진리나 법칙의 발견을 목적으로 한 체계적인 지식

① 法學　　　　　　　　　② 科學
③ 文學　　　　　　　　　④ 數學

 ① 법학　③ 문학　④ 수학

44

(응용) : 어떤 이론이나 이미 얻은 지식을 구체적인 개개의 사례나 다른 분야의 일에 적용하여 이용함

① 書冊　　　　　　　　　② 親熟
③ 應用　　　　　　　　　④ 四季

 ① 서책　② 친숙　④ 사계

45

(발행) : 출판물이나 인쇄물을 찍어서 세상에 펴냄

① 發行　　　　　　　　　② 貢獻
③ 全國　　　　　　　　　④ 檢査

 ② 공헌　③ 전국　④ 간행

Answer → 40.① 41.④ 42.② 43.② 44.③ 45.①

┃46~50┃ 안에 알맞은 한자어를 고르시오.

46

> 2018년 9월 18일 3차 남북정상회담이 (　　)되었다.

① 觀察　　　　　　　　　　② 成事
③ 傍觀　　　　　　　　　　④ 記錄

　① 관찰 : 사물이나 현상을 주의하여 자세히 살펴봄
　② 성사 : 일을 이룸. 또는 일이 이루어짐
　③ 방관 : 어떤 일에 직접 나서서 관여하지 않고 곁에서 보기만 함
　④ 기록 : 주로 후일에 남길 목적으로 어떤 사실을 적음. 또는 그런 글

47

> 가을이 되자 나뭇잎이 알록달록 (　　)이 들었다.

① 禮節　　　　　　　　　　② 船上
③ 共助　　　　　　　　　　④ 丹楓

　① 예절 : 예의에 관한 모든 절차나 질서
　② 선상 : 배의 위
　③ 공조 : 여러 사람이 함께 도와주거나 서로 도와줌
　④ 단풍 : 기후 변화로 식물의 잎이 붉은빛이나 누런빛으로 변하는 현상

48

> 프랜차이즈 브랜드는 경기(　　)에도 창업문의가 늘었다.

① 不況　　　　　　　　　　② 慌忙
③ 沈水　　　　　　　　　　④ 俗世

　① 불황 : 경제 활동이 일반적으로 침체되는 상태
　② 황망 : 마음이 몹시 급하여 당황하고 허둥지둥하는 면이 있음
　③ 침수 : 물에 잠김
　④ 속세 : 불가에서 일반 사회를 이르는 말

49

> 심각한 환경( )으로 지구가 망가지고 있다.

① 氣運 ② 汚染
③ 商業 ④ 交通

 ① 기운 : 어떤 일이 벌어지려고 하는 분위기
② 오염 : 더럽게 물듦. 또는 더럽게 물들게 함
③ 상업 : 상품을 사고파는 행위를 통하여 이익을 얻는 일
④ 교통 : 자동차 · 기차 · 배 · 비행기 따위를 이용하여 사람이 오고 가거나, 짐을 실어 나르는 일

50

> ( )을 지키는 것은 신뢰를 얻기 위해 가장 중요한 일이다.

① 拘束 ② 約束
③ 解放 ④ 時機

 ① 구속 : 행동이나 의사의 자유를 제한하거나 속박함
② 약속 : 다른 사람과 앞으로의 일을 어떻게 할 것인가를 미리 정하여 둠. 또는 그렇게 정한 내용
③ 해방 : 구속이나 억압, 부담 따위에서 벗어나게 함
④ 시기 : 적당한 때나 기회

Answer↪ 46.② 47.④ 48.① 49.② 50.②

PART

IV

인성검사

01 인성검사의 개요

1 인성(성격)검사의 개념과 목적

인성(성격)이란 개인을 특징짓는 평범하고 일상적인 사회적 이미지, 즉 지속적이고 일관된 공적 성격(Public – personality)이며, 환경에 대응함으로써 선천적·후천적 요소의 상호작용으로 결정화된 심리적·사회적 특성 및 경향을 의미한다.

인성검사는 직무적성검사를 실시하는 대부분의 기업체에서 병행하여 실시하고 있으며, 인성검사만 독자적으로 실시하는 기업도 있다.

기업체에서는 인성검사를 통하여 각 개인이 어떠한 성격 특성이 발달되어 있고, 어떤 특성이 얼마나 부족한지, 그것이 해당 직무의 특성 및 조직문화와 얼마나 맞는지를 알아보고 이에 적합한 인재를 선발하고자 한다. 또한 개인에게 적합한 직무 배분과 부족한 부분을 교육을 통해 보완하도록 할 수 있다.

인성검사의 측정요소는 검사방법에 따라 차이가 있다. 또한 각 기업체들이 사용하고 있는 인성검사는 기존에 개발된 인성검사방법에 각 기업체의 인재상을 적용하여 자신들에게 적합하게 재개발하여 사용하는 경우가 많다. 그러므로 기업체에서 요구하는 인재상을 파악하여 그에 따른 대비책을 준비하는 것이 바람직하다. 본서에서 제시된 인성검사는 크게 '특성'과 '유형'의 측면에서 측정하게 된다.

2 성격의 특성

(1) 정서적 측면

정서적 측면은 평소 마음의 당연시하는 자세나 정신상태가 얼마나 안정하고 있는지 또는 불안정한지를 측정한다.

정서의 상태는 직무수행이나 대인관계와 관련하여 태도나 행동으로 드러난다. 그러므로 정서적 측면을 측정하는 것에 의해, 장래 조직 내의 인간관계에 어느 정도 잘 적응할 수 있을까(또는 적응하지 못할까)를 예측하는 것이 가능하다.

그렇기 때문에, 정서적 측면의 결과는 채용 시에 상당히 중시된다. 아무리 능력이 좋아도 장기적으로 조직 내의 인간관계에 잘 적응할 수 없다고 판단되는 인재는 기본적으로는 채용되지 않는다.

일반적으로 인성(성격)검사는 채용과는 관계없다고 생각하나 정서적으로 조직에 적응하지 못하는 인재는 채용단계에서 가려내지는 것을 유의하여야 한다.

① 민감성(신경도) … 꼼꼼함, 섬세함, 성실함 등의 요소를 통해 일반적으로 신경질적인지 또는 자신의 존재를 위협받는다는 불안을 갖기 쉬운지를 측정한다.

질문	그렇다	약간 그렇다	그저 그렇다	별로 그렇지 않다	그렇지 않다
• 남을 잘 배려한다고 생각한다. • 어질러진 방에 있으면 불안하다. • 실패 후에는 불안하다. • 세세한 것까지 신경 쓴다. • 이유 없이 불안할 때가 있다.					

▶측정결과

㉠ '그렇다'가 많은 경우(상처받기 쉬운 유형) : 사소한 일에 신경 쓰고 다른 사람의 사소한 한마디 말에 상처를 받기 쉽다.

• 면접관의 심리 : '동료들과 잘 지낼 수 있을까?', '실패할 때마다 위축되지 않을까?'

• 면접대책 : 다소 신경질적이라도 능력을 발휘할 수 있다는 평가를 얻도록 한다. 주변과 충분한 의사소통이 가능하고, 결정한 것을 실행할 수 있다는 것을 보여주어야 한다.

㉡ '그렇지 않다'가 많은 경우(정신적으로 안정적인 유형) : 사소한 일에 신경 쓰지 않고 금방 해결하며, 주위 사람의 말에 과민하게 반응하지 않는다.

• 면접관의 심리 : '계약할 때 필요한 유형이고, 사고 발생에도 유연하게 대처할 수 있다.'

• 면접대책 : 일반적으로 '민감성'의 측정치가 낮으면 플러스 평가를 받으므로 더욱 자신감 있는 모습을 보여준다.

② **자책성(과민도)** … 자신을 비난하거나 책망하는 정도를 측정한다.

질문	그렇다	약간 그렇다	그저 그렇다	별로 그렇지 않다	그렇지 않다
• 후회하는 일이 많다. • 자신이 하찮은 존재라 생각된다. • 문제가 발생하면 자기의 탓이라고 생각한다. • 무슨 일이든지 끙끙대며 진행하는 경향이 있다. • 온순한 편이다.					

▶측정결과

㉠ '그렇다'가 많은 경우(자책하는 유형) : 비관적이고 후회하는 유형이다.
 • 면접관의 심리 : '끙끙대며 괴로워하고, 일을 진행하지 못할 것 같다.'
 • 면접대책 : 기분이 저조해도 항상 의욕을 가지고 생활하는 것과 책임감이 강하다는 것을 보여준다.
㉡ '그렇지 않다'가 많은 경우(낙천적인 유형) : 기분이 항상 밝은 편이다.
 • 면접관의 심리 : '안정된 대인관계를 맺을 수 있고, 외부의 압력에도 흔들리지 않는다.'
 • 면접대책 : 일반적으로 '자책성'의 측정치가 낮아야 좋은 평가를 받는다.

③ **기분성(불안도)** … 기분의 굴곡이나 감정적인 면의 미숙함이 어느 정도인지를 측정하는 것이다.

질문	그렇다	약간 그렇다	그저 그렇다	별로 그렇지 않다	그렇지 않다
• 다른 사람의 의견에 자신의 결정이 흔들리는 경우가 많다. • 기분이 쉽게 변한다. • 종종 후회한다. • 다른 사람보다 의지가 약한 편이라고 생각한다. • 금방 싫증을 내는 성격이라는 말을 자주 듣는다.					

▶측정결과

㉠ '그렇다'가 많은 경우(감정의 기복이 많은 유형) : 의지력보다 기분에 따라 행동하기 쉽다.
• 면접관의 심리 : '감정적인 것에 약하며, 상황에 따라 생산성이 떨어지지 않을까?'
• 면접대책 : 주변 사람들과 항상 협조한다는 것을 강조하고 한결같은 상태로 일할 수 있다는 평가를 받도록 한다.
㉡ '그렇지 않다'가 많은 경우(감정의 기복이 적은 유형) : 감정의 기복이 없고, 안정적이다.
• 면접관의 심리 : '안정적으로 업무에 임할 수 있다.'
• 면접대책 : 기분성의 측정치가 낮으면 플러스 평가를 받으므로 자신감을 가지고 면접에 임한다.

④ 독자성(개인도) … 주변에 대한 견해나 관심, 자신의 견해나 생각에 어느 정도의 속박감을 가지고 있는지를 측정한다.

질문	그렇다	약간 그렇다	그저 그렇다	별로 그렇지 않다	그렇지 않다
• 창의적 사고방식을 가지고 있다.					
• 융통성이 있는 편이다.					
• 혼자 있는 편이 많은 사람과 있는 것보다 편하다.					
• 개성적이라는 말을 듣는다.					
• 교제는 번거로운 것이라고 생각하는 경우가 많다.					

▶측정결과

㉠ '그렇다'가 많은 경우 : 자기의 관점을 중요하게 생각하는 유형으로, 주위의 상황보다 자신의 느낌과 생각을 중시한다.
• 면접관의 심리 : '제멋대로 행동하지 않을까?'
• 면접대책 : 주위 사람과 협조하여 일을 진행할 수 있다는 것과 상식에 얽매이지 않는다는 인상을 심어준다.
㉡ '그렇지 않다'가 많은 경우 : 상식적으로 행동하고 주변 사람의 시선에 신경을 쓴다.
• 면접관의 심리 : '다른 직원들과 협조하여 업무를 진행할 수 있겠다.'
• 면접대책 : 협조성이 요구되는 기업체에서는 플러스 평가를 받을 수 있다.

⑤ **자신감**(자존심도) … 자기 자신에 대해 얼마나 긍정적으로 평가하는지를 측정한다.

질문	그렇다	약간 그렇다	그저 그렇다	별로 그렇지 않다	그렇지 않다
• 다른 사람보다 능력이 뛰어나다고 생각한다.					
• 다소 반대의견이 있어도 나만의 생각으로 행동할 수 있다.					
• 나는 다른 사람보다 기가 센 편이다.					
• 동료가 나를 모욕해도 무시할 수 있다.					
• 대개의 일을 목적한 대로 헤쳐나 갈 수 있다고 생각한다.					

▶측정결과

㉠ '그렇다'가 많은 경우 : 자기 능력이나 외모 등에 자신감이 있고, 비판당하는 것을 좋아하지 않는다.
• **면접관의 심리** : '자만하여 지시에 잘 따를 수 있을까?'
• **면접대책** : 다른 사람의 조언을 잘 받아들이고, 겸허하게 반성하는 면이 있다는 것을 보여주고, 동료들과 잘 지내며 리더의 자질이 있다는 것을 강조한다.

㉡ '그렇지 않다'가 많은 경우 : 자신감이 없고 다른 사람의 비판에 약하다.
• **면접관의 심리** : '패기가 부족하지 않을까?', '쉽게 좌절하지 않을까?'
• **면접대책** : 극도의 자신감 부족으로 평가되지는 않는다. 그러나 마음이 약한 면은 있지만 의욕적으로 일을 하겠다는 마음가짐을 보여준다.

⑥ 고양성(분위기에 들뜨는 정도) … 자유분방함, 명랑함과 같이 감정(기분)의 높고 낮음의 정도를
측정한다.

질문	그렇다	약간 그렇다	그저 그렇다	별로 그렇지 않다	그렇지 않다
• 침착하지 못한 편이다. • 다른 사람보다 쉽게 우쭐해진다. • 모든 사람이 아는 유명인사가 되고 싶다. • 모임이나 집단에서 분위기를 이끄는 편이다. • 취미 등이 오랫동안 지속되지 않는 편이다.					

▶측정결과

㉠ '그렇다'가 많은 경우 : 자극이나 변화가 있는 일상을 원하고 기분을 들뜨게 하는 사람과 친밀하게
지내는 경향이 강하다.

• 면접관의 심리 : '일을 진행하는 데 변덕스럽지 않을까?'

• 면접대책 : 밝은 태도는 플러스 평가를 받을 수 있지만, 착실한 업무능력이 요구되는 직종에서는
마이너스 평가가 될 수 있다. 따라서 자기조절이 가능하다는 것을 보여준다.

㉡ '그렇지 않다'가 많은 경우 : 감정이 항상 일정하고, 속을 드러내 보이지 않는다.

• 면접관의 심리 : '안정적인 업무 태도를 기대할 수 있겠다.'

• 면접대책 : '고양성'의 낮음은 대체로 플러스 평가를 받을 수 있다. 그러나 '무엇을 생각하고 있는
지 모르겠다' 등의 평을 듣지 않도록 주의한다.

⑦ 허위성(진위성) … 필요 이상으로 자기를 좋게 보이려 하거나 기업체가 원하는 '이상형'에 맞춘 대답을 하고 있는지, 없는지를 측정한다.

질문	그렇다	약간 그렇다	그저 그렇다	별로 그렇지 않다	그렇지 않다
• 약속을 깨뜨린 적이 한 번도 없다. • 다른 사람을 부럽다고 생각해 본 적이 없다. • 꾸지람을 들은 적이 없다. • 사람을 미워한 적이 없다. • 화를 낸 적이 한 번도 없다.					

▶측정결과

㉠ '그렇다'가 많은 경우 : 실제의 자기와는 다른, 말하자면 원칙으로 해답할 가능성이 있다.

• 면접관의 심리 : '거짓을 말하고 있다.'

• 면접대책 : 조금이라도 좋게 보이려고 하는 '거짓말쟁이'로 평가될 수 있다. '거짓을 말하고 있다.'는 마음 따위가 전혀 없다 해도 결과적으로는 정직하게 답하지 않는다는 것이 되어 버린다. '허위성'의 측정 질문은 구분되지 않고 다른 질문 중에 섞여 있다. 그러므로 모든 질문에 솔직하게 답하여야 한다. 또한 자기 자신과 너무 동떨어진 이미지로 답하면 좋은 결과를 얻지 못한다. 그리고 면접에서 '허위성'을 기본으로 한 질문을 받게 되므로 당황하거나 또 다른 모순된 답변을 하게 된다. 겉치레를 하거나 무리한 욕심을 부리지 말고 '이런 사회인이 되고 싶다.'는 현재의 자신보다, 조금 성장한 자신을 표현하는 정도가 적당하다.

㉡ '그렇지 않다'가 많은 경우 : 냉정하고 정직하며, 외부의 압력과 스트레스에 강한 유형이다. '대쪽 같음'의 이미지가 굳어지지 않도록 주의한다.

(2) 행동적인 측면

행동적 측면은 인격 중에 특히 행동으로 드러나기 쉬운 측면을 측정한다. 사람의 행동 특징 자체에는 선도 악도 없으나, 일반적으로는 일의 내용에 의해 원하는 행동이 있다. 때문에 행동적 측면은 주로 직종과 깊은 관계가 있는데 자신의 행동 특성을 살려 적합한 직종을 선택한다면 플러스가 될 수 있다.

행동 특성에서 보여 지는 특징은 면접장면에서도 드러나기 쉬운데 본서의 모의 TEST의 결과를 참고하여 자신의 태도, 행동이 면접관의 시선에 어떻게 비치는지를 점검하도록 한다.

① **사회적 내향성** … 대인관계에서 나타나는 행동경향으로 '낯가림'을 측정한다.

질문	선택
A : 파티에서는 사람을 소개받는 편이다. B : 파티에서는 사람을 소개하는 편이다.	
A : 처음 보는 사람과는 어색하게 시간을 보내는 편이다. B : 처음 보는 사람과는 즐거운 시간을 보내는 편이다.	
A : 친구가 적은 편이다. B : 친구가 많은 편이다.	
A : 자신의 의견을 말하는 경우가 적다. B : 자신의 의견을 말하는 경우가 많다.	
A : 사교적인 모임에 참석하는 것을 좋아하지 않는다. B : 사교적인 모임에 항상 참석한다.	

▶측정결과

㉠ 'A'가 많은 경우 : 내성적이고 사람들과 접하는 것에 소극적이다. 자신의 의견을 말하지 않고 조심스러운 편이다.
  • **면접관의 심리** : '소극적인데 동료와 잘 지낼 수 있을까?'
  • **면접대책** : 대인관계를 맺는 것을 싫어하지 않고 의욕적으로 일을 할 수 있다는 것을 보여준다.
㉡ 'B'가 많은 경우 : 사교적이고 자기의 생각을 명확하게 전달할 수 있다.
  • **면접관의 심리** : '사교적이고 활동적인 것은 좋지만, 자기주장이 너무 강하지 않을까?'
  • **면접대책** : 협조성을 보여주고, 자기주장이 너무 강하다는 인상을 주지 않도록 주의한다.

② 내성성(침착도) … 자신의 행동과 일에 대해 침착하게 생각하는 정도를 측정한다.

질문	선택
A : 시간이 걸려도 침착하게 생각하는 경우가 많다. B : 짧은 시간에 결정을 하는 경우가 많다.	
A : 실패의 원인을 찾고 반성히는 편이다. B : 실패를 해도 그다지(별로) 개의치 않는다.	
A : 결론이 도출되어도 몇 번 정도 생각을 바꾼다. B : 결론이 도출되면 신속하게 행동으로 옮긴다.	
A : 여러 가지 생각하는 것이 능숙하다. B : 여러 가지 일을 재빨리 능숙하게 처리하는 데 익숙하다.	
A : 여러 가지 측면에서 사물을 검토한다. B : 행동한 후 생각을 한다.	

▶측정결과

㉠ 'A'가 많은 경우 : 행동하기 보다는 생각하는 것을 좋아하고 신중하게 계획을 세워 실행한다.

• 면접관의 심리 : '행동으로 실천하지 못하고, 대응이 늦은 경향이 있지 않을까?'

• 면접대책 : 발로 뛰는 것을 좋아하고, 일을 더디게 한다는 인상을 주지 않도록 한다.

㉡ 'B'가 많은 경우 : 차분하게 생각하는 것보다 우선 행동하는 유형이다.

• 면접관의 심리 : '생각하는 것을 싫어하고 경솔한 행동을 하지 않을까?'

• 면접대책 : 계획을 세우고 행동할 수 있는 것을 보여주고 '사려 깊다'라는 인상을 남기도록 한다.

③ 신체활동성 … 몸을 움직이는 것을 좋아하는가를 측정한다.

질문	선택
A : 민첩하게 활동하는 편이다. B : 준비행동이 없는 편이다.	
A : 일을 척척 해치우는 편이다. B : 일을 더디게 처리하는 편이다.	
A : 활발하다는 말을 듣는다. B : 얌전하다는 말을 듣는다.	
A : 몸을 움직이는 것을 좋아한다. B : 가만히 있는 것을 좋아한다.	
A : 스포츠를 하는 것을 즐긴다. B : 스포츠를 보는 것을 좋아한다.	

▶측정결과

㉠ 'A'가 많은 경우 : 활동적이고, 몸을 움직이게 하는 것이 컨디션이 좋다.

• 면접관의 심리 : '활동적으로 활동력이 좋아 보인다.'

• 면접대책 : 활동하고 얻은 성과 등과 주어진 상황의 대응능력을 보여준다.

㉡ 'B'가 많은 경우 : 침착한 인상으로, 차분하게 있는 타입이다.

• 면접관의 심리 : '좀처럼 행동하려 하지 않아 보이고, 일을 빠르게 처리할 수 있을까?'

④ **지속성(노력성)** … 무슨 일이든 포기하지 않고 끈기 있게 하려는 정도를 측정한다.

질문	선택
A : 일단 시작한 일은 시간이 걸려도 끝까지 마무리한다. B : 일을 하다 어려움에 부딪히면 단념한다.	
A : 끈질긴 편이다. B : 바로 단념하는 편이다.	
A : 인내가 강하다는 말을 듣는다. B : 금방 싫증을 낸다는 말을 듣는다.	
A : 집념이 깊은 편이다. B : 담백한 편이다.	
A : 한 가지 일에 구애되는 것이 좋다고 생각한다. B : 간단하게 체념하는 것이 좋다고 생각한다.	

▶측정결과

㉠ 'A'가 많은 경우 : 시작한 것은 어려움이 있어도 포기하지 않고 인내심이 높다.
- 면접관의 심리 : '한 가지의 일에 너무 구애되고, 업무의 진행이 원활할까?'
- 면접대책 : 인내력이 있는 것은 플러스 평가를 받을 수 있지만 집착이 강해 보이기도 한다.

㉡ 'B'가 많은 경우 : 뒤끝이 없고 조그만 실패로 일을 포기하기 쉽다.
- 면접관의 심리 : '질리는 경향이 있고, 일을 정확히 끝낼 수 있을까?'
- 면접대책 : 지속적인 노력으로 성공했던 사례를 준비하도록 한다.

⑤ **신중성(주의성)** … 자신이 처한 주변상황을 즉시 파악하고 자신의 행동이 어떤 영향을 미치는지를 측정한다.

질문	선택
A : 여러 가지로 생각하면서 완벽하게 준비하는 편이다. B : 행동할 때부터 임기응변적인 대응을 하는 편이다.	
A : 신중해서 타이밍을 놓치는 편이다. B : 준비 부족으로 실패하는 편이다.	
A : 자신은 어떤 일에도 신중히 대응하는 편이다. B : 순간적인 충동으로 활동하는 편이다.	
A : 시험을 볼 때 끝날 때까지 재검토하는 편이다. B : 시험을 볼 때 한 번에 모든 것을 마치는 편이다.	
A : 일에 대해 계획표를 만들어 실행한다. B : 일에 대한 계획표 없이 진행한다.	

▶측정결과

㉠ **'A'가 많은 경우** : 주변 상황에 민감하고, 예측하여 계획 있게 일을 진행한다.
- **면접관의 심리** : '너무 신중해서 적절한 판단을 할 수 있을까?', '앞으로의 상황에 불안을 느끼지 않을까?'
- **면접대책** : 예측을 하고 실행을 하는 것은 플러스 평가가 되지만, 너무 신중하면 일의 진행이 정체될 가능성을 보이므로 추진력이 있다는 강한 의욕을 보여준다.

㉡ **'B'가 많은 경우** : 주변 상황을 살펴보지 않고 착실한 계획 없이 일을 진행시킨다.
- **면접관의 심리** : '사려 깊지 않고, 실패하는 일이 많지 않을까?', '판단이 빠르고 유연한 사고를 할 수 있을까?'
- **면접대책** : 사전준비를 중요하게 생각하고 있다는 것 등을 보여주고, 경솔한 인상을 주지 않도록 한다. 또한 판단력이 빠르거나 유연한 사고 덕분에 일 처리를 잘 할 수 있다는 것을 강조한다.

(3) 의욕적인 측면

의욕적인 측면은 의욕의 정도, 활동력의 유무 등을 측정한다. 여기서의 의욕이란 우리들이 보통 말하고 사용하는 '하려는 의지'와는 조금 뉘앙스가 다르다. '하려는 의지'란 그 때의 환경이나 기분에 따라 변화하는 것이지만, 여기에서는 조금 더 변화하기 어려운 특징, 말하자면 정신적 에너지의 양으로 측정하는 것이다.

의욕적 측면은 행동적 측면과는 다르고, 전반적으로 어느 정도 점수가 높은 쪽을 선호한다. 모의검사의 의욕적 측면의 결과가 낮다면, 평소 일에 몰두할 때 조금 의욕 있는 자세를 가지고 서서히 개선하도록 노력해야 한다.

① 달성의욕 … 목적의식을 가지고 높은 이상을 가지고 있는지를 측정한다.

질문	선택
A : 경쟁심이 강한 편이다. B : 경쟁심이 약한 편이다.	
A : 어떤 한 분야에서 제1인자가 되고 싶다고 생각한다. B : 어느 분야에서든 성실하게 임무를 진행하고 싶다고 생각한다.	
A : 규모가 큰일을 해보고 싶다. B : 맡은 일에 충실히 임하고 싶다.	
A : 아무리 노력해도 실패한 것은 아무런 도움이 되지 않는다. B : 가령 실패했을 지라도 나름대로의 노력이 있었으므로 괜찮다.	
A : 높은 목표를 설정하여 수행하는 것이 의욕적이다. B : 실현 가능한 정도의 목표를 설정하는 것이 의욕적이다.	

▶측정결과

㉠ 'A'가 많은 경우 : 큰 목표와 높은 이상을 가지고 승부욕이 강한 편이다.
- 면접관의 심리 : '열심히 일을 해줄 것 같은 유형이다.'
- 면접대책 : 달성의욕이 높다는 것은 어떤 직종이라도 플러스 평가가 된다.

㉡ 'B'가 많은 경우 : 현재의 생활을 소중하게 여기고 비약적인 발전을 위하여 기를 쓰지 않는다.
- 면접관의 심리 : '외부의 압력에 약하고, 기획입안 등을 하기 어려울 것이다.'
- 면접대책 : 일을 통하여 하고 싶은 것들을 구체적으로 어필한다.

② **활동의욕** … 자신에게 잠재된 에너지의 크기로, 정신적인 측면의 활동력이라 할 수 있다.

질문	선택
A : 하고 싶은 일을 실행으로 옮기는 편이다. B : 하고 싶은 일을 좀처럼 실행할 수 없는 편이다.	
A : 어려운 문제를 해결해 가는 것이 좋다. B : 어려운 문제를 해결하는 것을 잘하지 못한다.	
A : 일반적으로 결단이 빠른 편이다. B : 일반적으로 결단이 느린 편이다.	
A : 곤란한 상황에도 도전하는 편이다. B : 사물의 본질을 깊게 관찰하는 편이다.	
A : 시원시원하다는 말을 잘 듣는다. B : 꼼꼼하다는 말을 잘 듣는다.	

▶측정결과

㉠ 'A'가 많은 경우 : 꾸물거리는 것을 싫어하고 재빠르게 결단해서 행동하는 타입이다.
 • 면접관의 심리 : '일을 처리하는 솜씨가 좋고, 일을 척척 진행할 수 있을 것 같다.'
 • 면접대책 : 활동의욕이 높은 것은 플러스 평가가 된다. 사교성이나 활동성이 강하다는 인상을 준다.
㉡ 'B'가 많은 경우 : 안전하고 확실한 방법을 모색하고 차분하게 시간을 아껴서 일에 임하는 타입이다.
 • 면접관의 심리 : '재빨리 행동을 못하고, 일의 처리속도가 느린 것이 아닐까?'
 • 면접대책 : 활동성이 있는 것을 좋아하고 움직임이 더디다는 인상을 주지 않도록 한다.

3 성격의 유형

(1) 인성검사유형의 4가지 척도

정서적인 측면, 행동적인 측면, 의욕적인 측면의 요소들은 성격 특성이라는 관점에서 제시된 것들로 각 개인의 장·단점을 파악하는 데 유용하다. 그러나 전체적인 개인의 인성을 이해하는 데는 한계가 있다.

성격의 유형은 개인의 '성격적인 특색'을 가리키는 것으로, 사회인으로서 적합한지, 아닌지를 말하는 관점과는 관계가 없다. 따라서 채용의 합격 여부에는 사용되지 않는 경우가 많으며, 입사 후의 적정 부서 배치의 자료가 되는 편이라 생각하면 된다. 그러나 채용과 관계가 없다고 해서 아무런 준비도 필요없는 것은 아니다. 자신을 아는 것은 면접 대책의 밑거름이 되므로 모의검사 결과를 충분히 활용하도록 하여야 한다.

본서에서는 4개의 척도를 사용하여 기본적으로 16개의 패턴으로 성격의 유형을 분류하고 있다. 각 개인의 성격이 어떤 유형인지 재빨리 파악하기 위해 사용되며, '적성'에 맞는지, 맞지 않는지의 관점에 활용된다.

- 흥미 · 관심의 방향 : 내향형 ←——————→ 외향형
- 사물에 대한 견해 : 직관형 ←——————→ 감각형
- 판단하는 방법 : 감정형 ←——————→ 사고형
- 환경에 대한 접근방법 : 지각형 ←——————→ 판단형

(2) 성격유형

① 흥미 · 관심의 방향(내향⇆외향) … 흥미 · 관심의 방향이 자신의 내면에 있는지, 주위환경 등 외면에 향하는 지를 가리키는 척도이다.

질문	선택
A : 내성적인 성격인 편이다. B : 개방적인 성격인 편이다.	
A : 항상 신중하게 생각을 하는 편이다. B : 바로 행동에 착수하는 편이다.	
A : 수수하고 조심스러운 편이다. B : 자기 표현력이 강한 편이다.	
A : 다른 사람과 함께 있으면 침착하지 않다. B : 혼자서 있으면 침착하지 않다.	

▶측정결과
㉠ 'A'가 많은 경우(내향) : 관심의 방향이 자기 내면에 있으며, 조용하고 낯을 가리는 유형이다. 행동력은 부족하나 집중력이 뛰어나고 신중하고 꼼꼼하다.
㉡ 'B'가 많은 경우(외향) : 관심의 방향이 외부환경에 있으며, 사교적이고 활동적인 유형이다. 꼼꼼함이 부족하여 대충하는 경향이 있으나 행동력이 있다.

② 일(사물)을 보는 방법(직감⇆감각) … 일(사물)을 보는 법이 직감적으로 형식에 얽매이는지, 감각적으로 상식적인지를 가리키는 척도이다.

질문	선택
A : 현실주의적인 편이다. B : 상상력이 풍부한 편이다. A : 정형적인 방법으로 일을 처리하는 것을 좋아한다. B : 만들어진 방법에 변화가 있는 것을 좋아한다. A : 경험에서 가장 적합한 방법으로 선택한다. B : 지금까지 없었던 새로운 방법을 개척하는 것을 좋아한다. A : 성실하다는 말을 듣는다. B : 호기심이 강하다는 말을 듣는다.	

▶측정결과
㉠ 'A'가 많은 경우(감각) : 현실적이고 경험주의적이며 보수적인 유형이다.
㉡ 'B'가 많은 경우(직관) : 새로운 주제를 좋아하며, 독자적인 시각을 가진 유형이다.

③ 판단하는 방법(감정⇆사고) … 일을 감정적으로 판단하는지, 논리적으로 판단하는지를 가리키는 척도이다.

질문	선택
A : 인간관계를 중시하는 편이다. B : 일의 내용을 중시하는 편이다. A : 결론을 자기의 신념과 감정에서 이끌어내는 편이다. B : 결론을 논리적 사고에 의거하여 내리는 편이다. A : 다른 사람보다 동정적이고 눈물이 많은 편이다. B : 다른 사람보다 이성적이고 냉정하게 대응하는 편이다.	

▶측정결과
㉠ 'A'가 많은 경우(감정) : 일을 판단할 때 마음ㆍ감정을 중요하게 여기는 유형이다. 감정이 풍부하고 친절하나 엄격함이 부족하고 우유부단하며, 합리성이 부족하다.
㉡ 'B'가 많은 경우(사고) : 일을 판단할 때 논리성을 중요하게 여기는 유형이다. 이성적이고 합리적이나 타인에 대한 배려가 부족하다.

④ 환경에 대한 접근방법 … 주변상황에 어떻게 접근하는지, 그 판단기준을 어디에 두는지를 측정한다.

질문	선택
A : 사전에 계획을 세우지 않고 행동한다. B : 반드시 계획을 세우고 그것에 의거해서 행동한다.	
A : 자유롭게 행동하는 것을 좋아한다. B : 조직적으로 행동하는 것을 좋아한다.	
A : 조직성이나 관습에 속박당하지 않는다. B : 조직성이나 관습을 중요하게 여긴다.	
A : 계획 없이 낭비가 심한 편이다. B : 예산을 세워 물건을 구입하는 편이다.	

▶측정결과
㉠ 'A'가 많은 경우(지각) : 일의 변화에 융통성을 가지고 유연하게 대응하는 유형이다. 낙관적이며 질서보다는 자유를 좋아하나 임기응변식의 대응으로 무계획적인 인상을 줄 수 있다.
㉡ 'B'가 많은 경우(판단) : 일의 진행시 계획을 세워서 실행하는 유형이다. 순차적으로 진행하는 일을 좋아하고 끈기가 있으나 변화에 대해 적절하게 대응하지 못하는 경향이 있다.

(3) 성격유형의 판정

성격유형은 합격 여부의 판정보다는 배치를 위한 자료로써 이용된다. 즉, 기업은 입사시험 단계에서 입사 후에도 사용할 수 있는 정보를 입수하고 있다는 것이다. 성격검사에서는 어느 척도가 얼마나 고득점이었는지에 주시하고 각각의 측면에서 반드시 하나씩 고르고 편성한다. 편성은 모두 16가지가 되나 각각의 측면을 더 세분하면 200가지 이상의 유형이 나온다.

여기에서는 16가지 편성을 제시한다. 성격검사에 어떤 정보가 게재되어 있는지를 이해하면서 자기의 성격유형을 파악하기 위한 실마리로 활용하도록 한다.

① 내향 – 직관 – 감정 – 지각(TYPE A)
관심이 내면에 향하고 조용하고 소극적이다. 사물에 대한 견해는 새로운 것에 대해 호기심이 강하고, 독창적이다. 감정은 좋아하는 것과 싫어하는 것의 판단이 확실하고, 감정이 풍부하고 따뜻한 느낌이 있는 반면, 합리성이 부족한 경향이 있다. 환경에 접근하는 방법은 순응적이고 상황의 변화에 대해 유연하게 대응하는 것을 잘한다.

② 내향 - 직관 - 감정 - 사고(TYPE B)

관심이 내면으로 향하고 조용하고 쑥스러움을 잘 타는 편이다. 사물을 보는 관점은 독창적이며, 자기 나름대로 궁리하며 생각하는 일이 많다. 좋고 싫음으로 판단하는 경향이 강하고 타인에게는 친절한 반면, 우유부단하기 쉬운 편이다. 환경 변화에 대해 유연하게 대응하는 것을 잘한다.

③ 내향 - 직관 - 사고 - 지각(TYPE C)

관심이 내면으로 향하고 얌전하고 교제범위가 좁다. 사물을 보는 관점은 독창적이며, 현실에서 먼 추상적인 것을 생각하기를 좋아한다. 논리적으로 생각하고 판단하는 경향이 강하고 이성적이지만, 남의 감정에 대해서는 무반응인 경향이 있다. 환경의 변화에 순응적이고 융통성 있게 임기응변으로 대응할 수가 있다.

④ 내향 - 직관 - 사고 - 판단(TYPE D)

관심이 내면으로 향하고 주의 깊고 신중하게 행동을 한다. 사물을 보는 관점은 독창적이며 논리를 좋아해서 이치를 따지는 경향이 있다. 논리적으로 생각하고 판단하는 경향이 강하고, 객관적이지만 상대방의 마음에 대한 배려가 부족한 경향이 있다. 환경에 대해서는 순응하는 것보다 대응하며, 한 번 정한 것은 끈질기게 행동하려 한다.

⑤ 내향 - 감각 - 감정 - 지각(TYPE E)

관심이 내면으로 향하고 조용하며 소극적이다. 사물을 보는 관점은 상식적이고 그대로의 것을 좋아하는 경향이 있다. 좋음과 싫음으로 판단하는 경향이 강하고 타인에 대해서 동정심이 많은 반면, 엄격한 면이 부족한 경향이 있다. 환경에 대해서는 순응적이고, 예측할 수 없다 해도 태연하게 행동하는 경향이 있다.

⑥ 내향 - 감각 - 감정 - 판단(TYPE F)

관심이 내면으로 향하고 얌전하며 쑥스러움을 많이 탄다. 사물을 보는 관점은 상식적이고 논리적으로 생각하는 것보다도 경험을 중요시하는 경향이 있다. 좋고 싫음으로 판단하는 경향이 강하고 사람이 좋은 반면, 개인적 취향이나 소원에 영향을 받는 일이 많은 경향이 있다. 환경에 대해서는 영향을 받지 않고, 자기 페이스대로 꾸준히 성취하는 일을 잘한다.

⑦ 내향 - 감각 - 사고 - 지각(TYPE G)

관심이 내면으로 향하고 얌전하고 교제범위가 좁다. 사물을 보는 관점은 상식적인 동시에 실천적이며, 틀에 박힌 형식을 좋아한다. 논리적으로 판단하는 경향이 강하고 침착하지만 사람에 대해서는 엄격하여 차가운 인상을 주는 일이 많다. 환경에 대해서 순응적이고, 계획적으로 행동하지 않으며 자유로운 행동을 좋아하는 경향이 있다.

⑧ 내향 – 감각 – 사고 – 판단(TYPE H)

관심이 내면으로 향하고 주의 깊고 신중하게 행동을 한다. 사물을 보는 관점이 상식적이고 새롭고 경험하지 못한 일에 대응을 잘 하지 못한다. 논리적으로 생각하고 판단하는 경향이 강하고, 공평하지만 상대방의 감정에 대해 배려가 부족할 때가 있다. 환경에 대해서는 작용하는 편이고, 질서 있게 행동하는 것을 좋아한다.

⑨ 외향 – 직관 – 감정 – 지각(TYPE I)

관심이 외향으로 향하고 밝고 활동적이며 교제범위가 넓다. 사물을 보는 관점은 독창적이고 호기심이 강하며 새로운 것을 생각하는 것을 좋아한다. 좋음 싫음으로 판단하는 경향이 강하다. 사람은 좋은 반면 개인적 취향이나 소원에 영향을 받는 일이 많은 편이다.

⑩ 외향 – 직관 – 감정 – 판단(TYPE J)

관심이 외향으로 향하고 개방적이며 누구와도 쉽게 친해질 수 있다. 사물을 보는 관점은 독창적이고 자기 나름대로 궁리하고 생각하는 면이 많다. 좋음과 싫음으로 판단하는 경향이 강하고, 타인에 대해 동정적이기 쉽고 엄격함이 부족한 경향이 있다. 환경에 대해서는 작용하는 편이고 질서 있는 행동을 하는 것을 좋아한다.

⑪ 외향 – 직관 – 사고 – 지각(TYPE K)

관심이 외향으로 향하고 태도가 분명하며 활동적이다. 사물을 보는 관점은 독창적이고 현실과 거리가 있는 추상적인 것을 생각하는 것을 좋아한다. 논리적으로 생각하고 판단하는 경향이 강하고, 공평하지만 상대에 대한 배려가 부족할 때가 있다.

⑫ 외향 – 직관 – 사고 – 판단(TYPE L)

관심이 외향으로 향하고 밝고 명랑한 성격이며 사교적인 것을 좋아한다. 사물을 보는 관점은 독창적이고 논리적인 것을 좋아하기 때문에 이치를 따지는 경향이 있다. 논리적으로 생각하고 판단하는 경향이 강하고 침착성이 뛰어나지만 사람에 대해서 엄격하고 차가운 인상을 주는 경우가 많다. 환경에 대해 작용하는 편이고 계획을 세우고 착실하게 실행하는 것을 좋아한다.

⑬ 외향 – 감각 – 감정 – 지각(TYPE M)

관심이 외향으로 향하고 밝고 활동적이고 교제범위가 넓다. 사물을 보는 관점은 상식적이고 종래대로 있는 것을 좋아한다. 보수적인 경향이 있고 좋아함과 싫어함으로 판단하는 경향이 강하며 타인에게는 친절한 반면, 우유부단한 경우가 많다. 환경에 대해 순응적이고, 융통성이 있고 임기응변으로 대응할 가능성이 높다.

⑭ 외향 – 감각 – 감정 – 판단(TYPE N)

관심이 외향으로 향하고 개방적이며 누구와도 쉽게 대면할 수 있다. 사물을 보는 관점은 상식적이고 논리적으로 생각하기보다는 경험을 중시하는 편이다. 좋아함과 싫어함으로 판단하는 경향이 강하고 감정이 풍부하며 따뜻한 느낌이 있는 반면에 합리성이 부족한 경우가 많다. 환경에 대해서 작용하는 편이고, 한 번 결정한 것은 끈질기게 실행하려고 한다.

⑮ 외향 – 감각 – 사고 – 지각(TYPE O)

관심이 외향으로 향하고 시원한 태도이며 활동적이다. 사물을 보는 관점이 상식적이며 동시에 실천적이고 명백한 형식을 좋아하는 경향이 있다. 논리적으로 생각하고 판단하는 경향이 강하고, 객관적이지만 상대 마음에 대해 배려가 부족한 경향이 있다.

⑯ 외향 – 감각 – 사고 – 판단(TYPE P)

관심이 외향으로 향하고 밝고 명랑하며 사교적인 것을 좋아한다. 사물을 보는 관점은 상식적이고 경험하지 못한 새로운 것에 대응을 잘 하지 못한다. 논리적으로 생각하고 판단하는 경향이 강하고 이성적이지만 사람의 감정에 무심한 경향이 있다. 환경에 대해서는 작용하는 편이고, 자기 페이스대로 꾸준히 성취하는 것을 잘한다.

(1) 미리 알아두어야 할 점

① 출제 문항 수 … 인성검사의 출제 문항 수는 특별히 정해진 것이 아니며 각 기업체의 기준에 따라 달라질 수 있다. 보통 100문항 이상에서 500문항까지 출제된다고 예상하면 된다.

② 출제형식

　　㉠ '예' 아니면 '아니오'의 형식

다음 문항을 읽고 자신에게 해당되는지 안 되는지를 판단하여 해당될 경우 '예'를, 해당되지 않을 경우 '아니오'를 고르시오.

질문	예	아니오
1. 자신의 생각이나 의견은 좀처럼 변하지 않는다.	○	
2. 구입한 후 끝까지 읽지 않은 책이 많다.		○

다음 문항에 대해서 평소에 자신이 생각하고 있는 것이나 행동하고 있는 것에 ○표를 하시오.

질문	그렇다	약간 그렇다	그저 그렇다	별로 그렇지 않다	그렇지 않다
1. 시간에 쫓기는 것이 싫다.		○			
2. 여행가기 전에 계획을 세운다.			○		

　　㉡ A와 B의 선택형식

A와 B에 주어진 문장을 읽고 자신에게 해당되는 것을 고르시오.

질문	선택
A : 걱정거리가 있어서 잠을 못 잘 때가 있다.	(○)
B : 걱정거리가 있어도 잠을 잘 잔다.	( )

(2) 임하는 자세

① 솔직하게 있는 그대로 표현한다 … 인성검사는 평범한 일상생활 내용들을 다룬 짧은 문장과 어떤 대상이나 일에 대한 선로를 선택하는 문장으로 구성되었으므로 평소에 자신이 생각한 바를 너무 골똘히 생각하지 말고 문제를 보는 순간 떠오른 것을 표현한다.

② 모든 문제를 신속하게 대답한다 … 인성검사는 시간제한이 없는 것이 원칙이지만 기업체들은 일정한 시간제한을 두고 있다. 인성검사는 개인의 성격과 자질을 알아보기 위한 검사이기 때문에 정답이 없다. 다만, 기업체에서 바람직하게 생각하거나 기대되는 결과가 있을 뿐이다. 따라서 시간에 쫓겨서 대충 대답을 하는 것은 바람직하지 못하다.

02 실전 인성검사

┃1~210┃ 다음 (   ) 안에 진술이 자신에게 적합하면 YES, 그렇지 않다면 NO를 선택하시오(인성 검사는 응시자의 인성을 파악하기 위한 자료이므로 정답이 존재하지 않습니다).

	YES	NO
1. 조금이라도 나쁜 소식은 절망의 시작이라고 생각해버린다. ······················( )( )		
2. 언제나 실패가 걱정이 되어 어쩔 줄 모른다. ·····································( )( )		
3. 다수결의 의견에 따르는 편이다. ··( )( )		
4. 혼자서 식당에 들어가는 것은 전혀 두려운 일이 아니다. ·····················( )( )		
5. 승부근성이 강하다. ···( )( )		
6. 자주 흥분해서 침착하지 못하다. ···( )( )		
7. 지금까지 살면서 타인에게 폐를 끼친 적이 없다. ···························( )( )		
8. 소곤소곤 이야기하는 것을 보면 자기에 대해 험담하고 있는 것으로 생각된다. ( )( )		
9. 무엇이든지 자기가 나쁘다고 생각하는 편이다. ······························( )( )		
10. 자신을 변덕스러운 사람이라고 생각한다. ······································( )( )		
11. 고독을 즐기는 편이다. ···( )( )		
12. 자존심이 강하다고 생각한다. ···( )( )		
13. 금방 흥분하는 성격이다. ··( )( )		
14. 거짓말을 한 적이 없다. ··( )( )		
15. 신경질적인 편이다. ··( )( )		
16. 끙끙대며 고민하는 타입이다. ···( )( )		
17. 감정적인 사람이라고 생각한다. ···( )( )		
18. 자신만의 신념을 가지고 있다. ···( )( )		
19. 다른 사람을 바보 같다고 생각한 적이 있다. ·······························( )( )		
20. 생각나는 대로 말해버리는 편이다. ···( )( )		
21. 싫어하는 사람이 없다. ···( )( )		
22. 대재앙이 오지 않을까 항상 걱정을 한다. ·····································( )( )		

	YES	NO
23. 쓸데없는 고생을 하는 일이 많다. ··( )( )		

24. 자주 생각이 바뀌는 편이다. ··( )( )

25. 문제점을 해결하기 위해 여러 사람과 상의한다. ·····························( )( )

26. 내 방식대로 일을 한다. ···( )( )

27. 영화를 보고 운 적이 많다. ···( )( )

28. 어떤 것에 대해서도 화낸 적이 없다. ··( )( )

29. 사소한 충고에도 걱정을 한다. ···( )( )

30. 자신은 도움이 안 되는 사람이라고 생각한다. ·····································( )( )

31. 어떤 일이든 쉽게 싫증을 내는 편이다. ··( )( )

32. 개성적인 사람이라고 생각한다. ···( )( )

33. 자기주장이 강한 편이다. ···( )( )

34. 뒤숭숭하다는 말을 들은 적이 있다. ··( )( )

35. 학교를 쉬고 싶다고 생각한 적이 한 번도 없다. ·································( )( )

36. 사람들과 관계 맺는 것을 보면 잘하지 못한다. ·································( )( )

37. 사고방식이 독특하다. ···( )( )

38. 몸을 움직이는 것을 좋아한다. ···( )( )

39. 끈기가 있는 편이다. ···( )( )

40. 신중한 편이라고 생각한다. ···( )( )

41. 인생의 목표는 큰 것이 좋다. ···( )( )

42. 어떤 일이라도 바로 시작하는 타입이다. ··( )( )

43. 낯가림을 하는 편이다. ···( )( )

44. 생각하고 나서 행동하는 편이다. ···( )( )

45. 쉬는 날은 밖으로 나가는 경우가 많다. ··( )( )

46. 시작한 일은 반드시 완성시킨다. ···( )( )

47. 면밀한 계획을 세운 여행을 좋아한다. ··( )( )

48. 야망이 있는 편이라고 생각한다. ···( )( )

49. 활동력이 있는 편이다. ··· ( )( )

50. 많은 사람들과 왁자지껄하게 식사하는 것을 좋아하지 않는다. ·········· ( )( )

51. 장기적인 계획을 세우는 것을 꺼려한다. ··( )( )

YES   NO

52. 자기 일이 아닌 이상 무심한 편이다. ···( )( )

53. 하나의 취미에 열중하는 타입이다. ··( )( )

54. 스스로 모임에서 회장에 어울린다고 생각한다. ·····································( )( )

55. 입신출세의 성공이야기를 좋아한다. ···( )( )

56. 어떠한 일도 의욕을 가지고 임하는 편이다. ···( )( )

57. 학급에서는 존재가 희미했다. ···( )( )

58. 항상 무언가를 생각하고 있다. ···( )( )

59. 스포츠는 보는 것보다 하는 게 좋다. ···( )( )

60. 문제 상황을 바르게 인식하고 현실적이고 객관적으로 대처한다. ·············( )( )

61. 흐린 날은 반드시 우산을 가지고 간다. ···( )( )

62. 여러 명보다 1:1로 대화하는 것을 선호한다. ·····································( )( )

63. 공격하는 타입이라고 생각한다. ··( )( )

64. 리드를 받는 편이다. ···( )( )

65. 너무 신중해서 기회를 놓친 적이 있다. ···( )( )

66. 시원시원하게 움직이는 타입이다. ···( )( )

67. 야근을 해서라도 업무를 끝낸다. ··( )( )

68. 누군가를 방문할 때는 반드시 사전에 확인한다. ···································( )( )

70. 솔직하고 타인에 대해 개방적이다. ···( )( )

69. 아무리 노력해도 결과가 따르지 않는다면 의미가 없다. ························( )( )

71. 유행에 둔감하다고 생각한다. ···( )( )

72. 정해진 대로 움직이는 것은 시시하다. ···( )( )

73. 꿈을 계속 가지고 있고 싶다. ··( )( )

74. 질서보다 자유를 중요시하는 편이다. ··( )( )

75. 혼자서 취미에 몰두하는 것을 좋아한다. ···( )( )

76. 직관적으로 판단하는 편이다. ···( )( )

77. 영화나 드라마를 보며 등장인물의 감정에 이입된다. ····························( )( )

78. 시대의 흐름에 역행해서라도 자신을 관철하고 싶다. ····························( )( )

79. 다른 사람의 소문에 관심이 없다. ··( )( )

80. 창조적인 편이다. ···( )( )

YES   NO

81. 비교적 눈물이 많은 편이다. ··( )( )

82. 융통성이 있다고 생각한다. ···( )( )

83. 친구의 휴대전화 번호를 잘 모른다. ·····································( )( )

84. 스스로 고안하는 것을 좋아한다. ··( )( )

85. 정이 두터운 사람으로 남고 싶다. ·······································( )( )

86. 조직의 일원으로 별로 안 어울린다. ·····································( )( )

87. 세상의 일에 별로 관심이 없다. ··( )( )

88. 변화를 추구하는 편이다. ···( )( )

89. 업무는 인간관계로 선택한다. ··( )( )

90. 환경이 변하는 것에 구애되지 않는다. ··································( )( )

91. 불안감이 강한 편이다. ··( )( )

92. 인생은 살 가치가 없다고 생각한다. ·····································( )( )

93. 의지가 약한 편이다. ···( )( )

94. 다른 사람이 하는 일에 별로 관심이 없다. ···························( )( )

95. 사람을 설득시키는 것은 어렵지 않다. ··································( )( )

96. 심심한 것을 못 참는다. ···( )( )

97. 다른 사람을 욕한 적이 한 번도 없다. ·································( )( )

98. 다른 사람에게 어떻게 보일지 신경을 쓴다. ··························( )( )

99. 금방 낙심하는 편이다. ··( )( )

100. 다른 사람에게 의존하는 경향이 있다. ·································( )( )

101. 그다지 융통성이 있는 편이 아니다. ····································( )( )

102. 다른 사람이 내 의견에 간섭하는 것이 싫다. ·······················( )( )

103. 낙천적인 편이다. ···( )( )

104. 숙제를 잊어버린 적이 한 번도 없다. ··································( )( )

105. 밤길에는 발소리가 들리기만 해도 불안하다. ·······················( )( )

106. 상냥하다는 말을 들은 적이 있다. ······································( )( )

107. 자신은 유치한 사람이다. ··( )( )

108. 잡담을 하는 것보다 책을 읽는 게 낫다. ·····························( )( )

109. 나는 영업에 적합한 타입이라고 생각한다. ··························( )( )

YES   NO

110. 술자리에서 술을 마시지 않아도 흥을 돋울 수 있다. ···············( )( )

111. 한 번도 병원에 간 적이 없다. ··( )( )

112. 나쁜 일은 걱정이 되어서 어쩔 줄을 모른다. ·······································( )( )

113. 금세 무기력해지는 편이다. ··( )( )

114. 비교적 고분고분한 편이라고 생각한다. ··( )( )

115. 독자적으로 행동하는 편이다. ···( )( )

116. 적극적으로 행동하는 편이다. ···( )( )

117. 비교적 쉽게 감격하는 편이다. ···( )( )

118. 어떤 것에 대해서는 불만을 가진 적이 없다. ·······································( )( )

119. 걱정으로 밤에 못 잘 때가 많다. ··( )( )

120. 자주 후회하는 편이다. ···( )( )

121. 쉽게 학습하지만 쉽게 잊어버린다. ··( )( )

122. 자신만의 세계를 가지고 있다. ···( )( )

123. 많은 사람 앞에서도 긴장하지 않는다. ···( )( )

124. 말하는 것을 아주 좋아한다. ···( )( )

125. 인생을 포기하는 마음을 가진 적이 한 번도 없다. ·······························( )( )

126. 규칙에 대해 드러나게 반발하기보다 속으로 반발한다. ··························( )( )

127. 자신의 언행에 대해 자주 반성한다. ··( )( )

128. 활동범위가 좁아 늘 가던 곳만 고집한다. ··( )( )

129. 나는 끈기가 다소 부족하다. ···( )( )

130. 좋다고 생각하더라도 좀 더 검토하고 나서 실행한다. ··························( )( )

131. 위대한 인물이 되고 싶다. ··( )( )

132. 한 번에 많은 일을 떠맡아도 힘들지 않다. ···( )( )

133. 사람과 약속은 부담스럽다. ··( )( )

134. 질문을 받으면 충분히 생각하고 나서 대답하는 편이다. ························( )( )

135. 머리를 쓰는 것보다 땀을 흘리는 일이 좋다. ······································( )( )

136. 결정한 것에는 철저히 구속받는다. ··( )( )

137. 외출 시 문을 잠갔는지 몇 번을 확인한다. ··( )( )

138. 이왕 할 거라면 일등이 되고 싶다. ···( )( )

YES   NO

139. 과감하게 도전하는 타입이다. ···( )( )

140. 자신은 사교적이 아니라고 생각한다. ·······································( )( )

141. 무심코 도리에 대해서 말하고 싶어진다. ·······························( )( )

142. 목소리가 크다. ···( )( )

143. 단념하기보다 실패하는 것이 낫다고 생각한다. ······················( )( )

144. 예상하지 못한 일은 하고 싶지 않다. ···································( )( )

145. 파란만장하더라도 성공하는 인생을 살고 싶다. ······················( )( )

146. 활기찬 편이라고 생각한다. ··( )( )

147. 자신의 성격으로 고민한 적이 있다. ····································( )( )

148. 무심코 사람들을 평가 한다. ··( )( )

149. 때때로 성급하다고 생각한다. ···( )( )

150. 자신은 꾸준히 노력하는 타입이라고 생각한다. ·····················( )( )

151. 터무니없는 생각이라도 메모한다. ··( )( )

152. 리더십이 있는 사람이 되고 싶다. ·······································( )( )

153. 열정적인 사람이라고 생각한다. ···( )( )

154. 다른 사람 앞에서 이야기를 하는 것이 조심스럽다. ···············( )( )

155. 세심하기보다 통찰력이 있는 편이다. ···································( )( )

156. 엉덩이가 가벼운 편이다. ···( )( )

157. 여러 가지로 구애받는 것을 견디지 못한다. ·························( )( )

158. 돌다리도 두들겨 보고 건너는 쪽이 좋다. ····························( )( )

159. 자신에게는 권력욕이 있다. ··( )( )

160. 자신의 능력보다 과중한 업무를 할당받으면 기쁘다. ··············( )( )

161. 사색적인 사람이라고 생각한다. ···( )( )

162. 비교적 개혁적이다. ··( )( )

163. 좋고 싫음으로 정할 때가 많다. ··( )( )

164. 전통에 얽매인 습관은 버리는 것이 적절하다. ······················( )( )

165. 교제 범위가 좁은 편이다. ···( )( )

166. 발상의 전환을 할 수 있는 타입이라고 생각한다. ·················( )( )

167. 주관적인 판단으로 실수한 적이 있다. ·································( )( )

YES   NO

168. 현실적이고 실용적인 면을 추구한다. ···································( )( )

169. 타고난 능력에 의존하는 편이다. ································( )( )

170. 다른 사람을 의식하여 외모에 신경을 쓴다. ··················( )( )

171. 마음이 담겨 있으면 선물은 아무 것이나 좋다. ··············( )( )

172. 여행은 내 마음대로 하는 것이 좋다. ························( )( )

173. 추상적인 일에 관심이 있는 편이다. ························( )( )

174. 큰 일을 먼저 결정하고 세세한 일을 나중에 결정하는 편이다. ·····( )( )

175. 괴로워하는 사람을 보면 답답하다. ························( )( )

176. 자신의 가치기준을 알아주는 사람은 아무도 없다. ············( )( )

177. 인간성이 없는 사람과는 함께 일할 수 없다. ················( )( )

178. 상상력이 풍부한 편이라고 생각한다. ······················( )( )

179. 의리, 인정이 두터운 상사를 만나고 싶다. ··················( )( )

180. 인생은 앞날을 알 수 없어 재미있다. ······················( )( )

181. 조직에서 분위기 메이커다. ······························( )( )

182. 반성하는 시간에 차라리 실수를 만회할 방법을 구상한다. ·······( )( )

183. 늘 하던 방식대로 일을 처리해야 마음이 편하다. ·············( )( )

184. 쉽게 이룰 수 있는 일에는 흥미를 느끼지 못한다. ············( )( )

185. 좋다고 생각하면 바로 행동한다. ··························( )( )

186. 후배들은 무섭게 가르쳐야 따라온다. ······················( )( )

187. 한 번에 많은 일을 떠맡는 것이 부담스럽다. ················( )( )

188. 능력 없는 상사라도 진급을 위해 아부할 수 있다. ············( )( )

189. 질문을 받으면 그때의 느낌으로 대답하는 편이다. ············( )( )

190. 땀을 흘리는 것보다 머리를 쓰는 일이 좋다. ················( )( )

191. 단체 규칙에 그다지 구속받지 않는다. ·····················( )( )

192. 물건을 자주 잃어버리는 편이다. ··························( )( )

193. 불만이 생기면 즉시 말해야 한다. ························( )( )

194. 안전한 방법을 고르는 타입이다. ··························( )( )

195. 사교성이 많은 사람을 보면 부럽다. ·······················( )( )

196. 성격이 급한 편이다. ··································( )( )

                                                                   YES   NO

197. 갑자기 중요한 프로젝트가 생기면 혼자서라도 야근할 수 있다. ····( )( )

198. 내 인생에 절대로 포기하는 경우는 없다. ·······································(　)(　)

199. 예상하지 못한 일도 해보고 싶다. ···(　)(　)

200. 평범하고 평온하게 행복한 인생을 살고 싶다. ·····························(　)(　)

201. 상사의 부정을 눈감아 줄 수 있다. ··(　)(　)

202. 자신은 소극적이라고 생각하지 않는다. ······································(　)(　)

203. 이것저것 평하는 것이 싫다. ···(　)(　)

204. 자신은 꼼꼼한 편이라고 생각한다. ···(　)(　)

205. 꾸준히 노력하는 것을 잘 하지 못한다. ·····································(　)(　)

206. 내일의 계획이 이미 머릿속에 계획되어 있다. ····························(　)(　)

207. 협동성이 있는 사람이 되고 싶다. ··(　)(　)

208. 동료보다 돋보이고 싶다. ···(　)(　)

209. 다른 사람 앞에서 이야기를 잘한다. ···(　)(　)

210. 실행력이 있는 편이다. ··(　)(　)

PART

V

면접

01 면접의 기본

1 면접준비

(1) 면접의 기본 원칙

① **면접의 의미** … 면접이란 다양한 면접기법을 활용하여 지원한 직무에 필요한 능력을 지원자가 보유하고 있는지를 확인하는 절차라고 할 수 있다. 즉, 지원자의 입장에서는 채용 직무수행에 필요한 요건들과 관련하여 자신의 환경, 경험, 관심사, 성취 등에 대해 기업에 직접 어필할 수 있는 기회를 제공받는 것이며, 기업의 입장에서는 서류전형만으로 알 수 없는 지원자에 대한 정보를 직접적으로 수집하고 평가하는 것이다.

② **면접의 특징** … 면접은 기업의 입장에서 서류전형이나 필기전형에서 드러나지 않는 지원자의 능력이나 성향을 볼 수 있는 기회로, 면대면으로 이루어지며 즉흥적인 질문들이 포함될 수 있기 때문에 지원자가 완벽하게 준비하기 어려운 부분이 있다. 하지만 지원자 입장에서도 서류전형이나 필기전형에서 모두 보여주지 못한 자신의 능력 등을 기업의 인사담당자에게 어필할 수 있는 추가적인 기회가 될 수도 있다.

[서류 · 필기전형과 차별화되는 면접의 특징]

> • 직무수행과 관련된 다양한 지원자 행동에 대한 관찰이 가능하다.
> • 면접관이 알고자 하는 정보를 심층적으로 파악할 수 있다.
> • 서류상의 미비한 사항과 의심스러운 부분을 확인할 수 있다.
> • 커뮤니케이션 능력, 대인관계 능력 등 행동 · 언어적 정보도 얻을 수 있다.

③ **면접의 유형**

　㉠ **구조화 면접**: 구조화 면접은 사전에 계획을 세워 질문의 내용과 방법, 지원자의 답변 유형에 따른 추가 질문과 그에 대한 평가 역량이 정해져 있는 면접 방식으로 표준화 면접이라고도 한다.

　　• 표준화된 질문이나 평가요소가 면접 전 확정되며, 지원자는 편성된 조나 면접관에 영향을 받지 않고 동일한 질문과 시간을 부여받을 수 있다.

- 조직 또는 직무별로 주요하게 도출된 역량을 기반으로 평가요소가 구성되어, 조직 또는 직무에서 필요한 역량을 가진 지원자를 선발할 수 있다.
- 표준화된 형식을 사용하는 특성 때문에 비구조화 면접에 비해 신뢰성과 타당성, 객관성이 높다.

  ⓛ 비구조화 면접 : 비구조화 면접은 면접 계획을 세울 때 면접 목적만을 명시하고 내용이나 방법은 면접관에게 전적으로 일임하는 방식으로 비표준화 면접이라고도 한다.

- 표준화된 질문이나 평가요소 없이 면접이 진행되며, 편성된 조나 면접관에 따라 지원자에게 주어지는 질문이나 시간이 다르다.
- 면접관의 주관적인 판단에 따라 평가가 이루어져 평가 오류가 빈번히 일어난다.
- 상황 대처나 언변이 뛰어난 지원자에게 유리한 면접이 될 수 있다.

④ 경쟁력 있는 면접 요령

  ㉠ 면접 전에 준비하고 유념할 사항

- 예상 질문과 답변을 미리 작성한다.
- 작성한 내용을 문장으로 외우지 않고 키워드로 기억한다.
- 지원한 회사의 최근 기사를 검색하여 기억한다.
- 지원한 회사가 속한 산업군의 최근 기사를 검색하여 기억한다.
- 면접 전 1주일간 이슈가 되는 뉴스를 기억하고 자신의 생각을 반영하여 정리한다.
- 찬반토론에 대비한 주제를 목록으로 정리하여 자신의 논리를 내세운 예상답변을 작성한다.

  ㉡ 면접장에서 유념할 사항

- 질문의 의도 파악 : 답변을 할 때에는 질문 의도를 파악하고 그에 충실한 답변이 될 수 있도록 질문사항을 유념해야 한다. 많은 지원자가 하는 실수 중 하나로 답변을 하는 도중 자기 말에 심취되어 질문의 의도와 다른 답변을 하거나 자신이 알고 있는 지식만을 나열하는 경우가 있는데, 이럴 경우 의사소통능력이 부족한 사람으로 인식될 수 있으므로 주의하도록 한다.
- 답변은 두괄식 : 답변을 할 때에는 두괄식으로 결론을 먼저 말하고 그 이유를 설명하는 것이 좋다. 미괄식으로 답변을 할 경우 용두사미의 답변이 될 가능성이 높으며, 결론을 이끌어 내는 과정에서 논리성이 결여될 우려가 있다. 또한 면접관이 결론을 듣기 전에 말을 끊고 다른 질문을 추가하는 예상치 못한 상황이 발생될 수 있으므로 답변은 자신이 전달하고자 하는 바를 먼저 밝히고 그에 대한 설명을 하는 것이 좋다.

- 지원한 회사의 기업정신과 인재상을 기억 : 답변을 할 때에는 회사가 원하는 인재라는 인상을 심어주기 위해 지원한 회사의 기업정신과 인재상 등을 염두에 두고 답변을 하는 것이 좋다. 모든 회사에 해당되는 두루뭉술한 답변보다는 지원한 회사에 맞는 맞춤형 답변을 하는 것이 좋다.
- 나보다는 회사와 사회적 관점에서 답변 : 답변을 할 때에는 자기중심적인 관점을 피하고 좀 더 넓은 시각으로 회사와 국가, 사회적 입장까지 고려하는 인재임을 어필하는 것이 좋다. 자기중심적 시각을 바탕으로 자신의 출세만을 위해 회사에 입사하려는 인상을 심어줄 경우 면접에서 불이익을 받을 가능성이 높다.
- 난처한 질문은 정직한 답변 : 난처한 질문에 답변을 해야 할 때에는 피하기보다는 정면 돌파로 정직하고 솔직하게 답변하는 것이 좋다. 난처한 부분을 감추고 드러내지 않으려 회피하려는 지원자의 모습은 인사담당자에게 입사 후에도 비슷한 상황에 처했을 때 회피할 수도 있다는 우려를 심어줄 수 있다. 따라서 직장생활에 있어 중요한 덕목 중 하나인 정직을 바탕으로 솔직하게 답변을 하도록 한다.

(2) 면접의 종류 및 준비 전략

① 인성면접
　㉠ 면접 방식 및 판단기준
　　- 면접 방식 : 인성면접은 면접관이 가지고 있는 개인적 면접 노하우나 관심사에 의해 질문을 실시한다. 주로 입사지원서나 자기소개서의 내용을 토대로 지원동기, 과거의 경험, 미래 포부 등을 이야기하도록 하는 방식이다.
　　- 판단기준 : 면접관의 개인적 가치관과 경험, 해당 역량의 수준, 경험의 구체성·진실성 등
　㉡ 특징 : 인성면접은 그 방식으로 인해 역량과 무관한 질문들이 많고 지원자에게 주어지는 면접질문, 시간 등이 다를 수 있다. 또한 입사지원서나 자기소개서의 내용을 토대로 하기 때문에 지원자별 질문이 달라질 수 있다.

ⓒ 예시 문항 및 준비전략

• 예시 문항

> • 3분 동안 자기소개를 해 보십시오.
> • 자신의 장점과 단점을 말해 보십시오.
> • 학점이 좋지 않은데 그 이유가 무엇입니까?
> • 최근에 인상 깊게 읽은 책은 무엇입니까?
> • 회사를 선택할 때 중요시하는 것은 무엇입니까?
> • 일과 개인생활 중 어느 쪽을 중시합니까?
> • 10년 후 자신은 어떤 모습일 것이라고 생각합니까?
> • 휴학 기간 동안에는 무엇을 했습니까?

• 준비전략 : 인성면접은 입사지원서나 자기소개서의 내용을 바탕으로 하는 경우가 많으므로 자신이 작성한 입사지원서와 자기소개서의 내용을 충분히 숙지하도록 한다. 또한 최근 사회적으로 이슈가 되고 있는 뉴스에 대한 견해를 묻거나 시사상식 등에 대한 질문을 받을 수 있으므로 이에 대한 대비도 필요하다. 자칫 부담스러워 보이지 않는 질문으로 가볍게 대답하지 않도록 주의하고 모든 질문에 입사 의지를 담아 성실하게 답변하는 것이 중요하다.

② 발표면접

㉠ 면접 방식 및 판단기준

• 면접 방식 : 지원자가 특정 주제와 관련된 자료를 검토하고 그에 대한 자신의 생각을 면접관 앞에서 주어진 시간 동안 발표하고 추가 질의를 받는 방식으로 진행된다.

• 판단기준 : 지원자의 사고력, 논리력, 문제해결력 등

㉡ 특징 : 발표면접은 지원자에게 과제를 부여한 후, 과제를 수행하는 과정과 결과를 관찰·평가한다. 따라서 과제수행 결과뿐 아니라 수행과정에서의 행동을 모두 평가할 수 있다.

ⓒ 예시 문항 및 준비전략

• 예시 문항

[신입사원 조기 이직 문제]

※ 지원자는 아래에 제시된 자료를 검토한 뒤, 신입사원 조기 이직의 원인을 크게 3가지로 정리하고 이에 대한 구체적인 개선안을 도출하여 발표해 주시기 바랍니다.

※ 본 과제에 정해진 정답은 없으나 논리적 근거를 들어 개선안을 작성해 주십시오.

• A기업은 동종업계 유사기업들과 비교해 볼 때, 비교적 높은 재무안정성을 유지하고 있으며 업무강도가 그리 높지 않은 것으로 외부에 알려져 있음.

• 최근 조사결과, 동종업계 유사기업들과 연봉을 비교해 보았을 때 연봉 수준도 그리 나쁘지 않은 편이라는 것이 확인되었음.

• 그러나 지난 3년간 1~2년차 직원들의 이직률이 계속해서 증가하고 있는 추세이며, 경영진 회의에서 최우선 해결과제 중 하나로 거론되었음.

• 이에 따라 인사팀에서 현재 1~2년차 사원들을 대상으로 개선되어야 하는 A기업의 조직문화에 대한 설문조사를 실시한 결과, '상명하복식의 의사소통'이 36.7%로 1위를 차지했음.

• 이러한 설문조사와 함께, 신입사원 조기 이직에 대한 원인을 분석한 결과 파랑새 증후군, 셀프홀릭 증후군, 피터팬 증후군 등 3가지로 분류할 수 있었음.

〈동종업계 유사기업들과의 연봉 비교〉　　〈우리 회사 조직문화 중 개선되었으면 하는 것〉

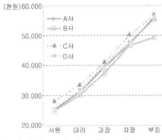
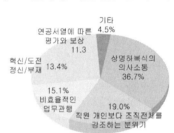

〈신입사원 조기 이직의 원인〉

• 파랑새 증후군

- 현재의 직장보다 더 좋은 직장이 있을 것이라는 막연한 기대감으로 끊임없이 새로운 직장을 탐색함.

- 학력 수준과 맞지 않는 '하향지원', 전공과 적성을 고려하지 않고 일단 취업하고 보자는 '묻지마 지원'이 파랑새 증후군을 초래함.

• 셀프홀릭 증후군

- 본인의 역량에 비해 가치가 낮은 일을 주로 하면서 갈등을 느낌.

• 피터팬 증후군

- 기성세대의 문화를 무조건 수용하기보다는 자유로움과 변화를 추구함.

- 상명하복, 엄격한 규율 등 기성세대가 당연시하는 관행에 거부감을 가지며 직장에 답답함을 느낌.

- 준비전략 : 발표면접의 시작은 과제 안내문과 과제 상황, 과제 자료 등을 정확하게 이해하는 것에서 출발한다. 과제 안내문을 침착하게 읽고 제시된 주제 및 문제와 관련된 상황의 맥락을 파악한 후 과제를 검토한다. 제시된 기사나 그래프 등을 충분히 활용하여 주어진 문제를 해결할 수 있는 해결책이나 대안을 제시하며, 발표를 할 때에는 명확하고 자신 있는 태도로 전달할 수 있도록 한다.

③ 토론면접

　㉠ 면접 방식 및 판단기준

- 면접 방식 : 상호갈등적 요소를 가진 과제 또는 공통의 과제를 해결하는 내용의 토론과제를 제시하고, 그 과정에서 개인 간의 상호작용 행동을 관찰하는 방식으로 면접이 진행된다.
- 판단기준 : 팀워크, 적극성, 갈등 조정, 의사소통능력, 문제해결능력 등

　㉡ 특징 : 토론을 통해 도출해 낸 최종안의 타당성도 중요하지만, 결론을 도출해 내는 과정에서의 의사소통능력이나 갈등상황에서 의견을 조정하는 능력 등이 중요하게 평가되는 특징이 있다.

　㉢ 예시 문항 및 준비전략

- 예시 문항

> - 군 가산점제 부활에 대한 찬반토론
> - 담뱃값 인상에 대한 찬반토론
> - 비정규직 철폐에 대한 찬반토론
> - 대학의 영어 강의 확대 찬반토론
> - 워크숍 장소 선정을 위한 토론

- 준비전략 : 토론면접은 무엇보다 팀워크와 적극성이 강조된다. 따라서 토론과정에 적극적으로 참여하며 자신의 의사를 분명하게 전달하며, 갈등상황에서 자신의 의견만 내세울 것이 아니라 다른 지원자의 의견을 경청하고 배려하는 모습도 중요하다. 갈등상황을 일목요연하게 정리하여 조정하는 등의 의사소통능력을 발휘하는 것도 좋은 전략이 될 수 있다.

④ 상황면접

　㉠ 면접 방식 및 판단기준

- 면접 방식 : 상황면접은 직무 수행 시 접할 수 있는 상황들을 제시하고, 그러한 상황에서 어떻게 행동할 것인지를 이야기하는 방식으로 진행된다.
- 판단기준 : 해당 상황에 적절한 역량의 구현과 구체적 행동지표

ⓛ 특징 : 실제 직무 수행 시 접할 수 있는 상황들을 제시하므로 입사 이후 지원자의 업무 수행능력을 평가하는 데 적절한 면접 방식이다. 또한 지원자의 가치관, 태도, 사고방식 등의 요소를 통합적으로 평가하는 데 용이하다.

ⓒ 예시 문항 및 준비전략

• 예시 문항

> 당신은 생산관리팀의 팀원으로, 생산팀이 기한에 맞춰 효율적으로 제품을 생산할 수 있도록 관리하는 역할을 맡고 있습니다. 3개월 뒤에 제품A를 정상적으로 출시하기 위해 생산팀의 생산 계획을 수립한 상황입니다. 그러나 원가가 곧 실적으로 이어지는 구매팀에서는 최대한 원가를 줄여 전반적 단가를 낮추려고 원가절감을 위한 제안을 하였으나, 연구개발팀에서는 구매팀이 제안한 방식으로 제품을 생산할 경우 대부분이 구매팀의 실적으로 산정될 것이므로 제대로 확인도 해보지 않은 채 적합하지 않은 방식이라고 판단하고 있습니다. 당신은 어떻게 하겠습니까?

• 준비전략 : 상황면접은 먼저 주어진 상황에서 핵심이 되는 문제가 무엇인지를 파악하는 것에서 시작한다. 주질문과 세부질문을 통하여 질문의 의도를 파악하였다면, 그에 대한 구체적인 행동이나 생각 등에 대해 응답할수록 높은 점수를 얻을 수 있다.

⑤ 역할면접

㉠ 면접 방식 및 판단기준

• 면접 방식 : 역할면접 또는 역할연기 면접은 기업 내 발생 가능한 상황에서 부딪히게 되는 문제와 역할을 가상적으로 설정하여 특정 역할을 맡은 사람과 상호작용하고 문제를 해결해 나가도록 하는 방식으로 진행된다. 역할연기 면접에서는 면접관이 직접 역할연기를 하면서 지원자를 관찰하기도 하지만, 역할연기 수행만 전문적으로 하는 사람을 투입할 수도 있다.

• 판단기준 : 대처능력, 대인관계능력, 의사소통능력 등

ⓛ 특징 : 역할면접은 실제 상황과 유사한 가상 상황에서의 행동을 관찰함으로서 지원자의 성격이나 대처 행동 등을 관찰할 수 있다.

ⓒ 예시 문항 및 준비전략

• 예시 문항

> [금융권 역할면접의 예]
> 당신은 ○○은행의 신입 텔러이다. 사람이 많은 월말 오전 한 할아버지(면접관 또는 역할담당자)께서 ○○은행을 사칭한 보이스피싱으로 500만 원을 피해 보았다며 소란을 일으키고 있다. 실제 업무상황이라고 생각하고 상황에 대처해 보시오.

• 준비전략 : 역할연기 면접에서 측정하는 역량은 주로 갈등의 원인이 되는 문제를 해결하고 제시된 해결방안을 상대방에게 설득하는 것이다. 따라서 갈등해결, 문제해결, 조정·통합, 설득력과 같은 역량이 중요시된다. 또한 갈등을 해결하기 위해서 상대방에 대한 이해도 필수적인 요소이므로 고객 지향을 염두에 두고 상황에 맞게 대처해야 한다. 역할면접에서는 변별력을 높이기 위해 면접관이 압박적인 분위기를 조성하는 경우가 많기 때문에 스트레스 상황에서 불안해하지 않고 유연하게 대처할 수 있도록 시간과 노력을 들여 충분히 연습하는 것이 좋다.

2 면접 이미지 메이킹

(1) 성공적인 이미지 메이킹 포인트

① 복장 및 스타일

ㄱ 남성

• 양복 : 양복은 단색으로 하며 넥타이나 셔츠로 포인트를 주는 것이 효과적이다. 짙은 회색이나 감청색이 가장 단정하고 품위 있는 인상을 준다.
• 셔츠 : 흰색이 가장 선호되나 자신의 피부색에 맞추는 것이 좋다. 푸른색이나 베이지색은 산뜻한 느낌을 줄 수 있다. 양복과의 배색도 고려하도록 한다.
• 넥타이 : 의상에 포인트를 줄 수 있는 아이템이지만 너무 화려한 것은 피한다. 지원자의 피부색은 물론, 정장과 셔츠의 색을 고려하며, 체격에 따라 넥타이 폭을 조절하는 것이 좋다.
• 구두 & 양말 : 구두는 검정색이나 짙은 갈색이 어느 양복에나 무난하게 어울리며 깔끔하게 닦아 준비한다. 양말은 정장과 동일한 색상이나 검정색을 착용한다.
• 헤어스타일 : 머리스타일은 단정한 느낌을 주는 짧은 헤어스타일이 좋으며 앞머리가 있다면 이마나 눈썹을 가리지 않는 선에서 정리하는 것이 좋다.

ⓒ 여성

- 의상 : 단정한 스커트 투피스 정장이나 슬랙스 슈트가 무난하다. 블랙이나 그레이, 네이비, 브라운 등 차분해 보이는 색상을 선택하는 것이 좋다.
- 소품 : 구두, 핸드백 등은 같은 계열로 코디하는 것이 좋으며 구두는 너무 화려한 디자인이나 굽이 높은 것을 피한다. 스타킹은 의상과 구두에 맞춰 단정한 것으로 선택한다.
- 액세서리 : 액세서리는 너무 크거나 화려한 것은 좋지 않으며 과하게 많이 하는 것도 좋은 인상을 주지 못한다. 착용하지 않거나 작고 깔끔한 디자인으로 포인트를 주는 정도가 적당하다.
- 메이크업 : 화장은 자연스럽고 밝은 이미지를 표현하는 것이 좋으며 진한 색조는 인상이 강해 보일 수 있으므로 피한다.
- 헤어스타일 : 커트나 단발처럼 짧은 머리는 활동적이면서도 단정한 이미지를 줄 수 있도록 정리한다. 긴 머리의 경우 하나로 묶거나 단정한 머리망으로 정리하는 것이 좋으며, 짙은 염색이나 화려한 웨이브는 피한다.

② 인사

ⓐ 인사의 의미 : 인사는 예의범절의 기본이며 상대방의 마음을 여는 기본적인 행동이라고 할 수 있다. 인사는 처음 만나는 면접관에게 호감을 살 수 있는 가장 쉬운 방법이 될 수 있기도 하지만 제대로 예의를 지키지 않으면 지원자의 인성 전반에 대한 평가로 이어질 수 있으므로 각별히 주의해야 한다.

ⓑ 인사의 핵심 포인트

- 인사말 : 인사말을 할 때에는 밝고 친근감 있는 목소리로 하며, 자신의 이름과 수험번호 등을 간략하게 소개한다.
- 시선 : 인사는 상대방의 눈을 보며 하는 것이 중요하며 너무 빤히 쳐다본다는 느낌이 들지 않도록 주의한다.
- 표정 : 인사는 마음에서 우러나오는 존경이나 반가움을 표현하고 예의를 차리는 것이므로 살짝 미소를 지으며 하는 것이 좋다.
- 자세 : 인사를 할 때에는 가볍게 목만 숙인다거나 흐트러진 상태에서 인사를 하지 않도록 주의하며 절도 있고 확실하게 하는 것이 좋다.

③ 시선처리와 표정, 목소리

    ㉠ 시선처리와 표정 : 표정은 면접에서 지원자의 첫인상을 결정하는 중요한 요소이다. 얼굴 표정은 사람의 감정을 가장 잘 표현할 수 있는 의사소통 도구로 표정 하나로 상대방에게 호감을 주거나, 비호감을 사기도 한다. 호감이 가는 인상의 특징은 부드러운 눈썹, 자연스러운 미간, 적당히 볼록한 광대, 올라간 입 꼬리 등으로 가볍게 미소를 지을 때의 표정과 일치한다. 따라서 면접 중에는 밝은 표정으로 미소를 지어 호감을 형성할 수 있도록 한다. 시선은 면접관과 고르게 맞추되 생기 있는 눈빛을 띄도록 하며, 너무 빤히 쳐다본다는 인상을 주지 않도록 한다.

    ㉡ 목소리 : 면접은 주로 면접관과 지원자의 대화로 이루어지므로 목소리가 미치는 영향이 상당하다. 답변을 할 때에는 부드러우면서도 활기차고 생동감 있는 목소리로 하는 것이 면접관에게 호감을 줄 수 있으며 적당한 제스처가 더해진다면 상승효과를 얻을 수 있다. 그러나 적절한 답변을 하였음에도 불구하고 콧소리나 날카로운 목소리, 자신감 없는 작은 목소리는 답변의 신뢰성을 떨어뜨릴 수 있으므로 주의하도록 한다.

④ 자세

    ㉠ 걷는 자세
- 면접장에 입실할 때에는 상체를 곧게 유지하고 발끝은 평행이 되게 하며 무릎을 스치듯 11자로 걷는다.
- 시선은 정면을 향하고 턱은 가볍게 당기며 어깨나 엉덩이가 흔들리지 않도록 주의한다.
- 발바닥 전체가 닿는 느낌으로 안정감 있게 걸으며 발소리가 나지 않도록 주의한다.
- 보폭은 어깨넓이만큼이 적당하지만, 스커트를 착용했을 경우 보폭을 줄인다.
- 걸을 때도 미소를 유지한다.

    ㉡ 서있는 자세
- 몸 전체를 곧게 펴고 가슴을 자연스럽게 내민 후 등과 어깨에 힘을 주지 않는다.
- 정면을 바라본 상태에서 턱을 약간 당기고 아랫배에 힘을 주어 당기며 바르게 선다.
- 양 무릎과 발뒤꿈치는 붙이고 발끝은 11자 또는 V형을 취한다.
- 남성의 경우 팔을 자연스럽게 내리고 양손을 가볍게 쥐어 바지 옆선에 붙이고, 여성의 경우 공수자세를 유지한다.

© 앉은 자세

• 남성

> • 의자 깊숙이 앉고 등받이와 등 사이에 주먹 1개 정도의 간격을 두며 기대듯 앉지 않도록 주의한다. (남녀 공통 사항)
> • 무릎 사이에 주먹 2개 정도의 간격을 유지하고 발끝은 11자를 취한다.
> • 시선은 정면을 바라보며 턱은 가볍게 당기고 미소를 짓는다. (남녀 공통 사항)
> • 양손은 가볍게 주먹을 쥐고 무릎 위에 올려놓는다.
> • 앉고 일어날 때에는 자세가 흐트러지지 않도록 주의한다. (남녀 공통 사항)

• 여성

> • 스커트를 입었을 경우 왼손으로 뒤쪽 스커트 자락을 누르고 오른손으로 앞쪽 자락을 누르며 의자에 앉는다.
> • 무릎은 붙이고 발끝을 가지런히 하며, 다리를 왼쪽으로 비스듬히 기울이면 여성스러워 보이는 효과가 있다.
> • 양손을 모아 무릎 위에 모아 놓으며 스커트를 입었을 경우 스커트 위를 가볍게 누르듯이 올려놓는다.

(2) 면접 예절

① 행동 관련 예절

㉠ **지각은 절대금물** : 시간을 지키는 것은 예절의 기본이다. 지각을 할 경우 면접에 응시할 수 없거나, 면접 기회가 주어지더라도 불이익을 받을 가능성이 높아진다. 따라서 면접 장소가 결정되면 교통편과 소요시간을 확인하고 가능하다면 사전에 미리 방문해 보는 것도 좋다. 면접 당일에는 서둘러 출발하여 면접 시간 20~30분 전에 도착하여 회사를 둘러보고 환경에 익숙해지는 것도 성공적인 면접을 위한 요령이 될 수 있다.

㉡ **면접 대기 시간** : 지원자들은 대부분 면접장에서의 행동과 답변 등으로만 평가를 받는다고 생각하지만 그렇지 않다. 면접관이 아닌 면접진행자 역시 대부분 인사실무자이며 면접관이 면접 후 지원자에 대한 평가에 있어 확신을 위해 면접진행자의 의견을 구한다면 면접진행자의 의견이 당락에 영향을 줄 수 있다. 따라서 면접 대기 시간에도 행동과 말을 조심해야 하며, 면접을 마치고 돌아가는 순간까지도 긴장을 늦춰서는 안 된다. 면접 중 압박적인 질문에 답변을 잘 했지만, 면접장을 나와 흐트러진 모습을 보이거나 욕설을 한다면 면접 탈락의 요인이 될 수 있으므로 주의해야 한다.

ⓒ 입실 후 태도 : 본인의 차례가 되어 호명되면 또렷하게 대답하고 들어간다. 만약 면접장 문이 닫혀 있다면 상대에게 소리가 들릴 수 있을 정도로 노크를 두세 번 한 후 대답을 듣고 나서 들어가야 한다. 문을 여닫을 때에는 소리가 나지 않게 조용히 하며 공손한 자세로 인사한 후 성명과 수험번호를 말하고 면접관의 지시에 따라 자리에 앉는다. 이 경우 착석하라는 말이 없는데 먼저 의자에 앉으면 무례한 사람으로 보일 수 있으므로 주의한다. 의자에 앉을 때에는 끝에 앉지 말고 무릎 위에 양손을 가지런히 얹는 것이 예절이라고 할 수 있다.

ⓔ 옷매무새를 자주 고치지 마라. : 일부 지원자의 경우 옷매무새 또는 헤어스타일을 자주 고치거나 확인하기도 하는데 이러한 모습은 과도하게 긴장한 것 같아 보이거나 면접에 집중하지 못하는 것으로 보일 수 있다. 남성 지원자의 경우 넥타이를 자꾸 고쳐 맨다거 나 정장 상의 끝을 너무 자주 만지작거리지 않는다. 여성 지원자는 머리를 계속 쓸어 올리지 않고, 특히 짧은 치마를 입고서 신경이 쓰여 치마를 끌어 내리는 행동은 좋지 않다.

ⓜ 다리를 떨거나 산만한 시선은 면접 탈락의 지름길 : 자신도 모르게 다리를 떨거나 손가락 을 만지는 등의 행동을 하는 지원자가 있는데, 이는 면접관의 주의를 끌 뿐만 아니라 불안하고 산만한 사람이라는 느낌을 주게 된다. 따라서 가능한 한 바른 자세로 앉아 있 는 것이 좋다. 또한 면접관과 시선을 맞추지 못하고 여기저기 둘러보는 듯한 산만한 시 선은 지원자가 거짓말을 하고 있다고 여겨지거나 신뢰할 수 없는 사람이라고 생각될 수 있다.

② 답변 관련 예절

ⓐ 면접관이나 다른 지원자와 가치 논쟁을 하지 않는다. : 질문을 받고 답변하는 과정에서 면 접관 또는 다른 지원자의 의견과 다른 의견이 있을 수 있다. 특히 평소 지원자가 관심 이 많은 문제이거나 잘 알고 있는 문제인 경우 자신과 다른 의견에 대해 이의가 있을 수 있다. 하지만 주의할 것은 면접에서 면접관이나 다른 지원자와 가치 논쟁을 할 필요 는 없다는 것이며 오히려 불이익을 당할 수도 있다. 정답이 정해져 있지 않은 경우에는 가치관이나 성장배경에 따라 문제를 받아들이는 태도에서 답변까지 충분히 차이가 있을 수 있으므로 굳이 면접관이나 다른 지원자의 가치관을 지적하고 고치려 드는 것은 좋 지 않다.

ⓛ 답변은 항상 정직해야 한다. : 면접이라는 것이 아무리 지원자의 장점을 부각시키고 단점을 축소시키는 것이라고 해도 절대로 거짓말을 해서는 안 된다. 거짓말을 하게 되면 지원자는 불안하거나 꺼림칙한 마음이 들게 되어 면접에 집중을 하지 못하게 되고 수많은 지원자를 상대하는 면접관은 그것을 놓치지 않는다. 거짓말은 그 지원자에 대한 신뢰성을 떨어뜨리며 이로 인해 다른 스펙이 아무리 훌륭하다고 해도 채용에서 탈락하게 될 수 있음을 명심하도록 한다.

ⓒ 경력직을 경우 전 직장에 대해 험담하지 않는다. : 지원자가 전 직장에서 무슨 업무를 담당했고 어떤 성과를 올렸는지는 면접관이 관심을 둘 사항일 수 있지만, 이전 직장의 기업문화나 상사들이 어땠는지는 그다지 궁금해 하는 사항이 아니다. 전 직장에 대해 험담을 늘어놓는다든가, 동료와 상사에 대한 악담을 하게 된다면 오히려 지원자에 대한 부정적인 이미지만 심어줄 수 있다. 만약 전 직장에 대한 말을 해야 할 경우가 생긴다면 가능한 한 객관적으로 이야기하는 것이 좋다.

ⓔ 자기 자신이나 배경에 대해 자랑하지 않는다. : 자신의 성취나 부모 형제 등 집안사람들이 사회·경제적으로 어떠한 위치에 있는지에 대한 자랑은 면접관으로 하여금 지원자에 대해 오만한 사람이거나 배경에 의존하려는 나약한 사람이라는 이미지를 갖게 할 수 있다. 따라서 자기 자신이나 배경에 대해 자랑하지 않도록 하고, 자신이 한 일에 대해서 너무 자세하게 얘기하지 않도록 주의해야 한다.

3 면접 질문 및 답변 포인트

(1) 가족 및 대인관계에 관한 질문

① 당신의 가정은 어떤 가정입니까?
면접관들은 지원자의 가정환경과 성장과정을 통해 지원자의 성향을 알고 싶어 이와 같은 질문을 한다. 비록 가정 일과 사회의 일이 완전히 일치하는 것은 아니지만 '가화만사성'이라는 말이 있듯이 가정이 화목해야 사회에서도 화목하게 지낼 수 있기 때문이다. 그러므로 답변 시에는 가족사항을 정확하게 설명하고 집안의 분위기와 특징에 대해 이야기하는 것이 좋다.

② 아버지의 직업은 무엇입니까?

아주 기본적인 질문이지만 지원자는 아버지의 직업과 내가 무슨 관련성이 있을까 생각하기 쉬워 포괄적인 답변을 하는 경우가 많다. 그러나 이는 바람직하지 않은 것으로 단답형으로 답변하면 세부적인 직종 및 근무연한 등을 물을 수 있으므로 모든 걸 한 번에 대답하는 것이 좋다.

③ 친구 관계에 대해 말해 보십시오.

지원자의 인간성을 판단하는 질문으로 교우관계를 통해 답변자의 성격과 대인관계능력을 파악할 수 있다. 새로운 환경에 적응을 잘하여 새로운 친구들이 많은 것도 좋지만, 깊고 오래 지속되어온 인간관계를 말하는 것이 더욱 바람직하다.

(2) 성격 및 가치관에 관한 질문

① 당신의 PR포인트를 말해 주십시오.

PR포인트를 말할 때에는 지나치게 겸손한 태도는 좋지 않으며 적극적으로 자기를 주장하는 것이 좋다. 앞으로 입사 후 하게 될 업무와 관련된 자기의 특성을 구체적인 일화를 더하여 이야기하도록 한다.

② 당신의 장·단점을 말해 보십시오.

지원자의 구체적인 장·단점을 알고자 하기 보다는 지원자가 자기 자신에 대해 얼마나 알고 있으며 어느 정도의 객관적인 분석을 하고 있나, 그리고 개선의 노력 등을 시도하는지를 파악하고자 하는 것이다. 따라서 장점을 말할 때는 업무와 관련된 장점을 뒷받침할 수 있는 근거와 함께 제시하며, 단점을 이야기할 때에는 극복을 위한 노력을 반드시 포함해야 한다.

③ 가장 존경하는 사람은 누구입니까?

존경하는 사람을 말하기 위해서는 우선 그 인물에 대해 알아야 한다. 잘 모르는 인물에 대해 존경한다고 말하는 것은 면접관에게 바로 지적당할 수 있으므로, 추상적이라도 좋으니 평소에 존경스럽다고 생각했던 사람에 대해 그 사람의 어떤 점이 좋고 존경스러운지 대답하도록 한다. 또한 자신에게 어떤 영향을 미쳤는지도 언급하면 좋다.

(3) 학교생활에 관한 질문

① 지금까지의 학교생활 중 가장 기억에 남는 일은 무엇입니까?

가급적 직장생활에 도움이 되는 경험을 이야기하는 것이 좋다. 또한 경험만을 간단하게 말하지 말고 그 경험을 통해서 얻을 수 있었던 교훈 등을 예시와 함께 이야기하는 것이 좋으나 너무 상투적인 답변이 되지 않도록 주의해야 한다.

② 성적은 좋은 편이었습니까?

면접관은 이미 서류심사를 통해 지원자의 성적을 알고 있다. 그럼에도 불구하고 이 질문을 하는 것은 지원자가 성적에 대해서 어떻게 인식하느냐를 알고자 하는 것이다. 성적이 나빴던 이유에 대해서 변명하려 하지 말고 담백하게 받아드리고 그것에 대한 개선노력을 했음을 밝히는 것이 적절하다.

③ 학창시절에 시위나 집회 등에 참여한 경험이 있습니까?

기업에서는 노사분규를 기업의 사활이 걸린 중대한 문제로 인식하고 거시적인 차원에서 접근한다. 이러한 기업문화를 제대로 인식하지 못하여 학창시절의 시위나 집회 참여 경험을 자랑스럽게 답변할 경우 감점요인이 되거나 심지어는 탈락할 수 있다는 사실에 주의한다. 시위나 집회에 참가한 경험을 말할 때에는 타당성과 정도에 유의하여 답변해야 한다.

(4) 지원동기 및 직업의식에 관한 질문

① 왜 우리 회사를 지원했습니까?

이 질문은 어느 회사나 가장 먼저 물어보고 싶은 것으로 지원자들은 기업의 이념, 대표의 경영능력, 재무구조, 복리후생 등 외적인 부분을 설명하는 경우가 많다. 이러한 답변도 적절하지만 지원 회사의 주력 상품에 관한 소비자의 인지도, 경쟁사 제품과의 시장점유율을 비교하면서 입사동기를 설명한다면 상당히 주목 받을 수 있을 것이다.

② 만약 이번 채용에 불합격하면 어떻게 하겠습니까?

불합격할 것을 가정하고 회사에 응시하는 지원자는 거의 없을 것이다. 이는 지원자를 궁지로 몰아넣고 어떻게 대응하는지를 살펴보며 입사 의지를 알아보려고 하는 것이다. 이 질문은 너무 깊이 들어가지 말고 침착하게 답변하는 것이 좋다.

③ 당신이 생각하는 바람직한 사원상은 무엇입니까?

직장인으로서 또는 조직의 일원으로서의 자세를 묻는 질문으로 지원하는 회사에서 어떤 인재상을 요구하는 가를 알아두는 것이 좋으며, 평소에 자신의 생각을 미리 정리해 두어 당황하지 않도록 한다.

④ 직무상의 적성과 보수의 많음 중 어느 것을 택하겠습니까?

이런 질문에서 회사 측에서 원하는 답변은 당연히 직무상의 적성에 비중을 둔다는 것이다. 그러나 적성만을 너무 강조하다 보면 오히려 솔직하지 못하다는 인상을 줄 수 있으므로 어느 한 쪽을 너무 강조하거나 경시하는 태도는 바람직하지 못하다.

⑤ 상사와 의견이 다를 때 어떻게 하겠습니까?

과거와 다르게 최근에는 상사의 명령에 무조건 따르겠다는 수동적인 자세는 바람직하지 않다. 회사에서는 때에 따라 자신이 판단하고 행동할 수 있는 직원을 원하기 때문이다. 그러나 지나치게 자신의 의견만을 고집한다면 이는 팀원 간의 불화를 야기할 수 있으며 팀 체제에 악영향을 미칠 수 있으므로 선호하지 않는다는 것에 유념하여 답해야 한다.

⑥ 근무지가 지방인데 근무가 가능합니까?

근무지가 지방 중에서도 특정 지역은 되고 다른 지역은 안 된다는 답변은 바람직하지 않다. 직장에서는 순환 근무라는 것이 있으므로 처음에 지방에서 근무를 시작했다고 해서 계속 지방에만 있는 것은 아님을 유의하고 답변하도록 한다.

(5) 여가 활용에 관한 질문

① 취미가 무엇입니까?

기초적인 질문이지만 특별한 취미가 없는 지원자의 경우 대답이 애매할 수밖에 없다. 그래서 가장 많이 대답하게 되는 것이 독서, 영화감상, 혹은 음악감상 등과 같은 흔한 취미를 말하게 되는데 이런 취미는 면접관의 주의를 끌기 어려우며 설사 정말 위와 같은 취미를 가지고 있다하더라도 제대로 답변하기는 힘든 것이 사실이다. 가능하면 독특한 취미를 말하는 것이 좋으며 이제 막 시작한 것이라도 열의를 가지고 있음을 설명할 수 있으면 그것을 취미로 답변하는 것도 좋다.

② 술자리를 좋아합니까?

이 질문은 정말로 술자리를 좋아하는 정도를 묻는 것이 아니다. 우리나라에서는 대부분 술자리가 친교의 자리로 인식되기 때문에 그것에 얼마나 적극적으로 참여할 수 있는 가를 우회적으로 묻는 것이다. 술자리를 싫어한다고 대답하게 되면 원만한 대인관계에 문제가 있을 수 있다고 평가될 수 있으므로 술을 잘 마시지 못하더라도 술자리의 분위기는 즐긴다고 답변하는 것이 좋으며 주량에 대해서는 정확하게 말하는 것이 좋다.

(6) 여성 지원자들을 겨냥한 질문

① 결혼은 언제 할 생각입니까?

지원자가 결혼예정자일 경우 기업은 채용을 꺼리게 되는 경향이 있다. 업무를 어느 정도 인식하고 수행할 정도가 되면 퇴사하는 일이 흔하기 때문이다. 가능하면 향후 몇 년간은 결혼 계획이 없다고 답변하는 것이 현실적인 대처 요령이며, 덧붙여 결혼 후에도 일하고자 하는 의지를 강하게 내보인다면 더욱 도움이 된다.

② 만약 결혼 후 남편이나 시댁에서 직장생활을 그만두라고 강요한다면 어떻게 하겠습니까?

결혼적령기의 여성 지원자들에게 빈번하게 묻는 질문으로 의견 대립이 생겼을 때 상대방을 설득하고 타협하는 능력을 알아보고자 하는 것이다. 따라서 남편이나 시댁과 충분한 대화를 통해 설득하고 계속 근무하겠다는 의지를 밝히는 것이 좋다.

③ 여성의 취업을 어떻게 생각합니까?

여성 지원자들의 일에 대한 열의와 포부를 알고자 하는 질문이다. 많은 기업들이 여성들의 섬세하고 꼼꼼한 업무능력과 감각을 높이 평가하고 있으며, 사회 전반적인 분위기 역시 맞벌이를 이해하고 있으므로 자신의 의지를 당당하고 자신감 있게 밝히는 것이 좋다.

④ 커피나 복사 같은 잔심부름이 주어진다면 어떻게 하겠습니까?

여성 지원자들에게 가장 난감하고 자존심상하는 질문일 수 있다. 이 질문은 여성 지원자에게 잔심부름을 시키겠다는 요구가 아니라 직장생활 중에서의 협동심이나 봉사정신, 직업관을 알아보고자 하는 것이다. 또한 이 과정에서 압박기법을 사용해 비꼬는 투로 말하는 수 있는데 이는 자존심이 상하거나 불쾌해질 때의 행동을 알아보려는 것이다. 이럴 경우 흥분하여 과격하게 답변하면 탈락하게 되며, 무조건 열심히 하겠다는 대답도 신뢰성이 없는 답변이다. 직장생활을 위해 필요한 일이면 할 수 있다는 정도의 긍정적인 답변을 하되, 한 사람의 사원으로서 당당함을 유지하는 것이 좋다.

(7) 지원자를 당황하게 하는 질문

① 성적이 좋지 않은데 이 정도의 성적으로 우리 회사에 입사할 수 있다고 생각합니까?

비록 자신의 성적이 좋지 않더라도 이미 서류심사에 통과하여 면접에 참여하였다면 기업에서는 지원자의 성적보다 성적 이외의 요소, 즉 성격·열정 등을 높이 평가했다는 것이라고 할 수 있다. 그러나 이런 질문을 받게 되면 지원자는 당황할 수 있으나 주눅 들지 말고 침착하게 대처하는 면모를 보인다면 더 좋은 인상을 남길 수 있다.

② 우리 회사 회장님 함자를 알고 있습니까?

회장이나 사장의 이름을 조사하는 것은 면접일을 통고받았을 때 이미 사전 조사되었어야 하는 사항이다. 단답형으로 이름만 말하기보다는 그 기업에 입사를 희망하는 지원자의 입장에서 답변하는 것이 좋다.

③ 당신은 이 회사에 적합하지 않은 것 같군요.

이 질문은 지원자의 입장에서 상당히 곤혹스러울 수밖에 없다. 질문을 듣는 순간 그렇다면 면접은 왜 참가시킨 것인가 하는 생각이 들 수도 있다. 하지만 당황하거나 흥분하지 말고 침착하게 자신의 어떤 면이 회사에 적당하지 않은지 겸손하게 물어보고 지적당한 부분에 대해서 고치겠다는 의지를 보인다면 오히려 자신의 능력을 어필할 수 있는 기회로 사용할 수도 있다.

④ 다시 공부할 계획이 있습니까?

이 질문은 지원자가 합격하여 직장을 다니다가 공부를 더 하기 위해 회사를 그만 두거나 학습에 더 관심을 두어 일에 대한 능률이 저하될 것을 우려하여 묻는 것이다. 이때에는 당연히 학습보다는 일을 강조해야 하며, 업무 수행에 필요한 학습이라면 업무에 지장이 없는 범위에서 야간학교를 다니거나 회사에서 제공하는 연수 프로그램 등을 활용하겠다고 답변하는 것이 적당하다.

⑤ 지원한 분야가 전공한 분야와 다른데 여기 일을 할 수 있겠습니까?

수험생의 입장에서 본다면 지원한 분야와 전공이 다르지만 서류전형과 필기전형에 합격하여 면접을 보게 된 경우라고 할 수 있다. 이는 결국 해당 회사의 채용 방침상 전공에 크게 영향을 받지 않는다는 것이므로 무엇보다 자신이 전공하지는 않았지만 어떤 업무도 적극적으로 임할 수 있다는 자신감과 능동적인 자세를 보여주도록 노력하는 것이 좋다.

01 면접기출

역량면접

직업윤리, 프로페셔널, 성과지향 능력 등을 평가한다. 자기소개서를 참고 자료로 활용하여 질문을 하므로 사전에 자신의 지원서에 쓰여 있는 내용을 완벽하게 숙지하는 것이 좋다.

(1) 2018년

① 지금까지 살면서 신념이라고 할 만한 것이 있다면 무엇인가?

② 남의 실수를 잡았던 경험이 있다면 말해 보시오.

③ 항공업계에 적응하기 위한 자신만의 방법이 있다면 말해 보시오.

④ 항공정비에 지원한 동기에 대해 말해 보시오.

⑤ 목표를 세우고 달성해 본 경험에 대해 말해 보시오.

⑥ 4차 산업혁명에 대해 설명해 보시오.

⑦ 4차 산업혁명이 항공업계에 미칠 영향에 대해 말해 보시오.

⑧ 4차 산업혁명 관련 과제나 프로젝트 등일 한 적이 있는가?

⑨ 항공기에 대해 아는 대로 말해 보시오.

(2) 2017년

① 1분 동안 자기소개를 해 보시오.

② 석사 과정을 밟은 이유가 있다면 무엇인가?

③ 우리 기업에 입사하여 지원자가 할 수 있는 일은 무엇인가?

④ 어린 나이의 상급자들에게 어떻게 대할 것인가?

⑤ 살면서 감정적으로 어려웠던 경험과 대처방법은 무엇인가?

⑥ 주어지지 않은 무엇인가를 성취하려고 노력한 경험에 대해 말해 보시오.

⑦ 성격의 장단점을 말해 보시오.

⑧ 본인의 업무 경험을 우리 회사에 어떻게 접목할 것인가?

⑨ 정부에 바라는 점이 있다면 무엇인가?

(3) 2016년

① 입사 후에 하고 싶은 일은 무엇인가?

② 타이어프로에 방문했던 소감을 말해 보시오.

③ 설계를 그만두고 시공으로 옮기게 된 이유는 무엇인가? (금호건설)

④ 인생에 영향을 미친 문화·예술적 경험에 대해 이야기해보시오.

⑤ 자신의 약점과 그것을 극복할 수 있는 방법에 대해 말해보시오.

⑥ 본인이 생각하는 '아름다운 기업'은 어떤 것인가?

⑦ 거짓말해 본 경험이 있는가?

⑧ 좌우명이 무엇인가?

(4) 2015년

① 인생의 좌우명이 무엇인가? 좌우명과 관련된 구체적인 경험이 있으면 말해보시오.

② VIP고객 여러 명이 왔는데 서비스 담당자가 본인 혼자인 경우 어떻게 할 것인가?

③ 학생의 본분이 무엇이라고 생각하는가?

④ 신입사원에게 가장 요구되는 자세는 무엇이라고 생각하는가?

⑤ 자신의 행동으로 남에게 피해를 준 일이 있는가?

⑥ 원리원칙과 융통성 중 어느 것이 더 중요하다고 생각하는가?

⑦ 전혀 문외한인 분야에 도전했던 경험이 있는가?

⑧ 어떤 아르바이트를 했는가? 그것을 통해 배운 것이 있다면 이야기해보시오.

(5) 2014년

① 학창시절에 여러 가지 활동을 하였는데 시간이 부족해서 학업을 등한시하지는 않았는가?

② 협력과 협동을 통해 문제를 해결하고 성과를 낸 적이 있는가?

③ 금호 아시아나는 '아름다운 기업'이라는 카피를 사용 중인데 아름다움이란 무엇이라고 생각하는가? 자신이 생각하는 아름다움을 영어로 표현해보시오.

④ 금호 아시아나에 대해서 어떤 것을 알고 있는가?

⑤ 평소 자신에게 직업이란 어떤 의미를 갖는가?

⑥ 이 면접 후에 해야 할 일 세 가지와 하지 말아야 할 일 세 가지를 말해보시오.

⑦ 좌천이 아닌 지방발령을 받았는데 그곳의 업무가 나의 경력이나 능력개발에 큰 도움이 된다. 가지 않아도 불이익이 전혀 없을 때, 당신은 어떻게 하겠는가?

(6) 2013년

① 도덕과 양심의 기준은 무엇이며, 둘이 상충할 경우 어느 것을 택할 것인가? 그 이유는?

② 전공 이외의 분야에서 노력하여 성과를 거둔 경험은?

③ 살아오면서 어려운 상황을 극복한 경험이 있는가? 어떻게 극복했는가?

④ 자신이 이 직무를 잘 수행해낼 수 있다는 근거가 있는가?

⑤ 국제화시대와 애국심에 대해 어떻게 생각하는가?

• 꼬리질문 : 국제화와 3.1절에 대해 어떻게 생각하는가?

⑥ 살아오면서 윤리적으로 행동한 경험이 있는가? 어떻게 행동했는가?

(7) 2012년

① 자신이 했던 글로벌한 의사 결정이 있었는가?

② 놀이공원에 안내원과 매표소 직원, 공원 청소부가 있다. 자신의 잠재 고객으로 어느 사람을 선택할 것인가?

③ 동아리 회장을 했는데 모임을 이끌어 가면서 어려웠던 점은 무엇인가?

④ 살아오면서 어려운 상황을 극복한 경험이 있는가? 어떻게 극복하였는가?

⑤ 지원한 부서의 직무에서 위법사항이 발생했을 때 어떻게 대처하겠는가?

⑥ 마지막으로 하고 싶은 말이 있으면 해보시오.

(8) 2011년

① 자신의 실수로 가족이나 친구 또는 주변 사람이 피해를 입은 상황이 있었는가?

② 직장 상사가 엉뚱한 일을 시켰을 때 어떻게 받아들이겠는가?

③ 지원 동기는 무엇인가?

④ 10년 후의 자신의 모습에 대해 이야기해보시오.

⑤ 기계공학을 전공한 여성지원자로서 불이익을 받은 적이 있는가? 어떻게 대처하였는가?

⑥ 대학생활 시 공백 기간(방학, 휴학 등)에 무엇을 하였는가?

⑦ 갑작스런 야간작업이 생겼을 때 어떻게 하겠는가?

⑧ 군복무로 왜 공익근무요원을 하였는가?

⑨ 자신의 약점은 무엇이라고 생각하는가?

⑩ 연봉인상과 승진 중에 어떤 것을 택하겠는가? 그 이유는?

⑪ 입사하게 된다면 어떤 분야에서 일하고 싶은가?

⑫ 토익성적이 좋지 않은데 이유는 무엇인가?

⑬ 집이 지방인데 다른 지역으로 발령이 난다면 지낼 곳은 있는가?

⑭ 흡연을 하고 있는데 입사 후 금연할 자신이 있는가?

하나의 주제가 주어지면 20분 정도 생각을 정리한 후 찬반을 나눠 30분 정도 토론한다. 지원자의 의사소통능력, 리더십, 문제해결능력, 팀워크 등을 평가한다. 주제는 대부분이 최근 사회 이슈를 중심으로 시사적인 문제가 나오기 때문에 평소에 신문을 주의 깊게 읽는 것이 큰 도움이 될 수 있다.

(1) 2018년

① 자율주행자동차 사고 시 차량제조사와 운전자의 과실 책임 정도

② 징병제와 모병제

③ 미투운동

(2) 2017년

① 증가하는 항공기 부품 생산수요를 충족시키기 위한 방안으로 국내공장 증설과 해외공장 증설 중 선택

② 어린이집 CCTV 설치에 대한 찬반

(3) 2016년

① 신용카드 소액결제

② 인공지능 활용 방법

③ 사법시험 존치 여부에 대한 찬반

(4) 2015년

① 시리아 난민을 받아들이는 것에 대한 찬반

② 부정청탁 및 금품 등 수수의 금지에 관한 법률(속칭 김영란법)에 대한 찬반

③ 어린이집 CCTV 설치 의무화에 대한 찬반

④ 만 24세 이하 모델의 주류광고 제한에 대한 찬반

(5) 2014년

① 스포츠 선수의 귀화에 대한 찬반

② 동물을 사용한 의학적 실험이 불가피하게 시행되는 것에 대한 찬반

③ 존경받는 인물과 세일즈 능력이 뛰어난 인물 중 누가 대학의 총장이 되는 것이 좋은가?

④ 종합부동산세 폐지에 대한 찬반

⑤ 청소년 게임 셧다운제에 대한 찬반

⑥ 초등학교의 일기장 검사는 인권침해인가 아닌가?

⑦ 아동성폭력범에 대한 화학적 거세에 대한 찬반

⑧ 스크린쿼터제 폐지에 대한 찬반

(6) 2013년

① 밀양 송전탑 건설에 대해 찬반

② 미용성형에 대한 찬반

③ 그린피 인하에 대한 각자의 입장

④ 금융권 임금에 대한 문제

⑤ 인터넷 실명제에 대한 문제

(7) 2012년

① 한미 FTA가 농업부문에 미치는 영향

② 종합부동산세관련 문제

(8) 2011년

① 담뱃값 인상관련 문제

② 이중국적에 관한 문제

③ 교사임금을 성과에 따라 차등 지급하는 것에 대한 생각

④ 카이스트의 징벌적 수업료에 대한 찬반

MEMO

MEMO

여러분을
응원합니다

수험서 전문출판사 **서원각**

목표를 위해 나아가는 수험생 여러분을 성심껏 돕기 위해서 서원각에서는 최고의 수험서 개발에 심혈을 기울이고 있습 니다. 희망찬 미래를 위해서 노력하는 모든 수험생 여러분을 응원합니다.

공무원 대비서

취업 대비서

군 관련 시리즈

자격증 시리즈

동영상 강의

서원각 동영상강의와
도전하라!

🎥 www.sojungmedia.com
홈페이지에 들어오신 후 서원각 알짜 강의, 샘플 강의를 들어보세요!

자 격 증	군 관 련 (부사관/장교)	공 무 원
건강운동관리사	육군부사관	소방공무원 소방학개론
사회복지사 1급	공군장교	소방공무원 생활영어
사회조사분석사 2급	공군 한국사	9급 기출해설(국어/영어/한국사)
임상심리사 2급	육군·해군 근현대사	9급 파워특강(행정학개론/교육학개론)
관광통역안내사		기술직 공무원(물리·화학·생물)
청소년상담사 3급		

BIG EVENT

시험 보느라 고생한 수험생 여러분들께 서원각이 쏜다! 쏜다!
네이버 카페 기업과 공사공단에 시험 후기를 남겨주신 모든 분들께 비타 500 기프티콘을 드립니다!

선물 받는 방법

① 네이버 카페 검색창에서 [기업과 공사공단]을 검색해주세요.
② 기업과 공사공단 필기시험 후기 게시판에 들어가 주세요.
③ 기업체 또는 공사·공단 필기시험에 대한 후기 글을 적어주세요.

자격증 BEST SELLER

매경TEST 출제예상문제

TESAT 종합본

청소년상담사 3급

임상심리사 2급 필기

유통관리사 2급 종합기본서

직업상담사 1급 필기 · 실기

사회조사분석사 사회통계 2급

초보자 30일 완성 기업회계 3급

관광통역안내사 실전모의고사

국내여행안내사 기출문제

손해사정사 1차시험

건축기사 기출문제 정복하기

건강운동관리사

2급 스포츠지도사

택시운전 자격시험 실전문제

수산물품질관리사